Alexandre, o Grande

Peter Green

ALEXANDRE, O GRANDE

e o período helenístico

Tradução
Rafael Mantovani

OBJETIVA

Copyright © Peter Green, 2007
Publicado mediante acordo com Weidenfeld & Nicolson.
Todos os direitos reservados. "Um livro da Weidenfeld & Nicolson."

Todos os direitos desta edição reservados à
EDITORA OBJETIVA LTDA.
Rua Cosme Velho, 103
Rio de Janeiro – RJ – CEP: 22241-090
Tel.: (21) 2199-7824 – Fax: (21) 2199-7825
www.objetiva.com.br

Título original
Alexander the Great and the Hellenistic Age

Capa
Rodrigo Rodrigues

Imagem de capa
De Agostini/Getty Images

Revisão
Sérgio Marques
Fatima Fadel

Editoração eletrônica
Abreu's System Ltda.

CIP-BRASIL. CATALOGAÇÃO NA PUBLICAÇÃO
SINDICATO NACIONAL DOS EDITORES DE LIVROS, RJ

G83a
    Green, Peter
        Alexandre, o Grande: e o período helenístico / Peter Green; tradução Rafael Mantovani. – 1. ed. – Rio de Janeiro: Objetiva, 2014.

        Tradução de: *Alexander the Great and the Hellenistic Age*
    223p.   ISBN 978-85-390-0608-3

       1. Alexandre, o Grande, 356-323 a.C. 2. Grécia – Reis e governantes – Biografia. 3. Grécia – História. I. Título.

14-13907   CDD: 923.1
                                     CDU: 929:320

A importância perene de Alexandre está mais no campo do debate moral e filosófico do que na política prática (...). O debate acerca da legitimidade durou apenas uma geração. Depois disso, Alexandre foi um símbolo e nada mais. Durante as eras seguintes, ele tipificou o conquistador do mundo, e suas aquisições territoriais foram uma inspiração duradoura e um desafio para os soberanos que o sucederam.
A. B. BOSWORTH

É agora impossível considerar o período helenístico na Grécia como uma época uniforme, essencialmente estática.
SUSAN E. ALCOCK

Sumário

Prefácio e agradecimentos 9

Introdução: contexto e fontes 13

1 Alexandre e seu legado (336-323) 35
2 Gaviões e hienas: a luta pelo império (323-276) 53
3 Reis, cidades e cultura: o passado mítico como futuro 77
4 Horizontes orientais e a nuvem no oeste (276-196) 99
5 Problemas dinásticos, conquistas artísticas e científicas (196-116) 121
6 A espada sobre a pena: a solução final de Roma (116-30) 142

Tabela cronológica seletiva 165

Genealogias 180

Guia para leituras adicionais 187

Bibliografia 193

Abreviaturas 205

Notas 207

Índice 213

Prefácio e agradecimentos

Já faz dezessete anos que meu estudo *Alexander to Actium: The Historical Evolution of the Hellenistic Age* [De Alexandre ao Áccio: A evolução histórica do período helenístico] veio à luz (e bem mais de vinte desde que o texto original foi entregue à editora: tive um preparador especializado em minúcias). Desde então, o afluxo de trabalhos sobre o período helenístico, já volumoso, tornou-se torrencial. Estudioso algum é capaz de dominar todo o assunto, e eu, por sensatez, não tentei fazer isso. Como verão aqueles que compararem a obra anterior com esta, minhas visões essenciais não mudaram tanto; mas aprendi muito com o que li nas últimas duas décadas, e sou muito grato por esta oportunidade de rever, atualizar e, onde necessário, modificar meus argumentos originais.

Mais uma vez, estudo os três séculos do período helenístico numa narrativa diacrônica contínua que abrange a cena inteira, em vez de — como a maioria dos que escrevem sobre este assunto — partir de uma história política condensada (e geralmente abstrusa) e sem referências factuais, seguida de uma série de ensaios temáticos mais ou menos estáticos, primeiro sobre os grandes reinados (ptolomaico, selêucida, antigônida, atálida) e depois sobre uma variedade de tópicos que vão desde a monarquia à economia, da literatura alexandrina às artes visuais, do planejamento urbano à ciência militar, da filosofia à pirataria. O problema desta abordagem é sua disjuntividade caleidoscópica (que pode gerar graves confusões) e sua inevitável tendência a subsumir, sob rótulos vagos e generalizações, tendências díspares ou grupos muito separados tanto no espaço quanto no tempo.

Meu método alternativo possui, é claro, suas próprias dificuldades internas (como todo historiador da Antiguidade está bem ciente), a maior

Prefácio e agradecimentos

delas sendo a dificuldade de manter o que pode ser descrito como uma narrativa polifônica com um excesso de vozes concorrentes e a necessidade inegável de fazer digressões sobre certos temas específicos conforme eles surgem no contexto. Mas ainda assim acredito que, em termos historiográficos, isto representa a concessão mais racional, com o mínimo de distorção genérica e a melhor chance de transmitir a um leitor interessado alguma noção do complexo e multifacetado fluxo social, político e religioso em constante evolução, revolucionário em alguns aspectos, estranhamente familiar em outros — fruto do legado oriental fragmentário de Alexandre — que chamamos, por falta de um rótulo melhor que o de Droysen (ver p. 14), de período helenístico.

O mal da historiografia no período greco-romano foi a predileção cada vez mais predominante por compêndios, epítomes e resumos, suplantando textos mais completos e mais sérios que, consequentemente, pelo princípio da lei de Gresham, perderam-se por falta de demanda. Não é minha intenção, neste tratamento conciso, incentivar um processo semelhante. *O período helenístico* não é um substituto para as investigações mais amplas que o período exige, mas sim uma introdução, oferecendo aos leitores apenas informações suficientes que lhes possibilitem seguir o assunto em maiores detalhes. Esta deve ser minha desculpa para um excurso um tanto demorado sobre as fontes (principalmente as traduções), ligado a uma bibliografia que indica o caminho para maiores leituras. Aqueles que querem só a narrativa podem simplesmente pular toda a Introdução.

Já que estou escrevendo para um público geral anglófono, minhas recomendações são (com umas poucas exceções especiais) não apenas de obras em inglês, mas também de obras ainda disponíveis no prelo e portanto facilmente acessíveis. Pelo mesmo motivo, em geral evitei artigos em periódicos especializados, que costumam ser encontrados só em bibliotecas acadêmicas. Por último, embora por princípio eu seja a favor de transcrever os nomes gregos do modo mais próximo possível de suas formas originais, neste livro mantive as versões latinizadas em todo o texto (por exemplo, Cassandro em vez de Kassandros), já que estes são — para o bem ou para o mal — muito mais amplamente reconhecidos.

A obra publicada de muitos estudiosos, do passado e do presente, e o contato e discussão pessoal com um bom número deles enriqueceram meu conhecimento de Alexandre e do período helenístico mais do que posso expressar. Entre eles, tenho uma dívida especial para com Ernst Badian, Gene Borza, Brian Bosworth, Pierre Briant, Elizabeth Carney, J. K. Davies, Peter Derow, W. S. Ferguson, Guy Griffith — meu velho professor de Cambridge —, Erich Gruen, Christian Habicht, N. G. L. Hammond, Waldemar Heckel, Amélie Kuhrt, Geoffrey Lloyd, Jon Mikalson, Claire Préaux, Graham Shipley, Andrew Stewart, Frank Walbank e Édouard Will. Como sempre, meu trabalho foi amparado pelo rico acervo de história antiga, reforçado pelo profissionalíssimo Interlibrary Loan Service, da Universidade de Iowa. Na Random House, sou em especial grato ao apoio, eficiência prática e profissionalismo cooperativo de Will Murphy, Matt Kellogg e Dennis Ambrose. Por último, mas muito longe de ser menos importante, o que devo a minha esposa, Carin, tanto pessoal quanto profissionalmente, como ela sabe melhor do que eu.

Meu muito obrigado aos amigos e colegas, principalmente o professor Paul Cartledge. Por quaisquer erros que ainda restem, a responsabilidade é minha.

Introdução: contexto e fontes

Contexto

O que queremos dizer com "período helenístico"? As respostas podem variar nos detalhes,¹ mas há um amplo consenso geral quanto a suas gênese e dimensões políticas, enquanto o termo em si e o conceito por trás dele são reconhecidos como produto de um historiador alemão do século XIX, Johann Gustav Droysen. O período começa com o impacto fragmentador da conquista do Império Aquemênida na Pérsia por Alexandre (334-323) e acompanha a história, primeiro, da luta pelo poder travada entre os comandantes de Alexandre após sua morte prematura; depois, das várias dinastias fundadas pelos vitoriosos (chamados Diádocos, ou Sucessores) nesta luta, mais notavelmente Ptolomeu no Egito e Seleuco na Ásia. Seu término costuma ser definido — uma definição que aceito neste volume — pela vitória de Otaviano sobre Marco Antônio e Cleópatra no Áccio em 31 a.C., que eliminou a última destas dinastias, a dos ptolomeus.²

Ainda em meados do século XIX, no prefácio de sua *History of Greece* [História da Grécia] (1846-1856), George Grote, um historiador (e banqueiro) liberal, foi capaz de escrever que "de um modo geral, o período entre 300 a.C. e a absorção da Grécia pelos romanos não possui interesse em si, e seu único valor é na medida em que nos ajuda a entender os séculos precedentes".³ Embora uns tantos escritores antigos (entre eles Políbio e Plutarco) tenham visto que Alexandre, conscientemente ou não, transformara o mundo mediterrâneo, enquanto outros (por exemplo Diodoro Sículo) atribuíssem a Júlio César um papel semelhante, não há evidência clara de que ninguém na época, ou mesmo na Antiguidade tardia, visualizasse os três séculos entre eles como uma entidade coerente e definível.⁴ Por ter percebido isso, Droysen merece os créditos. Em sua história dos Sucessores (Droysen, 1878) ele defendeu, como fator principal do período, a adoção da língua e cultura gregas pelos não gregos em territórios antes governados pelos aquemênidas. Para expressar este conceito, ele usou o termo *helenismo*, com base no termo grego ἑλληνισμός (*hellenismós*), em seu sentido bíblico de imitar ou adquirir a língua grega — especificamente, o dialeto ático comum adotado por Filipe II da Macedônia para o uso oficial — e a cultura grega. Para Droysen, isto demonstrou a ação da providência facilitando a disseminação do cristianismo. O adjetivo "helenístico" — que, significativamente, não existia em nenhum original grego — foi cunhado, em sua forma francesa *hellénistique*, por J. B. Bossuet em 1681, como um termo para o grego da Septuaginta, a versão "helenizada" do Velho Testamento.

Como já se percebeu há muito tempo, a definição de Droysen é insatisfatória em diversos aspectos. Concentrando-se nos estrangeiros, ela paradoxalmente ignora os gregos. Enquanto sua base teológica compreende uma consequência crucial, embora indireta, das conquistas orientais de Alexandre, isto continua sendo apenas mais um fator na historiografia do período. Além disso, avanços na arqueologia, epigrafia, papirologia, antropologia social e numismática (citando apenas as disciplinas mais importantes) abriram as imensas complexidades do período helenístico de um modo inconcebível para Droysen, Grote e seus contemporâneos. Longe de ser apenas um elo entre a Grécia clássica e o imperialismo nascente de Roma, como supôs Grote, estes três séculos revelam-se como uma época própria, de violência política e criatividade variada, e é assim que eles são estudados hoje.

Por que Grote desprezou tanto este período? Desde o restabelecimento, a partir do começo do século XIX, especialmente na Inglaterra, da primazia da cultura grega sobre a de Roma,[5] foi a era de Péricles na Atenas do século V que recebeu louvores constantes e em geral exclusivos como representante, em praticamente todas as áreas — literatura, dramaturgia, historiografia, arquitetura, escultura, filosofia e, acima de tudo, o ideal democrático da cidade-estado —, um *summum bonum* sem precedentes de conquistas criativas originais, que nunca seria repetido. Com este marco bem definido, era inevitável que o que veio em seguida — principalmente dados os esmagadores reveses militares de Atenas nas mãos de Esparta

(404) e da Macedônia (338) — fosse acima de tudo considerado um período de declínio, a queda de um padrão incomparavelmente elevado.

Estudiosos modernos do período helenístico argumentam que o marco das conquistas da época de Péricles é irrelevante em termos de evolução cultural, uma comparação entre maçãs e laranjas, e isto é plausível em alguns aspectos. No entanto, continua sendo verdade, e objeto de menor ênfase, que a maioria dos escritores *da própria época* também lamentavam o fim de uma era incomparável; muitos não viam um escopo mais amplo para grandes realizações, e buscavam ajuda no passado e não em inovações audaciosas. Perto do fim do século V, Quérilo de Samos, um poeta épico que tratara das Guerras Persas, foi capaz de escrever:[6]

> Bem-aventurado o homem daqueles tempos que tinha o dom de
>   fazer canções,
> o servo das Musas, quando a campina ainda não fora percorrida;
> Mas agora que está tudo repartido, quando as artes têm suas divisas,
> somos os últimos que restam na estrada, e não há lugar algum onde
>   o poeta,
> por mais que busque, possa conduzir sua carruagem recém-atrelada.

Mesmo admitindo o fato de que a principal queixa de Quérilo é dirigida a Homero, o sentimento geral de exaustão criativa é inconfundível. Uma era havia terminado, e sabia-se disso. Como veremos, uma das principais funções da grande Biblioteca de Alexandria era recuperar e editar tudo o que essa era tinha produzido. O passado, no período helenístico, tornou-se crucial como ponto de apoio para o futuro.

Um problema relacionado a este, que muito tem preocupado estudiosos em décadas recentes, é a sobrevivência da cidade-estado clássica, a pólis, sob a autoridade suprema de diversas dinastias reais. O consenso geral, neste ponto, tem sido decididamente meliorista: apesar de restrições inevitáveis sobre sua liberdade, as cidades, nos é dito, floresceram. Algumas desfrutaram de uma democracia maior do que antes. Ser subordinado a um rei — ou seja, gozar apenas da liberdade municipal de tomar decisões públicas — não era pior que ser governado por Atenas ou pela Pérsia.[7] A atitude é, em grande medida, como a de Plutarco em relação ao governo romano: "De liberdade, os municípios têm uma parcela tão grande quanto é concedida por aqueles no poder, e talvez mais não seria benéfico."[8] Porém Plutarco, em essência, era muito um homem da pólis. Para ele, a liberdade grega morreu com Demóstenes (*Dem*. 3), e muito de sua obra pode ser vista como uma obsessão nostálgica pelo passado perdido e glorioso de Atenas. Sua atitude cautelosa em relação a Roma pode muito bem ter sido induzida pelo seu conhecimento sobre o número de vezes em que — desesperadamente, sempre em face das avassaladoras forças contrárias e jamais com êxito — os atenienses tinham se rebelado contra o domínio estrangeiro. Esta busca ferrenha por *eleutheria* (liberdade) era tanto apaixonada quanto significativa. A diferença de perspectiva, e de confiança, num potente bastião naval como Rodes, que continuava livre dos ditames da burocracia real, é inconfundível.

A ênfase nas relações pessoais em detrimento das públicas, predominante no período helenístico, aplicava-se essencialmente a uma minoria ociosa, cuja existência dependia da labuta incessante dos outros. Quando examinamos a arte, a literatura, o planejamento urbano e a arquitetura, os avanços na ciência e outras áreas de estudo, os fenômenos religiosos, os padrões administrativos e as práticas políticas e militares que entre si oferecem um perfil evolucionário dos três séculos entre Alexandre e Augusto, são as ações e crenças desta minoria — culta, colonialista, endinheirada, exploradora de forma ativa ou indireta — que, no fim das contas, definem nosso quadro. Cortesãos e mercenários, mercadores, empreendedores e burocratas, artistas e artesãos, estudiosos, poetas, cientistas, historiadores e filósofos, seja vivendo de renda particular ou de patronato: é sobre o mundo deles, e não o da maioria quase invisível, que possuímos as evidências tais como são. Porém o mesmo se aplica à Atenas de Péricles. São os articulados que mudam a história, que registram estas mudanças para a posteridade.

Os estratos sociais de qualquer sociedade evoluem historicamente em velocidades diferentes e de maneiras diferentes. Para o período helenístico, assim como para muitos outros períodos, uma regra aproximada, porém segura, é "quanto mais baixo, mais lento". Para os felás do Egito, ou o campesinato da Grécia e da Anatólia, muito pouco mudou ao longo destes três séculos, a não ser a identidade e, às vezes, a severidade de seus opressores (em geral estrangeiros), cuja meta inabalável era extrair deles tanta mão de obra e tributos quanto fosse possível, sem provocar uma revolução em massa. Uma atividade bélica local praticamente incessante, junto com um banditismo descontrolado, assolava boa parte do interior, perturbando tanto a agricultura quanto o comércio. Isto, por sua vez, agravava a situação tanto dos pobres rurais quanto dos urbanos. Estes últimos, sempre correndo um maior risco de fome numa crise, podiam ao menos — como frequentemente provou a turba alexandrina — ter alguma influência real nos acontecimentos políticos. O mais perto que o campesinato chegava disso era juntando-se em armas a um aspirante a líder rebelde: pretendentes ao trono macedônico ou atálida, os sacerdotes e os *machimoi* (tropas nativas treinadas) no Egito. Acima desse nível, a burocracia, a classe mercante, a polícia e o exército, todos tinham bons motivos financeiros — e na verdade motivos ideológicos arraigados — para manter o status quo.

Assim, as verdadeiras mudanças, em última instância, tinham que vir de cima, e mais frequentemente de fora, quer o agente fosse Alexandre, um dos Sucessores ou, por fim, Roma. Esta é minha justificativa para apresentar o período helenístico na, agora fora de moda, forma de uma narrativa (embora entremeada de reflexões gerais). A atual ênfase na antropologia cultural e demografia populista em detrimento da narrativa histórica incentivou inevitavelmente uma noção curiosa de atemporalidade nos estudos do mundo helenístico, somada à tendência concomitante de tratar o período de maneira temática e não diacrônica.

Às vezes, principalmente ao resumir o impacto cumulativo de um grande acontecimento histórico como a conquista do Oriente por Alexandre, isto é inevitável (ver capítulo 3). Porém ver estes três séculos caleidoscópicos como um bloco cultural monolítico — mesmo num louvável esforço de recuperar "os analfabetos, os rurais, os pobres, os habitantes de regiões além do escopo de nossos relatos textuais"[9] — acaba inevitavelmente por obscurecer tanto a mudança histórica como os poderosos indivíduos cujas ações provocaram estas mudanças. A moda hoje é desdenhar a importância destas reviravoltas dinásticas e destes personagens que aparecem com tanto destaque na minha versão, em favor das abstrações de tendências subjacentes e da economia teórica, ou da vida sem voz das pessoas comuns, como é revelada pela arqueologia da paisagem. Mas ainda é o poder que governa, os abusos do poder irrestrito são tão hediondos hoje quanto eram na época de Alexandre ou de Ptolomeu VIII, e de tempo em tempo precisamos nos lembrar desse fato básico (embora impalatável).

★

Estes três séculos movimentados cobrem parte da história mais crucial e transformativa do mundo antigo, desenrolando-se num palco de dimensões sem precedentes. As mudanças são duradouras e fundamentais. A mais importante delas só pode ser a derrocada final — sempre com uma ou outra exceção, como Rodes — da chamada mentalidade de pólis, a cidade-estado como instituição política normativa em questões internacionais. As fraquezas paroquianas do sistema, gritantes durante a primeira metade do século IV (Buckler, 2003, *passim*), levaram diretamente, na Grécia continental, à supremacia diplomática, política e, por fim, militar de Filipe II da Macedônia. O vagaroso processo democrático foi de encontro à autocracia eficiente e fracassou. Os padeiros em excesso (necessariamente de baixa qualidade) não só faziam desandar a massa, como tendiam a discordar sobre a receita.

Em Atenas ou em Alexandria, Pela ou Pérgamo, feitas todas as concessões para variações locais e culturais, surge o mesmo perfil característico. As pretensões coletivas tradicionais da pólis, progressivamente afrouxadas a partir do século V, agora se restringem a atividades locais cívicas e municipais destituídas de poder genuíno. O individualista (*idiôtês*) desprezado por Péricles tornou-se a norma. Essa poderosa força de coesão, a milícia citadina, agora foi em grande medida substituída por mercenários contratados, enquanto o aumento das rendas permite que muitas outras atividades, antes responsabilidade dos cidadãos, sejam desempenhadas por escravos. Em ambos os casos, deve ter sido difícil fugir à ideia de que se pode pagar para evitar qualquer tarefa desagradável — o eterno mantra dos novos-ricos. A propaganda política do pan-helenismo, um desprezo arraigado pelos *barbaroi* do Oriente, e o desmembramento do Império Persa por Alexandre e os Sucessores, juntos criaram uma atmosfera ideal para um colonialismo confiante exercido de cima para baixo, à base da exploração justificada, nos territórios "conquistados à lança".

Porém, a transição para os reinos enormes e a autoridade real centralizada não foi uma inovação, mas, em essência, uma reversão a algo muito antigo e familiar no Egito faraônico e no Crescente Fértil, e bastante semelhante àquele Império Aquemênida que Alexandre acabara de desmantelar tão impiedosamente. Na Biblioteca de Alexandria, assim como entre as novas dinastias dos Sucessores, a visão do futuro não conseguiu desfazer uma obsessão persistente pelo passado. Se uma coisa unia os diversificados membros desta enorme nova diáspora era uma busca por raízes, por justificativa e identidade na forma de mitos ancestrais. O fato de este ser essencialmente (como podemos ver) um processo de autoinvenção não detinha ninguém, e muito provável que jamais lhes ocorreu. Mas os grandes avanços que ele engendrou em todos os setores da cultura ainda estão conosco, e constituem um dos maiores motivos para estudar o período.

Fontes

Nossas fontes[10] sobre a carreira e a vida de Alexandre, e sobre os três séculos helenísticos que se seguiram (em si duas categorias nitidamente distintas) são diversas, muitas vezes fragmentárias, difíceis de concatenar, e em parte inacessíveis aos não especialistas, geralmente por não terem tradução do grego ou do latim e estarem disponíveis, no melhor dos casos, apenas em coleções em línguas estrangeiras que quase só se encontram em bibliotecas de pesquisa de grandes universidades. Já que o objetivo desta seção é principalmente apontar para o leitor geral interessado textos traduzidos em inglês, omiti muito do que é normalmente consultado apenas por estudiosos fluentes em latim e grego, e acostumados a ler comentários em alemão, francês ou italiano. Isto se aplica acima de tudo a artigos em periódicos. Em pouquíssimas ocasiões, quando o sentido exato de uma citação é crucial (por exemplo, Plutarco discutindo as devidas limitações sobre a liberdade, p. 16, 209), dou o texto original em latim ou grego numa nota de fim.

O leitor também deve notar que o termo "fragmento", embora seja útil como simplificação, pode ser enganador. Há uma abundância de fragmentos genuínos: podem estar escritos em pedaços de papiro, ou numa página solta de um manuscrito medieval, ou ser citados literalmente por algum autor ou comentador (escoliasta) antigo: Ateneu (*fl. c.* 200 d.C.) é uma fonte especialmente rica de material deste tipo. Mas muitas vezes o

Introdução: contexto e fontes

que temos não são transcrições diretas, mas sim resumos e condensações de material de obras perdidas (por exemplo, as preparadas por Fócio, o patriarca de Constantinopla do século IX). Estes "fragmentos" nos dão, no melhor dos casos, uma ideia geral do que um autor perdido escreveu, e nunca é possível garantir que eles não omitiram material do texto original, ou não reinterpretaram ou distorceram de algum modo aquilo que transmitem. O *Epítome* de Pompeu Trogo, escrito por Justino (ver a seguir), é um destes resumos completos; porções substanciais de Políbio e Diodoro sobrevivem apenas como extratos resumidos.

★

As fontes sobre Alexandre são, em sua maioria, literárias. Os papiros encontrados até hoje são insubstanciais, fragmentários e controversos. Há comparativamente poucas inscrições que tratam diretamente do seu reinado, e estas foram bem editadas por Heisserer (1980). Uma seleção mais ampla do século IV (incluindo traduções) está disponível em Rhodes e Osborne (2003). A evidência numismática, por outro lado, é tão rica quanto abundante: Alexandre tendia a substituir o sistema monetário local por suas próprias moedas, de ouro e de prata — metais de que ele adquiriu um vasto estoque à medida de seu avanço, com a meta de (Bosworth, 1988a, 244) "produzir uma cunhagem que abarcasse o império inteiro e declarasse sua monarquia universal". A propaganda autopromotora foi um traço marcante de sua carreira. Aqui, a principal obra, amplamente ilustrada, é Price (1991). Pesquisas anteriores que continuam úteis são Price (1974), Bellinger (1963) e Oikonomides (1981). Ainda de longe a melhor — e mais bem ilustrada — introdução geral às moedas gregas é Kraay (1966).

Com as fontes literárias, temos que lidar com um tipo de problema diferente. Embora diversos escritores da época, incluindo oficiais de alto escalão que haviam servido a ele, tratassem em detalhes da carreira de Alexandre, de suas obras sobreviveram apenas trechos aleatórios, citações e alusões — preservados, como moscas no âmbar, por historiadores posteriores. Entre eles estão o comandante da frota de Alexandre, Nearco de Creta, utilizado extensivamente tanto por Arriano (ver a seguir) quanto por Estrabão, o geógrafo do tempo de Augusto; o historiador oficial da campanha, Calístenes, sobrinho de Aristóteles por casamento, que escreveu os *Feitos de Alexandre* (uma narrativa corrente da expedição persa conforme esta avançava) em termos um tanto hiperbólicos, mas mesmo assim caiu em desfavor antes de 330 e posteriormente foi executado; Onesícrito de Astipaleia, de formação filosófica cínica e chefe timoneiro de Alexandre, fonte de fascinantes trechos sobre gurus indianos; e Carés de Mitilene, camareiro da corte, que fornece detalhes preciosos sobre, entre outras coisas, os célebres casamentos em massa na cidade de Susa. Pouco tempo depois surgem dois relatos semiautobiográficos da campanha, ambos consistentemente elogiosos a Alexandre, e ambos, devido à sua suposta precisão factual, fontes principais para Arriano: o primeiro escrito com fins autopromotores por Ptolomeu, comandante veterano e fundador da dinastia lágida no Egito; o segundo por Aristóbulo, um oficial de escalão relativamente baixo, que compôs suas memórias em sua velhice após a Batalha de Ipso (301). Todos estes, nem é preciso dizer, embora ostensivamente oferecessem relatos objetivos, tinham diversas campanhas particulares, interesses velados e contas a acertar.

Por último, mas de longe o mais influente — omito muitos títulos e autores menores que são pouco além de nomes para nós —, temos Cleitarco de Alexandria, provavelmente jovem demais para ter servido na Ásia, mas cujo relato vívido, romantizado, e não tão lisonjeiro assim do reinado de Alexandre estava em circulação por volta do ano 310. A obra de Cleitarco foi a principal fonte para uma abordagem crítica, muitas vezes ferozmente hostil, das conquistas de Alexandre, com base moral, especialmente popular junto aos intelectuais estoicos, e em oposição direta e deliberada à tradição ufanista que louvava as gloriosas realizações de Alexandre e sua suposta busca pela concórdia universal. Ambas as tradições, como veremos, refletem-se de maneiras variadas nos relatos que sobrevivem intactos, e ainda constituem a historiografia fundamental dos estudos sobre Alexandre hoje. Os fragmentos sobreviventes de todos estes textos perdidos, e de outros que não mencionei, foram traduzidos em Robinson (1953). Há seleções agora disponíveis, também traduzidas, em duas coleções recentes: Worthington (2003), e Heckel e Yardley (2004). Elementos da vida de Alexandre também estão incluídos em duas obras que tratam principalmente do período helenístico: Harding (1985), 98-122; e Austin (2006), 18-61.

Calístenes e Cleitarco forneceram o material mais antigo para uma miscelânea de lendas, contos de fada e narrativas fabulosas, o chamado

Introdução: contexto e fontes

Romance de Alexandre, falsamente atribuído a Calístenes, que ao longo do tempo suplantou todos os relatos mais sérios, foi traduzido em mais de trinta línguas, e tornou-se a única versão da vida e das conquistas de Alexandre popularmente conhecida na Idade Média. Stoneman (1991) fornece uma tradução adequadamente neutra dessa obra fascinante, junto com uma excelente introdução à sua história. O pior resultado do *Romance* foi desencorajar escribas medievais a preservar os tratamentos factuais antigos mais sóbrios, de modo que na época do Renascimento, todos eles, até mesmo Cleitarco, tinham se perdido.

A maioria, no entanto, sobreviveu por tempo suficiente para ser usada nos cinco relatos sobre Alexandre que nos restam: ou seja, até por volta do fim do século II d.C. Mesmo o mais antigo destes, o do historiador universal grego siciliano Diodoro Sículo, é um produto do último período da República Romana, por volta do ano 40 d.C., portanto três séculos inteiros após os acontecimentos descritos. Isto é mais ou menos como se nossa fonte mais antiga sobre a época de Voltaire fosse o volume IX da *História da civilização* de Will e Ariel Durant, já que Diodoro, embora sistematicamente menosprezado pelos estudiosos modernos, continua sendo um historiador secundário e de segunda ordem, valioso principalmente por seu tão malfalado sistema cronológico e por informações (por exemplo, sobre Filipe II da Macedônia e os sucessores de Alexandre) que não estão disponíveis em nenhum outro lugar. Seu tratamento sobre Alexandre — embora comprometido por uma lacuna textual que cobre alguns dos acontecimentos mais cruciais na carreira do conquistador — preenche a totalidade de um livro excepcionalmente longo (XVII) da *Bibliotheke*. Há um consenso geral de que uma das principais fontes de Diodoro foi Cleitarco. Seu texto é portanto relegado à chamada tradição vulgar, em oposição à "tradição cortesã" dos relatos enaltecedores oficiais, principalmente os de Ptolomeu e Aristóbulo, autoridades de Arriano. A única tradução inglesa disponível hoje é a de Welles (1963), que tem algumas notas sensatas, embora às vezes datadas; aos leitores de francês, também recomenda-se consultar Goukowsky (1999).

O romano Quinto Cúrcio Rufo provavelmente escreveu sua *História de Alexandre* na metade ou no fim do século I d.C., sob o governo de Cláudio ou Vespasiano: ver em Baynham (1998) uma discussão sensata. Por muito tempo menosprezado devido a seus excessos retóricos e sua suposta reformulação do material para adequar-se à política romana, Cúrcio é agora reconhecido como alguém que forneceu uma grande quantidade de material factual útil, não apenas de Cleitarco e da tradição vulgar, mas também de Ptolomeu e Trogo (ver a seguir). Rolfe (1946) oferece uma tradução com texto paralelo. Mais atual, com introdução e notas úteis, é Yardley-Heckel (1984). Cúrcio é especialmente valioso pelo material perdido em Diodoro (ver anteriormente).

Justino (mais preciso Marco Juniano Justino) é conhecido apenas por ter, no fim do século II d.C. (?), abreviado, compilado excertos e adaptado as *Histórias filípicas* de Trogo Pompeu, um gaulês romanizado da época de Augusto. Alexandre é tratado nos livros IX.8 e XI-XII. Como tantos estudos antigos de história, a preocupação de Justino era acima de tudo "apontar uma moral ou adornar uma lenda", e isto — com uma frequência grande demais para o nosso gosto — ditou suas seleções de Trogo. Os leitores de inglês têm a sorte excepcional de ter Yardley e Heckel (1997), uma tradução separada dos capítulos referentes a Alexandre, com todo o texto comentado, amplas referências bibliográficas, e uma introdução crítica sobre o contexto e a historiografia. O texto completo de Justino, com notas, agora também está disponível em inglês (Yardley e Develin, 1994) e cobre — mesmo se de maneira inadequada — umas tantas lacunas no período helenístico (ver a seguir).

Plutarco de Queroneia (*c*. 45–*c*. 120 d.C.), ensaísta, biógrafo moral, platonista amador e sacerdote délfico, viveu pacificamente sob o domínio romano, mas (assim como outros escritores gregos do período, conhecidos como a Segunda Sofística) estava impregnado da história, da oratória e do elegante grego ático da Atenas clássica. A principal meta dos escritores da Segunda Sofística era a maestria nos discursos de ostentação retórica, ou epidícticos, em que a ação histórica (*práxis*) servia apenas para ilustrar ou explicar o caráter individual (*ethos*). Isto se aplica em especial aos dois ensaios substanciais (provavelmente dentre os primeiros) de Plutarco sobre "a sorte (*tyche*) ou habilidade inata (*aretê*) de Alexandre", e só parcialmente menos a sua biografia, emparelhada à de Júlio César. A retórica, na verdade, matizava toda a historiografia antiga em maior ou menor grau, e devemos sempre levar isso em consideração ao avaliar nossas fontes: ver Oliver *in* Bugh (2006), 113-135. Os ensaios (*Mor.* 326D-345B) podem ser lidos em inglês de forma mais conveniente em Babbitt (1936), 382-487. Sobre a *Vida* de Alexandre, ver Perrin (1919), 224-439 ou Scott-Kilvert (1973), 252-334, e Hamilton (1969).

As fontes a que Plutarco se refere com mais frequência (mais de trinta vezes) são diversas cartas supostamente escritas por ou para Alexandre. A autenticidade dessas cartas já foi questionada (e não pode ser comprovada), mas a maioria delas — algumas claramente provenientes de uma compilação — pode muito bem ser genuína.[11] Além delas, ele menciona 24 autoridades, incluindo Calístenes, Aristóbulo, Onesícrito e Cleitarco, que parecem ter sido suas fontes principais. Salta à vista a ausência de Ptolomeu. Plutarco sozinho preserva quase todas as evidências que temos sobre a juventude de Alexandre (avaliar o impacto da educação, *paideia*, era um dos ingredientes básicos para se julgar o *ethos* de um homem) e é essencial no que diz respeito a acontecimentos (perdidos em Diodoro) tais como o assassinato de Cleito e a Conspiração dos Pajens. Mas esta biografia está pouco interessada em assuntos militares, e subestima gravemente (mesmo para o *ethos* de Alexandre) o mero ímpeto e a inescrupulosidade do conquistador desde o início de sua carreira.

Por fim, Arriano, cuja *Anábase de Alexandre*, que segue de perto os moldes de Xenofonte e é composta num pastiche do ático de Tucídides, é o mais longo, mais detalhado, e em diversos aspectos o melhor tratamento dos onze anos da campanha de Alexandre que nos restou. Lucius Flavius Arrianus (citando sua nomenclatura romanizada completa) nasceu por volta de 85 d.C., um grego bitínio de origem abastada que estudou com Epíteto, recebeu de Adriano o título de senador, ocupou o posto de cônsul em 129, serviu como legado da Capadócia (131-137), como comandante militar repeliu uma incursão bárbara dos alanos, e finalmente retirou-se para Atenas, onde foi eleito arconte em 145/6 e morreu por volta do ano 162, no começo do reinado de Marco Aurélio.

A carreira de Arriano é importante ao considerarmos sua atitude em relação a Alexandre, que é essencialmente laudatória: ele estava, tanto por natureza quanto por formação, do lado do poder oficial. (Assim como, por diversos motivos, foram Ptolomeu e Aristóbulo as fontes por ele escolhidas.) Como Plutarco, ele estava mais interessado no *ethos* do que na *práxis*, e na verdade tinha pouca originalidade ou habilidade crítica como historiador. Foi, é claro, seu veredicto adulador sobre Alexandre, no mínimo tanto quanto sua inegável riqueza de detalhes, que levou historiadores como Tarn a superestimarem em muito o seu valor geral como fonte. Esta atitude está agora em processo de revisão (assim como o tratamento excessivamente desdenhoso de Diodoro e Cúrcio). Os leitores interessados devem consultar Brunt (1976, 1983), que oferece não só uma tradução atualizada da *Anábase*, mas também uma introdução excelente e detalhada, junto com notas para todo o texto e alguns apêndices muito instigantes. Mais curto, mais barato e ainda bastante valioso, apesar de estudos mais recentes, é o livro de Sélincourt (1971), com uma introdução caracteristicamente perspicaz de J. R. Hamilton.[12] Bosworth (1980, 1995) oferece um comentário de primeira classe, mas requer conhecimentos precisos de grego.

★

Os problemas em torno das evidências sobre os três séculos seguintes à morte de Alexandre são de uma natureza marcadamente diferente. Enquanto as campanhas de Alexandre têm não menos que cinco fontes narrativas contínuas — por mais que sejam posteriores e derivadas — o período helenístico como um todo tem apenas uma, o "vago e confuso"[13] resumo de Trogo feito por Justino (ver anteriormente), que entretanto nos deixa vislumbrar muitos acontecimentos que de outro modo não seriam conhecidos. Por outro lado, de 229 a 145/4 temos aquilo que nos falta no caso de Alexandre: uma excelente testemunha contemporânea, Políbio, um político aqueu deportado para Roma após Pidna (167), onde ficou íntimo de Cipião Emiliano e se propôs a explicar a espantosa ascensão de Roma como potência mundial em meros cinquenta e três anos.

Este privilégio é menor do que pode parecer a princípio, já que, dos quarenta livros da história de Políbio, na verdade apenas os cinco primeiros sobreviveram intactos. Mesmo assim, ele é imensamente valioso para os historiadores: foi preservado porque, como Tucídides, a quem ele se assemelha em diversos aspectos, era altamente estimado, e com razão, pelos críticos antigos. Hoje há duas versões disponíveis em inglês: a edição de Loeb em seis volumes (Paton, 1922-1927) e a de Shuckburgh (1889, reimpressa em 1960). Shuckburgh (1980) e Scott-Kilvert (1979) oferecem ape-

Introdução: contexto e fontes

nas seleções. Uma excelente introdução crítica, destilada de seu grande comentário (Walbank, 1957-1979), pode ser encontrada nas Sather Lectures, de Walbank, 1972).

Os grandes historiadores do século III a.C. estão todos perdidos, sobrevivendo apenas em fragmentos dispersos, trechos e citações: diferentes dos historiadores de Alexandre, eles não foram sistematicamente traduzidos. Para uma pesquisa sucinta, ver Sacks *in OCD*3 (1996), 715-716. Jerônimo de Cárdia, Dúris de Samos, Timeu de Tauromênio (a Taormina dos dias de hoje), Filarco de Atenas ou Náucratis, as *Memórias* de Arato de Sícion, e Filócoro, o historiador local ático: geralmente concorda-se que são estes que moldaram e caracterizaram a tradição do começo do período helenístico; e dentre eles, o mais importante — apesar da escassez de fragmentos conservados — é sem dúvida Jerônimo. Sua história dos Sucessores, de 323 à morte de Pirro em 272, foi baseada em material de primeira mão e experiências pessoais. Sua qualidade pode ser medida a partir das *Vidas* de Demétrio, Eumenes e Pirro escritas por Plutarco, e, acima de tudo, dos livros 18 a 20 de Diodoro, cobrindo o período até a Batalha de Ipso em 301, que o utilizam extensamente. O melhor estudo sobre Jerônimo ainda é Hornblower (1981).

Dúris (*c.* 340 – *c.* 260), que além de historiador era tirano de Samos, escreveu uma história longa, e um tanto hostil, das questões macedônicas de 370 até Corupédio (281), que foi criticada por Jerônimo. Timeu (*c.* 350 – 260) escreveu uma *História siciliana* que passou a ser a versão dominante sobre a Grécia ocidental para o mundo antigo, embora Políbio previsivelmente tenha depreciado com ferocidade sua ignorância militar e sua ausência de testemunhos pessoais. Timeu também foi responsável por um sistema cronológico com base nos Jogos Olímpicos quadrienais (Brown, 1958). Filarco seguiu a conveniente convenção helenística de iniciar sua própria obra onde um predecessor — no caso, Jerônimo — tinha parado, em 272: suas *Histórias* terminaram em 220/219, com a morte de Cleômenes III, o revolucionário rei ágida de Esparta, assim unindo-se cronologicamente a Políbio. Políbio o atacou por sensacionalismo, mas a animosidade de sua crítica devia-se claramente ao viés pró-espartano e antiaqueu de Filarco (Africa, 1961). Pelo mesmo parâmetro, Políbio depositou confiança demais nas *Memórias* de Arato, o arquiteto da confederação aqueia. A perda dos últimos 11 livros do Átis, de Filócoro, cobrindo a história de Atenas de 320 a 260, é especialmente frustrante.

No que diz respeito ao último período, a maior perda histórica é a do grande polímata Posidônio de Apameia (*c.* 135 – *c.* 51), que escreveu uma *História* de 52 livros retomando onde Políbio parou, na queda de Cartago e Corinto em 146, e prosseguindo a narrativa até algum ponto da década de 80. Posidônio, moralista estoico, favorecia a *nobilitas* romana, enquanto ao mesmo tempo tinha um tratamento simpatizante para com as revoltas de escravos do século I a.C. (material no qual Diodoro se baseou). Seu universalismo cósmico já estava apontando para a identificação do imperialismo romano com a ordem mundial. Edelstein e Kidd (1989) e Clarke (1999), apêndices A e B, atualizam os fragmentos históricos; Kidd (1999) fornece uma tradução deles, à qual Kidd (1988) acrescenta um comentário completo e detalhado.

Depois de Aristóteles, cujas obras foram em grande parte preservadas e estão disponíveis em boas traduções para o inglês (por exemplo, Barnes, 1984), e, num grau muito menor, seu sucessor Teofrasto, cujo principal interesse para os não especialistas são seus *Caracteres* (Usher, 1960; Rusten e Cunningham, 2002; Diggle, 2004); a tradição filosófica, apesar de sua imensa riqueza e variedade, não teve uma sorte muito melhor que a dos historiadores. Os fragmentos originais são muito esparsos; a não ser por eles, somos obrigados a confiar em citações e resumos posteriores, muitas vezes hostis, e em geral fora de contexto. No entanto, o leitor de inglês agora tem uma fonte completa deste material, disponível em tradução e com boas anotações (Long e Sedley, 1987, vol. 1, com os textos originais, mais contextos e comentário técnico, no vol. 2).

Vários dos textos sobreviventes, mais notavelmente o de Políbio (cobrindo 229-146/5, em especial em excertos), já foram discutidos anteriormente. O resumo seletivo de Pompeu Trogo feito por Justino, como vimos, é a única narrativa sobrevivente que abarca todos os três séculos. Sobre o período dos Sucessores, desde a morte de Alexandre até a Batalha de Ipso (323-301), temos os livros 18 a 20 de Diodoro Sículo (Geer, 1947, 1954); Bizière, 1975; Goukowsky, 1978), que utilizam muito material importante de Jerônimo de Cárdia. Os livros restantes de Diodoro (21-40), até 60/59 a.C., são representados apenas por fragmentos e trechos, traduzidos por Walton (1957) e Walton e Geer (1967). Apiano de Alexandria (*fl.* século II d.C.; White, 1912-1913) escreveu sobre as guerras síria, mitridática e civil de Roma: boa parte de seu material elucida a história dos últimos reinos helenísticos. Cornélio Nepo, literato do fim do período republicano (Rolfe, 1929), escreveu uma série de biografias, das quais três — *Eumenes, Fócion* e *Timoleon* — são relevantes para o período, embora marcadamente inferiores às de Plutarco.

Como diz Walbank,[14] é difícil superestimar a importância de Plutarco como fonte. Ele gosta dos casos atípicos: Arato, Cleômenes III, Timoleon, o romano Sertório; individualistas idiossincráticos como Eumenes e Demétrio, o Sitiador.[15] Também discorre de maneira inesquecível sobre comandantes romanos na Grécia: Flamínio, Emílio Paulo, Sula, Pompeu. Para uma tradução clássica das *Vidas*, Dryden et al. (2001) agora oferece um acesso barato e prático; Perrin (1914-1926) possui a vantagem de um texto grego paralelo. As *Vidas* de Demétrio, o Sitiador, Pirro, Fócion e Timoleon estão incluídas em Scott-Kilvert (1973). De interesse quase igual é o enorme escopo de material coberto pelos ensaios nas *Moralia* (Babbitt et al., 1927-2004), incluindo diversos fatos históricos esparsos e anedotas reveladoras (Waterfield, 1992; e Russell, 1993, oferece apenas seleções). Miscelâneas semelhantes compostas por Valério Máximo, contemporâneo de Tibério (Shackleton Bailey, 2000) e os ensaístas do século II d.C. Aulo Gélio (Rolfe, 1927-28; cf. Holford-Strevens, 2003) e Eliano (Wilson, 2000) acrescentam aleatoriamente itens de valor em meio a muita retórica inútil.

As três fontes literárias mais importantes sobre o período helenístico, primariamente não históricas, são o geógrafo Estrabão de Amaseia, do tempo de Augusto; o escritor viajante Pausânias, do século II d.C.; e seu quase contemporâneo Ateneu de Naucratis (*fl. c.* do ano 200). A *Geografia* de Estrabão, com 17 livros (Jones, 1917-1932; cf. Clarke, 1997 e 1999; Dueck, 2000), cobre a totalidade do Império Romano em sua época, usando tanto testemunhos pessoais (por exemplo, para Alexandria) quanto fontes helenísticas mais antigas, agora perdidas. Seu texto é uma enorme mina de informações variadas. Pausânias (Levi, 1979; Jones, 1918-1935; cf. Habicht, 1985; Arafat, 1996; Hutton, 2005) na prática faz pela Grécia continental central o que Estrabão faz pela periferia mediterrânea mais ampla: apesar de sua simpatia, assim como a de Plutarco, ser pela era clássica, ele ainda é capaz de, acima e além de seu guia de monumentos, fornecer uma notável quantidade de informações históricas. Na única obra de Ateneu, os *Deipnosofistas*, habilmente traduzida por Basil Gildersleeve como *The Gastronomes* [Os gastrônomos] (Gulick, 1927-1941; cf. Braund e Wilkins, 2000; Olson, série em andamento, 2007), temos 15 livros de conversas eruditas em volta da mesa, literalmente sobre repolhos e reis: comida, bebida, segredos picantes de celebridades, infinitas citações (a maioria da Média e Nova Comédia).

Devido à natureza ultrafragmentária da maior parte destas evidências, os não especialistas acharão mais conveniente confiar nos diversos livros de fontes seletivos, todos de alta qualidade, agora amplamente disponíveis. Excertos e fragmentos de todos os escritores perdidos discutidos aqui são oferecidos de maneira variada — com tradução, dispostos em ordem cronológica e com notas úteis — por Austin (1981), Harding (1985), Burstein (1985), e Bagnall e Derow (2004). Estas coleções também incluem trechos dos léxicos bizantinos (cuja maior parte não está traduzida). O maior e mais importante destes últimos, conhecido como *Suda* ("Fortaleza": século X d.C.), está atualmente sendo traduzido on-line numa grande parceria coletiva, e pode ser consultado em www.stoa.org/sol. Os livros de fontes também fornecem amplos testemunhos epigráficos e papirológicos (embora não numismático, infelizmente, mas compreensível), e é para estes que devemos nos voltar agora.

Enquanto as inscrições com alguma relevância direta sobre a vida de Alexandre foram comparativamente poucas, durante o período helenístico (quando as práticas de registro multiplicam-se em escala exponencial) elas podem ser contadas às dezenas de milhares, e ainda vêm sendo a cada ano acrescidas de novas, em ritmo constante. As lápides são talvez as mais numerosas, o que não é surpresa. As variadas atividades cívicas das cidades gregas, realizadas pelo Conselho (*Boulê*) e pelo Povo (*Demos*) — tratados, decretos honoríficos, registros de arbitragem, financiamento de festivais religiosos, recompensas para atletas bem-sucedidos e outros assuntos ginasiais, relações com comandantes reais, regulamentos escolares, relatórios de construção, concessões de direitos de cidadão ou imunidade —, constituem o volume restante de inscrições públicas. Os registros dos grandes santuários pan-helênicos (por exemplo, em Delos ou em Delfos) elucidam

Introdução: contexto e fontes

suas economias e práticas sociais; estatutos reais, cartas e éditos nos dizem muito sobre a administração ptolomaica e selêucida que nossas fontes literárias não mencionam. Devido às lacunas no registro literário, as inscrições, às vezes, fornecem evidências complementares de acontecimentos históricos que, a não ser por elas, são pouco referidos ou mesmo desconhecidos. A vida privada, embora não seja de natureza epigráfica, tem seus grafites (em paredes e cacos de cerâmica) e pode mostrar seu lado cruel nas inscrições em tabuletas de maldição [defixione] (Gager, 1992). Woodhead (1981) fornece uma fascinante introdução prática à atividade do epigrafista, desde fazer decalques até decifrar sistemas numéricos. Para as inscrições do período helenístico, McLean (2002) oferece uma excelente introdução geral.

Com os inúmeros textos mais ou menos fragmentários que sobreviveram em papiro — originalmente um papel branco liso[16] feito do *Cyperus papyrus*, uma planta aquática comum no Delta Egípcio, mas rara em qualquer outro lugar —, somos confrontados com um tipo muito diferente de evidência. Quase todas as nossas descobertas de papiro — sejam documentos descartados, cartonagem de múmias, ou os detritos de depósitos de lixo e casas em ruínas — provêm de sítios provincianos no interior do Médio e Alto Egito. Portanto, mesmo quando as descobertas têm uma importância nacional ou administrativa óbvia, é perigoso fazer generalizações a partir delas.

Dito isso, continua sendo verdade que as evidências em papiro são não só mais ricas do que as proporcionadas por inscrições, mas também infinitamente mais variadas: em especial, oferecem muito mais material sobre o setor privado. Contas e contratos, rações diárias, arrendamentos de fazendas, declarações de impostos, anotações de sonhos, exercícios escolares, acordos de divórcios, cartas para esposas ou agentes públicos — a lista é interminável. (Além dos livros de fontes citados anteriormente, ver Hunt e Edgar, 1932 e 1934: o primeiro é uma bela coleção de acordos, correspondências e testamentos, o segundo traz regulamentos, ordens judiciais, petições, candidaturas, contratos, propostas comerciais e as intermináveis minúcias burocráticas que regem a vida provinciana no interior do Egito.) Também houve achados literários. Além de descobertas famosas como a *Constituição de Atenas*, de Aristóteles, ou como *Dyskolos, O misantropo*, uma peça perdida de Menandro, encontraram-se inúmeros fragmentos tentadores de dramaturgia e poesia lírica mais antiga (ver, por exemplo,

Page, 1941). Como introdução geral à papirologia, Turner (1968) continua insuperável, embora atualizado em alguns aspectos por Bagnall (1995).

Inevitavelmente, todas estas fontes, por serem baseadas na Grécia, oferecem variantes de uma perspectiva da classe dominante (embora nem sempre oficial). Os mais úteis (e muitas das vezes perturbadores) estudos sobre as relações — e hostilidades — entre gregos e não gregos no mundo helenístico são Eddy (1961), Momigliano (1975) e Isaac (2004). Agora há disponível uma boa introdução curta: Gruen *in* Bugh (2006), 295-314. Material em acadiano, aramaico e, acima de tudo, egípcio demótico (que nos permite vislumbrar cenas das camadas mais baixas da população nativa do Egito) existe e está sendo disponibilizado aos poucos. Mas para a maior parte dos propósitos práticos (mesmo para disseminar a propaganda antigrega — por exemplo, no apocalíptico "Oráculo do oleiro", Burstein, 1985, 106), o grego continuou sendo a língua franca do mundo helenístico. Além disso, os três séculos de reinado greco-macedônico foram uma gigantesca empreitada colonial, e é assim, para o bem ou para o mal, que temos que estudá-los acima de tudo.

Poucas coisas deixam isto mais claro que a abundante e variada cunhagem de moedas no período (sobre a numismática helenística, ver especialmente Mørkholm, 1991 e 1984); introduções mais gerais são oferecidas por Howgego (1995) e Crawford (1983, 185 ss.); Kraay (1966) ainda tem as melhores reproduções. O direito de cunhar moedas é uma expressão de soberania, assim como uma garantia de força econômica (a desvalorização da moeda, como bem sabia a Antiguidade, transmite uma imagem de fraqueza não só financeira como política). No período helenístico isto significava, mais notavelmente, as monarquias ptolomaica, selêucida e, depois, a atálida, embora diversas cidades também cunhassem moedas, algumas em caráter independente e outras autorizadas por mandado real; enquanto na Grécia continental em particular, um número de moedas locais limitadas com diversos padrões continuou a se difundir.

Os Sucessores, a começar por Lisímaco, buscavam legitimidade usando a cabeça de Alexandre nas moedas que emitiam. Depois, quando seus herdeiros estavam todos mortos e a dinastia real argéada estava extinta (p. 42-45 ss.), cautelosamente no início, eles se declararam reis e cunharam moedas com sua própria imagem. Podemos ver o processo em ação no caso

Introdução: contexto e fontes

de Ptolomeu. Suas moedas comuns começaram trazendo a cabeça de Alexandre, e com o tempo mudaram para sua própria.[17] Mesmo assim, tal era a autoridade de Alexandre que, durante mais de dois séculos, diversos governantes e cidades continuaram a usar sua imagem numismática como validação de sua soberania. Em alguns casos especiais (por exemplo, as dinastias greco-báctrias), as moedas emitidas, além das descobertas arqueológicas, são praticamente a única evidência histórica que temos (Holt, 1999; um excelente trabalho de detetive).

Por último, a arqueologia: não só uma fonte de evidência em si, mas o instrumento através do qual a maioria das nossas outras fontes — moedas, inscrições, textos em papiro — são inicialmente descobertas e contextualizadas (Snodgrass, 1987, e *in* Crawford, 1983, 137-184; Alcock, 1994). O grande valor dos vestígios desenterrados é que eles "representam o que alguém fez um dia, não o que algum escritor contemporâneo ou posterior diz que esse alguém fez".[18] Em outras palavras, estão livres da tendenciosidade dos antigos. Mas sua desvantagem correspondente é que os próprios vestígios não podem falar nada, e por isso os arqueólogos modernos falam em lugar deles, exercendo sua própria tendenciosidade, em vez da dos antigos. O testemunho silencioso tem, portanto, um valor histórico limitado. Mas ele pode modificar e incrementar uma narrativa: os comerciantes e mercenários gregos na verdade se estabeleceram em Náucratis no Egito muito antes do que Heródoto achava que isso acontecera.[19]

Sobre o período helenístico, provavelmente a evidência arqueológica mais valiosa é aquela que contribui para o nosso conhecimento do aumento da urbanização em todo o Mediterrâneo e em boa parte do Oriente Próximo. Elas vêm principalmente de Atenas, de Rodes, e das cidades já célebres do oeste da Ásia Menor, como Pérgamo, Éfeso e Mileto. Em Alexandria, para nossa frustração, pouca coisa sobreviveu; no entanto as evidências fornecidas por um sítio como o de Aï Khanum no Afeganistão mostram que a tendência se estendeu aos pontos mais remotos do império. Mas quem eram os beneficiários? Quem se exercitava nos ginásios, assistia às peças gregas nos teatros? Quem era enterrado com armas, e por quê? Que efeito a emigração em massa da Grécia para as terras recém-conquistadas surtiu, em termos físicos, nestas velhas e novas paisagens? Menos altares rurais indicam uma crise religiosa ou simplesmente uma despopulação?

Aquilo que a arqueologia pode nos revelar, como não é surpresa, está ligado às condições de longo prazo: o planejamento e desenho das cidades; as crenças e costumes que se podem deduzir a partir de altares, túmulos, e o que eles continham; as preocupações — e autoimagens — daqueles que encomendavam e executavam retratos; as implicações de seu gosto em objetos domésticos, pisos decorados, a disposição do espaço habitável, o tamanho e a natureza das propriedades. Mais uma vez, a ênfase é muito nas classes superiores detentoras de posses — mais frequentemente colonizadores greco-macedônicos do que magnatas locais prosperando por meio de colaboração —, embora a obstinada persistência de idiossincrasias locais na cultura material tão variada do império de Alexandre só esteja começando a ser totalmente compreendida agora. Uma excelente (e atual) introdução é Rotroff *in* Bugh (2006), 136-157. Uma das novas técnicas mais interessantes e valiosas (mas ver também p. 31-32) é a chamada arqueologia da paisagem: a análise contextual detalhada do terreno de uma região em todos os seus aspectos, tanto naturais quanto criados pelo homem, um processo que começou a recuperar pelo menos alguma coisa destes elementos que faltam no resto de nossas evidências.

1   *Alexandre e seu legado (336-323)*

Em outubro de 336 a.C., um matrimônio real muito bem divulgado aconteceu na antiga cidade macedônica de Egas (atual Vergina): Cleópatra, filha do rei Filipe II, estava se casando com Alexandre, rei do Épiro, o estado vizinho. Era uma ocasião peculiar, e teve um desfecho trágico. O noivo, para começar, era tio da noiva — na verdade era irmão de Olímpia, a poderosa esposa repudiada de Filipe, que até recentemente estivera exilada no Épiro, tramando planos de vingança, mas agora tinha voltado para Egas como mãe da noiva. Estando prestes a lançar-se a uma grande invasão da Ásia Menor, na época parte do Império Persa, Filipe caracteristicamente se deu conta de que uma aliança incestuosa de dinastias seria um jeito mais barato e mais fácil de proteger sua retaguarda que uma campanha demorada. Portanto, preferira o casamento. Durante a cerimônia, as imagens dos 12 deuses do Olimpo foram acompanhadas, em procissão, por uma do próprio Filipe. Por isso, quando no segundo dia das festividades Filipe foi assassinado por um de seus próprios guarda-costas ao entrar no teatro antes dos jogos, muitos viram isto como punição divina para a imodéstia descabida do rei.

Para outros, claramente, era uma oportunidade imperdível. O assassino, Pausânias, foi perseguido e morto — assim excluindo qualquer possibilidade de interrogatório — por amigos do filho e herdeiro (recém-desapropriado) de Filipe: o já bem conhecido, porém ainda não Grande, Alexandre. Antípatro, um dos nobres de maior confiança de Filipe, assumiu o comando imediatamente, aplacou o caos, apresentou o jovem Alexandre ao exército macedônico reunido, e o fez ser confirmado como sucessor ao trono antes mesmo que o corpo de seu pai esfriasse. Em vez de, no improvável melhor dos casos, ficar como regente na Macedônia enquanto Filipe granjeava glórias em campanha, de uma hora para outra Alexandre agora se viu não só elevado a rei como possível líder da invasão à Pérsia, planejada há tanto tempo. O regicídio, como nos lembra Elizabeth Carney, "era uma certa tradição macedônica".[1]

Até o fim do outono de 338, ano da grande vitória de Filipe sobre os estados gregos em Queroneia, Alexandre continuava sendo, como fora desde a adolescência, o príncipe coroado e sucessor designado por Filipe. Em 340, com apenas 16 anos, atuara como regente enquanto seu pai estava em campanha. Liderou a bem-sucedida carga de cavalaria em Queroneia, um feito que lhe rendeu uma aclamação pública do exército. Ele e sua mãe, Olímpia, estavam ambos incluídos entre as imagens da família — feitas de ouro e marfim, materiais até então reservados para retratar divindades — no curioso edifício circular que Filipe dedicou na cidade de Olímpia para celebrar sua vitória. Alexandre também foi um dos delegados que escoltaram de volta para Atenas as cinzas dos atenienses mortos (surpreendentemente, foi a única vez em que ele esteve lá).

Este foi o último dever oficial que ele cumpriu durante a vida de Filipe. No fim do outono de 338, Filipe abruptamente repudiou Olímpia, levantou dúvidas sobre a legitimidade de Alexandre e anunciou sua intenção de se casar com Cleópatra, uma jovem macedônica. Não só Cleópatra era de impecáveis sangue azul e etnia — em contraste com Olímpia, a epirota — como também seu tio Átalo, um soldado bem-sucedido e popular, era casado com a filha de Parmênio, o general de maior confiança de Filipe. Junto com Parmênio, ele comandaria a força que garantiria uma cabeça de ponte para o avanço na Ásia menor. A formação de um bloco de poder seguro por Filipe, unido pelo casamento, certamente tinha alguma relação com a campanha que estava por vir. No entanto, desdar e ofender mortalmente o sucessor que ele cultivara durante quase vinte anos — e fazer isso quase imediatamente antes de sua travessia planejada para a Ásia — era o tipo de gafe que Filipe, sempre um diplomata astuto, jamais cometeria no curso normal dos acontecimentos. Estes acontecimentos claramente não eram nada normais.

Quais eram, então, seus motivos subjacentes? O banquete de casamento apenas sublinhou a aparente insanidade destes motivos. Todos se embebedaram. Átalo propôs um brinde, uma oração para que Filipe e Cleópatra gerassem um *herdeiro legítimo*. Alexandre, compreensivelmente enfurecido — "Estás chamando-nos [note-se o plural majestático] de bastardo?" —, agrediu Átalo. Filipe fez menção de atacar, não Átalo, mas sim seu próprio filho. Bêbado, tropeçou e desabou no chão, dando a deixa para um famoso comentário de Alexandre: "Este é o homem que vai cruzar da Europa para a Ásia, e nem consegue chegar de um banco até o outro!"[2] O príncipe insultado, agora não mais herdeiro necessário, levou sua mãe de volta para o Épiro e refugiou-se, ele próprio, entre os ilírios. Ambos, previsivelmente, começaram logo em seguida a causar problemas nas fronteiras.

Por que, com uma grande campanha pela frente, um diplomata astuto como Filipe teria trazido o caos para dentro do palácio, destruindo da noite para o dia a sucessão real estabelecida havia tanto tempo? Assumindo que ele não tinha perdido o juízo e que estava agindo racionalmente, há um único motivo que poderia explicar essa vira-face repentina no outono de 338: a convicção de que Alexandre e Olímpia estavam planejando derrubá-lo. Este medo era muito plausível, dada a história da dinastia argéada. Se era isso que Filipe acreditava, suas atitudes fazem muito sentido; em retrospecto, é claro, podem até não parecer severas o bastante.

Será que seu medo era justificado? Isto é impossível saber ao certo. Mas não é difícil ver o que poderia ter despertado estas suspeitas; toda a educação de Alexandre, principalmente quando vista à luz das ambições desmedidas de sua mãe para ele, sugere um padrão de altas aspirações, uma imodéstia ainda maior e uma perigosa impaciência real. O menino foi incentivado a pensar em si mesmo como um novo Aquiles (de quem a família de sua mãe alegava ser descendente). Seu ideal homérico era ser "um bom rei e um lanceiro forte" e, talvez o mais importante, "sempre lutar para ser o melhor, sobressaindo-se a todos os outros" (Hom. *Il.* 3.179, 6.208). A glória e a fama, *kleos*, eram adquiridas por conquista. Mas Filipe, repetidas vezes, parecia estar antecipando-se ao filho. "A mim", disse Alexandre a seu círculo estreito de amigos, "ele não deixará nenhuma realização grande ou brilhante para ser exibida ao mundo com a vossa ajuda. (...) De que me servem as posses se eu não alcançar nada?" (Plut. *Mor.* 179D 1; *Alex.* 5.2). O pior de tudo era que agora era Filipe, não ele, quem estava pronto para invadir a Ásia. A grande empreitada que Alexandre via como sua própria herança desde a infância parecia, assim como o prêmio de Aquiles, prestes a escapar de seus dedos. Se ele e a mãe estavam de fato planejando um golpe, o momento era agora, e seus motivos dificilmente poderiam ter sido mais prementes.

★

Então, literalmente na última hora, Alexandre da Macedônia — agora rei Alexandre III — entrou em posse de toda a herança com que ele e sua mãe sonhavam havia tanto tempo. Assim como seu pai, ele assumiu o poder em circunstâncias perigosas: um batismo de fogo. Era jovem, relativamente desconhecido, e ainda não possuía essa extraordinária aura de carisma e realização que em questão de poucos anos passaria a defini-lo. Seus adversários poderosos podiam muito bem ter pensado que eram capazes de dar cabo deste menino emergente sem dificuldades. Estavam enganados: ele mostrou-se absolutamente inexorável desde o começo, e tinha bons motivos para isso. Sabia que tanto seu primo Amintas quanto o filho recém-nascido de Cleópatra, Carano (que ostensivamente recebera o nome do fundador mítico da dinastia), representavam uma ameaça direta a seu reinado e tinham aliados poderosos.[3]

Fora da Macedônia, também, a situação era tensa. Os tebanos expulsaram sua guarnição macedônica. Havia problemas na Trácia e no Peloponeso. De Atenas, Demóstenes escreveu a Parmênio e Átalo na Ásia Menor, exortando-os a se rebelarem, prometendo ajuda de Atenas, e escarnecendo o novo rei macedônico como um mero adolescente descerebrado. Átalo certamente, e Parmênio muito provável, morderam a isca. O novo reino de Alexandre estava "exposto a grandes invejas, ódios mortais e perigos de todos os lados" (Plut. *Alex.* 11.1). Seus conselheiros mais velhos, liderados por Antípatro, estavam todos compreensivelmente advertindo-o de que fosse cauteloso: que não se atrevesse a mexer com os estados gregos do sul, que apaziguasse as tribos fronteiriças com concessões. "Não", disse ele, "se eu subtrair um único iota de minha decisão, todos os nossos inimigos cairão imediatamente sobre nós. A única garantia de segurança é coragem e audácia".

Isto, é claro (um ponto que ele talvez achou preferível não mencionar), incluía pelo menos uma missão de assassinato. Átalo, com ou sem o apoio de Atenas, era um perigo óbvio (além de ter insultado Alexandre mortalmente), e Alexandre já tinha enviado um amigo de sua confiança para o quartel-general do exército na Ásia Menor, oficialmente como agente de ligação, mas com a incumbência secreta de trazer Átalo de volta, se possível vivo, ou então matá-lo na primeira oportunidade e fazer um acordo com Parmênio. Parmênio considerou o histórico do jovem rei até agora, decidiu mudar de lado, e até cooperou com o assassinato de Átalo, seu próprio genro. Porém cobrou um preço alto por seu apoio. Quando a força-tarefa de Alexandre fez a travessia para a Ásia na primavera de 334, Parmênio foi seu assessor imediato, e quase todos os cargos de alto comando mais importantes foram ocupados por amigos ou parentes dele. Só depois de mais de cinco anos, e mesmo então apenas com um ostentoso julgamento público e um assassinato, é que eles finalmente conseguiram se livrar de suas garras.

Tendo assim resolvido sumariamente seus problemas domésticos e dado aos estados gregos uma amostra de com quem estavam lidando, Alexandre convocou uma reunião da Liga Helênica em Corinto, onde os termos decretados por Filipe após sua vitória em Queroneia foram todos reconfirmados em nome de seu filho. Alexandre foi eleito *hegemon* no lugar do pai, e capitão-general, "com poderes ilimitados", da invasão da Ásia que estava por vir, para exercer vingança (assim dizia a declaração) pela sacrílega destruição de templos gregos por Xerxes, um século e meio antes. A aliança com a Macedônia "em caráter perpétuo" foi renovada. Os estados gregos — uma pequena ironia diplomática sempre vinha a calhar — seriam "livres e independentes". Os delegados disputavam entre si para cobrir seu novo líder de honras e parabéns.

Mas houve duas exceções notáveis. Os espartanos informaram a Alexandre que suas tradições não lhes permitiam servir a um líder estrangeiro (Alexandre devidamente retribuiu este gesto esnobe depois da Batalha de Grânico, quando enfatizou a ausência de Esparta no combate); e Diógenes, o Cínico, ao ser visitado em Corinto por Alexandre, para o que seria o equivalente antigo de uma sessão de fotos para a imprensa, enquanto tomava sol fora de sua banheira, foi perguntado se havia algo que queria, disse: "Sim, muda de lugar, estás tapando meu sol." A força irresistível encontrara o objeto inamovível. "Se eu não fosse Alexandre", supostamente disse o jovem *hegemon*, "eu seria Diógenes" — intransigência passiva e não ativa.

Alexandre saiu-se um tanto melhor em Delfos, que ele visitou no caminho de volta de Corinto para Pela. Agora já era fim de novembro. Do meio de novembro ao meio de fevereiro, o templo ficava fechado por motivos religiosos: não havia exceções. Alexandre, que tinha uma grande fé em oráculos e queria muito um para sua cruzada na Pérsia, agarrou a pitonisa e começou a arrastá-la para o santuário reservado (ádito). "Rapaz", exclamou a perspicaz sacerdotisa, "tu és invencível [*aníketos*]!" Alexandre imediatamente a soltou, dizendo que esta profecia estava boa o bastante para ele, e dali em diante assumiu *aníketos* como um de seus títulos regulares.

Por mais impaciente que estivesse para dar início à grande invasão (e não só por causa de seu *pothos*, seu desejo ardente, mas também por bons motivos práticos: o tesouro macedônico estava quase vazio, e uma conquista bem-sucedida seria um jeito rápido de enchê-lo), Alexandre sabia que primeiro precisava subjugar completamente as tribos fronteiriças. Passou o inverno de 336/5 — outra lição bem aprendida com Filipe — treinando suas tropas, especialmente para o combate em montanhas. Na primavera, conduziu uma campanha rápida e brilhante, atacando o norte através do desfiladeiro de Shipka, vencendo duas batalhas, tomando um grande butim, e estendendo a fronteira até o Danúbio. Dali ele avançou para oeste, travando um encontro mais arriscado com um vigoroso grupo tribal de ilírios. Enquanto ainda estava lutando contra eles (fim do verão de 335), foi surpreendido por uma notícia alarmante da Grécia.

Apesar da cooperação relutante da Liga de Corinto, apesar de tudo o que se falava sobre uma cruzada pan-helênica, logo assim que Alexandre desapareceu na Trácia, um movimento de resistência liderado por Tebas e Atenas entrou em ação. O que levou a situação a um ponto crucial foi um relato falso, arquitetado por Demóstenes e proferido por uma suposta testemunha suja de sangue, de que Alexandre e toda a sua força expedicionária tinham sido dizimados numa batalha contra trácios ferozes perto do Danúbio. Tebas insurgira-se numa revolta declarada, com apoio financeiro de Atenas, parte do qual era ouro fornecido pela Pérsia. Na Ásia, um brilhante general mercenário grego, Mêmnon de Rodes, estava exercendo uma forte pressão sobre a força de avanço macedônica; sua cabeça de ponte no Helesponto estava em risco. Amintas, filho de Pérdicas, o irmão mais velho de Filipe, partira de Pelas para o sul da Grécia, e era um previsível candidato ao trono macedônico, com apoio dos gregos. A velocidade, engenhosidade e determinação que Alexandre demonstrara na Trácia e na Ilíria tornaram-se mais necessárias do que nunca. E elas não o abandonaram.

Primeiro, assim como se livrara de Átalo, ele agora tramou o assassinato de Amintas. Com um belo toque de humor negro, ofereceu Cinane, a futura viúva de Amintas, filha metade ilírica de Filipe, em casamento a Lângaro, o rei de seus aliados locais, os agrianos, uma valorosa tribo dos Bálcãs que depois forneceu homens para algumas de suas melhores tropas de armas leves. Ele também enviou uma mensagem a sua mãe, Olímpia, solicitando a eliminação de seu outro rival dinástico, o filho recém-nascido de Cleópatra. Olímpia, obedecendo muito de bom grado, também deu cabo da própria Cleópatra e de sua filha pequena. Este ato lhe rendeu uma severa repreenda de Alexandre, sempre atento à sua imagem pública: nem Cleópatra nem Europa eram uma ameaça à sucessão, e o assassinato delas gerava portanto uma publicidade negativa desnecessária. Alexandre então rapidamente arrematou sua campanha de pacificação e fez uma marcha forçada para o sul, numa velocidade que abalou mesmo os veteranos de Filipe. Umas poucas semanas depois, após cobrir cerca de 400 quilômetros, em parte através de terreno montanhoso, ele surgiu diante das muralhas de Tebas. Mesmo assim, demorou algum tempo para convencer os tebanos de que realmente estava vivo.

O tempo e a verba estavam acabando para Alexandre: ele precisava urgentemente chegar à Ásia. Disse aos tebanos que, já que tinham acreditado que ele estava morto, e sua morte teria anulado o tratado assinado por eles (pelo fato de ele não deixar descendentes), a revolta deles tinha sido legítima e de boa-fé. Se agora retomassem sua aliança, todos seriam perdoados. Os tebanos, no entanto, estavam bem preparados, e viram a liberdade ao seu alcance. Mantiveram-se firmes. Alexandre retrucou exigindo a entrega dos dois líderes da revolta e oferecendo anistia para o resto, que continuaria desfrutando dos benefícios da "paz comum" (*koinê eirênê*) grega. Os tebanos então proclamaram que "qualquer um que desejasse, junto com o Grande Rei [da Pérsia] e os tebanos, libertar os gregos e destruir o tirano da Grécia, deveria juntar-se a eles" (DS 17.9.5). Pouco lhes importava a propaganda pan-helênica e a Liga de Corinto.

A ameaça de um conluio com a Pérsia já era ruim o bastante; ser chamado de tirano, e desprezado como tal, levou Alexandre a uma de suas fúrias rampantes. A partir daquele momento, o fim de Tebas estava selado. O rompimento das muralhas levou a um banho de sangue em que 6 mil tebanos morreram, e outros 30 mil foram capturados. Então, instigada por Alexandre, a Liga de Corinto votou por "assolar a cidade, vender os prisioneiros, declarar fora da lei os fugitivos em toda a Grécia, e proibir que os helenos lhes oferecessem abrigo" (DS 17.14.3). Foi uma atitude drástica demais, em todos os sentidos. Na superfície, ela certamente surtiu o efeito desejado. Os estados gregos, incluindo Atenas, correram para pedir clemência. Alexandre, com sua fúria aplacada, não tinha vontade de ser detido ainda mais pelas fortificações impenetráveis dos atenienses, por isso cancelou sua lista negra (que incluía Demóstenes) e fez um acordo com eles.

Porém, a longo prazo, a destruição de Tebas foi um dos piores erros que ele jamais cometeu. Se Alexandre pretendera que sua invasão da Ásia fosse uma verdadeira cruzada pan-helênica (o que é extremamente duvidoso), esse ato enterrou para sempre quaisquer esperanças disso. Por fora, os gregos colaboraram. Por dentro, sua atitude passou a ser de ódio amargo e implacável: foi para mantê-los subjugados, e não apenas as tribos fronteiriças, que um exército macedônico, pouco menor do que a força expedicionária de Alexandre, foi deixado para trás na Europa. Além disso, comparativamente, poucas tropas gregas serviram na expedição em si, e nenhuma na linha de frente; mesmo estas foram eliminadas assim que surgiu o momento oportuno. Nenhum grego continental jamais foi designado governador regional (sátrapa) por Alexandre. Esse amálgama final de raças, no último ano ou dois de sua vida, que levou alguns idealistas a dizerem que Alexandre estava buscando uma irmandade estoica entre os homens, mas entre macedônicos e persas: os gregos não participaram dela em lugar algum.

Alguns estudos modernos ainda falam de uma cruzada grega liderada por gregos. Seus argumentos talvez tenham fundamentos étnicos e linguísticos — ambas as questões são discutíveis —, mas, na época, nem os macedônicos nem os gregos viam as coisas desse modo. Eles se desprezavam, corretamente ou não, como estrangeiros que (supostamente) falavam línguas diferentes; essa xenofobia era intensificada, do lado grego, pelo desdém intelectual mesclado a um amargo ressentimento com a derrota, e do lado macedônico, por um medo constante de más intenções e rebelião. Este relacionamento profundamente problemático e hostil — preservado como aliança apenas pela necessidade de propaganda política, e manifestando-se com muita frequência como tomada tácita de reféns para garantir um bom comportamento — viria a tornar-se um fator importante no desenrolar da invasão da Pérsia.

★

Já de volta a Pela, em outubro de 335, Alexandre mandou Parmênio retornar da Ásia para ser seu subcomandante; precisava dos oficiais da velha guarda de Filipe, e só através de Parmênio ele tinha uma chance real de consegui-los. Já vimos o controle (em grande parte familiar) de cargos militares centrais que o velho marechal insistiu em receber como recompensa. Alexandre então reuniu-se com seus comandantes e Companheiros para planejar a invasão à Pérsia. Nossas fontes contam que tanto Antípatro quanto Parmênio aconselharam que ele primeiro se casasse e gerasse um herdeiro: o conselho foi rejeitado com escárnio. Seria esta só a fala do jovem aspirante a Aquiles, impaciente pela glória heroica? Talvez. Mas havia outro motivo, muito prático e nada romântico, para uma partida imediata: dinheiro.

O pagamento do exército estava gravemente atrasado. A venda de prisioneiros de Tebas não chegara nem a cobrir as dívidas pendentes de Alexandre. A renda das minas, cerca de mil talentos por ano, não cobria mais que um terço do orçamento militar anual. Pior ainda, ao subir ao trono Alexandre tinha, como pedido de aceitação, abolido a tributação direta (sugerem-se paralelos modernos). Pegando dinheiro emprestado de seus Companheiros sob penhor de terras da coroa, assumindo de forma evidente, mas tácita, que os "empréstimos" eram de fato presentes, ele arrecadou 800 talentos, assim pagando alguns soldos atrasados e diminuindo (embora não quitando) a dívida do tesouro. Mas com seis meses de treinamento pela frente, antes da data mais próxima possível para a partida da expedição, ele estava seguindo uma conta extremamente justa. Por trás das corajosas juras de vingança pelos crimes de Xerxes na Grécia, muito menos que qualquer noção de proselitismo cultural, estava a necessidade urgente, por parte de Alexandre e todos os seus oficiais de alto escalão, de transformar sua campanha, tão cedo quanto possível, numa operação geradora de lucros.

Alexandre e seu legado

Este era um apetite que o sucesso sem precedentes, longe de satisfazer, apenas acentuou, mesmo porque Alexandre, assim como Filipe (um homem notoriamente parcimonioso), tinha a mentalidade de um pirata homérico quando o assunto era riquezas: o melhor meio de adquiri-las era subtraí-las dos adversários menos viris na batalha. Nenhum deles tinha muita noção econômica real além de suas necessidades imediatas: outro legado que o desmembramento do Império Persa por Alexandre, e sua dissipação descontrolada do tesouro aquemênida acumulado, deixaria a seus sucessores helenísticos. O número registrado por nossas fontes, numa estimativa geral, é de 180 mil talentos (um talento de metal precioso pesava 26 quilos); e mesmo isso não inclui as vastas somas supostamente desviadas em caráter extraoficial, logo de cara, pelos captores e guardiões subordinados ao tesouro. Como boa parte da complexa herança de Alexandre, as consequências destes atos a longo prazo não foram nem planejadas nem previstas pelos conquistadores que os levaram a cabo.[4]

★

Ainda se discute quais podem ter sido os objetivos iniciais de Alexandre. É improvável que Filipe planejasse mais que garantir a Ásia Menor "de Sinope à Cilícia" (Isócr. 5.120); ele pode na verdade ter desejado apenas completar seu domínio do mar Egeu — como Atenas fizera no século V — subjugando as cidades costeiras da Eólida, da Iônia e da Cária ao controle macedônico. Os persas arrecadavam 1.760 talentos por ano das satrapias envolvidas, e Filipe podia fazer um bom uso deste dinheiro. Mas quando Alexandre atingiu o "porto aqueu" de Rhoiteion ficou de pé, totalmente armado, na proa de seu navio e arremessou uma lança à praia, para mostrar "que recebia a Ásia dos deuses como um prêmio vencido à lança" (DS 17.17.2). Isto não apenas nos lembra a justificativa mítica, em geral homérica, que ele invocaria em cada momento decisivo, mas sugere fortemente que ele planejava a derrubada do Império Aquemênida logo desde o começo. Não sabemos quem entre os de seu círculo íntimo, caso houvesse alguém, estava inteirado desta determinação. Poucos podem ter previsto até que ponto seu *pothos* (desejo, anseio) demoníaco o levou, ou não teriam, é certo, se comprometido de antemão a onze anos de campanha praticamente ininterrupta.

A noção geral de invadir a Pérsia não era nova. Já desde a *Lisístrata* de Aristófanes, pairava no ar um sonho de que os estados gregos, estagnados e eternamente em guerra, se unissem contra o monolítico bárbaro do Oriente. A marcha bem-sucedida de Xenofonte até o mar Negro com o que restava de cerca de 13 mil mercenários, após a tentativa fracassada de Ciro em Cunaxa (401) de usurpar o trono do irmão, dava uma impressão enganosa de fraqueza dos persas. Os retóricos, em especial o ateniense Isócrates, exacerbavam isso. A riqueza aquemênida era igualada apenas pela decadência do império e a *faiblesse* militar. Ali estava um El Dorado, praticamente convidando-os à conquista.

O problema era: quem penduraria o sino no pescoço deste velho tigre? Apesar dos atrativos retóricos da ideia, nenhum dos nomeados gregos de Isócrates estava à altura da empreitada. Por fim, ele recorreu a Filipe da Macedônia, embora deixando claro que o via como uma espécie de líder mercenário contratado, que faria de muito bom grado o serviço para seus superiores culturais do sul. "É apropriado a ti", garantiu-lhe Isócrates, "considerares toda a Hélade tua pátria" (Isócr. 5.127). Jamais um conselho foi levado tão ao pé da letra. Após a vitória esmagadora de Filipe sobre Atenas e Tebas na Queroneia (338), o erudito nonagenário, talvez lembrando suas próprias palavras, cometeu suicídio. Porém o estrago já tinha sido feito. O pan-helenismo deu a Alexandre uma plataforma de lançamento ideológica pronta para sua própria carreira de conquistas, a ser descartada assim que tivesse cumprido sua função.

★

No verão de 336, após um período de intriga palaciana, revoltas provincianas e assassinatos dinásticos, um membro colateral da família real aquemênida tornou-se Grande Rei da Pérsia. Destacara-se por sua coragem pessoal na batalha — algo que seria lembrado depois na propaganda política macedônica, representando-o como um usurpador covarde — e recebeu o título de Dario III em reconhecimento a esse fato. Ao subir ao trono, prontamente executou seu grão-vizir, o eunuco Bagoas, que tinha sido o maior causador de problemas e o maior poder por trás do trono. Assim Dario herdou o império, agora com dois séculos de idade, criado por Ciro, o Grande, e seus sucessores: um território pelo menos do tamanho dos Estados Unidos, dividido em vinte províncias (satrapias), estendendo-se ao leste até o atual Paquistão, e com uma população de cerca de 80 milhões.

Ele então se pôs a aplacar as revoltas que haviam irrompido, principalmente na Babilônia e no Egito. Estas demoraram pelo menos até o fim de 335 para ser apaziguadas. Por isso, foi só no verão de 334 que sua poderosa frota cíprio-fenícia, talvez com trezentas a quatrocentas embarcações, foi remobilizada para a ação no Egeu — tarde demais para evitar a travessia dos macedônicos: um dentre vários incríveis golpes de sorte de Alexandre. Por terra, em contrapartida, Mêmnon de Rodes e seus mercenários gregos, trabalhando em cooperação com os sátrapas da Lídia e da Frígia helespôntica, já tinham causado sérias dificuldades à força avançada macedônica, e podiam muito bem pensar que seriam páreo para Alexandre também.

A rede de espiões aquemênidas (simbolizada por aquele que foi alvo de chacota de Aristófanes, o chamado Olho do Grande Rei, líder de uma equipe imperial de coleta de informações secretas) já devia certamente, a essa altura, ter feito um dossiê sobre o novo jovem rei da Macedônia. Seus compiladores tinham acesso a muitas informações e rumores que agora estão perdidos para nós; mas as evidências bastam para sugerir algo do perfil que eles devem ter esboçado sem o benefício de uma visão retrospectiva. Fisicamente, Alexandre não era muito impressionante.[5] Mesmo para os padrões macedônicos ele era baixo demais, embora corpulento e robusto. Sua barba era rala, e ele se destacava entre seus hirsutos varões macedônicos mostrando-se de rosto limpo. Seu pescoço era torto de alguma maneira, de modo que ele parecia estar olhando obliquamente para cima. Seus olhos (um azul, um castanho) revelavam um caráter delicado, feminino. Ele tinha uma pele corada e uma voz rouca. Assim como a maioria dos macedônios de boa família, era um exímio cavaleiro, e a história de como, ainda garoto, ele domou o garanhão Bucéfalo virou lenda já durante sua vida. Como muitas crianças educadas num lar político, ele era precoce. Mêmnon de Rodes deu um testemunho ocular do modo sofisticado como ele sabatinou (talvez após instruir) visitantes militares persas. Isto é condizente com a tradição de que Olímpia sempre o incentivara a acreditar que era seu destino conquistar o Império Aquemênida.

Sua educação, além de ser fisicamente exigente, também lhe definiu como meta um ideal de glória (*kleos*) guerreira homérica, a ser atingida através da excelência (*aretê*) viril. Seus tutores, enquanto o lisonjeavam, ainda assim o submetiam a um regime punitivo. Com uma perspicácia simbólica, ele dormia com dois objetos embaixo do travesseiro: uma adaga, e sua cópia da *Ilíada*, comentada por Aristóteles. Se a família de sua mãe alegava ser descendente de Aquiles, Filipe e os argéadas incluíam Héracles entre seus antepassados, e estas filiações eram mesmo levadas muito a sério. Antes de morrer, Alexandre podia alegar, e assim o fez, que havia superado a ambos. A instrução recebida de Aristóteles gerou nele um interesse vitalício pela ciência e a medicina: os peritos que acompanharam a expedição tornaram-se a principal fonte de informações sobre o Oriente durante séculos. Ele era um leitor voraz dos historiadores, poetas e dramaturgos gregos, com uma memória retentiva que lhe permitia fazer citações quando quisesse. Também demonstrava um grande talento natural como tocador de lira.

Seus pais deixaram nele uma marca indelével. Sua voz rouca, seu temperamento violento e sua autoexposição intrépida na batalha sugerem não uma masculinidade natural, mas uma competição incessante com um pai cujas realizações ele tanto temia quanto menosprezava. Sua intimidade vitalícia com Heféstion começou cedo. Ao mesmo tempo, não há evidência do interesse erótico por mulheres que é peculiar à maior parte dos jovens de sua idade e classe. No entanto, ele travaria amizades estreitas com figuras maternais de meia-idade como Ada de Cária (que na verdade o adotou) e a rainha-mãe persa Sisigambis, que, ao que se conta, tornara-se tão apegada a ele que passou cinco dias definhando após sua morte.

O vigor, a eficácia e a falta de escrúpulos que ele demonstrou ao subir ao trono devem ter enviado um sinal de alerta para os persas e outros povos, mas claramente ninguém ainda o via como um perigo sério, mesmo quando a invasão se pôs a caminho. Ele era jovem. Ainda era uma magnitude comparativamente desconhecida. Tinha diversos possíveis rivais para o trono, entre a aristocracia dos cantões planaltinos. Seu tesouro tinha uma grave deficiência de fundos: suas tropas, portanto, eram mal pagas, e podiam muito bem procurar um empregador melhor em outro lugar. Ele era inexperiente, precipitado, impulsivo e dado a acessos de raiva incontrolável. O episódio recente da destruição de Tebas, embora garantisse subserviência, também significava que ele jamais poderia confiar em nenhum aliado grego no campo de batalha. Se os sátrapas persas da Ásia Menor sentiram confiança em sua capacidade de lidar com este grego emergente

— afinal, eles estavam muito mais bem providos de tudo, desde dinheiro até cavalarias —, essa suposição era muito razoável.

★

A conquista do império aquemênida por Alexandre — as grandes vitórias militares do Grânico, de Isso, de Gaugamelos e do Jhelum; o corte simbólico do nó górdio; a peregrinação até o oráculo de Zeus-Amon, com seus rumores de divindade; a fundação de Alexandria; a marcha aparentemente interminável para leste; a frustração das ambições de Alexandre por um motim em grande escala de seu próprios homens, que se recusaram a avançar ao depararem com a interminável planície do Ganges; a marcha mortal através do deserto da Gedrósia; e a morte prematura de Alexandre na Babilônia, pouco antes de seu 33º aniversário, enquanto ainda planejava mais conquistas — esta é uma história que já foi bem contada muitas vezes, e não vejo necessidade de recontá-la em detalhes aqui. O que importa para uma investigação do mundo helenístico, que resultou diretamente de suas ações (mas que ele próprio, quase certamente, jamais previu nem pretendeu), é isolar as características da invasão macedônica que de algum modo ajudaram a definir a forma que esse novo mundo tomou. A conclusão do presente capítulo irá portanto examinar a expedição em busca de evidências relevantes que possam, de um jeito ou de outro, ter influenciado o curso dos acontecimentos futuros, quando Alexandre não estava mais ali para dobrá-los de acordo com sua vontade.

O rapaz que cruzou o Helesponto na primavera de 334 ainda estava muito envolvido com a Europa. Era rei dos macedônios e capitão-general da Liga Helênica de Corinto. A conquista territorial macedônica seria apresentada como retaliação pela profanação de templos gregos por Xerxes. Para este propósito, a vigorosa propaganda pública de Alexandre era um bom misto de elementos homéricos e pan-helênicos. Antes da travessia, ele fez sacrifícios no templo de Protesilau, tradicionalmente o primeiro grego a desembarcar em Troia. Seguiu a rota inversa de Xerxes, fazendo uma libação no meio do Helesponto, assim como Xerxes fizera. Em Ílio, dedicou sua própria armadura no templo de Atena (um sinal para a cidade de Atenas) e foi presenteado, em troca, com um escudo e uma panóplia que supostamente eram da Guerra de Troia. Ele e Heféstion apostaram uma corrida, nus, em volta dos túmulos de Aquiles e Pátroclo. Mas ele também (tendo sangue troiano nas veias de seu lado materno, através de seu antepassado mítico, Neoptólemo, filho de Aquiles) fez sacrifícios para Príamo (que Neoptólemo matara) e oferendas em memória a Andrômaca, viúva de Heitor e prêmio de Neoptólemo. Os troianos (uma decisão voltada para as cidades gregas da Jônia, muitas das quais apoiavam a Pérsia) deviam ser considerados como gregos da Ásia: um dos primeiros exemplos sintomáticos das tentativas de Alexandre de satisfazer a todos ao mesmo tempo para garantir a cooperação.

Toda esta propaganda política durou o tempo necessário — ou seja, até que a Ásia Menor estivesse garantida — e depois em geral desaparece dos registros. Ela precisa ser contraposta à falta de entusiasmo que aqueles, em cujo nome a cruzada foi lançada, demonstravam pela grande campanha. Dos estados gregos somados — Esparta não contribuiu em nada — apenas 160 navios, 7 mil soldados, e apenas seiscentos cavaleiros fizeram a travessia para a Ásia junto com Alexandre: uma pequena fração do que estava disponível de fato. Ninguém na Grécia continental opunha-se em princípio a uma guerra contra a Pérsia; os gregos simplesmente não tinham entusiasmo para ajudar, de modo algum, a odiosa figura que os conquistara e os brutalizara. Esta atitude, como veremos, nunca mudou ao longo de todo o reinado de Alexandre, e implicou-lhe em consideráveis riscos durante a parte inicial da campanha. Sem o apoio dos hoplitas gregos, ainda não podendo arcar com uma contratação de mercenários em grande escala (que em vez disso correram para se juntar a Dario), e acima de tudo desconfiando da lealdade de sua pequena frota grega, ele se viu forçado a atacar portos como Halicarnasso pelo lado terrestre. A não ser por um pequeno quadro de técnicos de cerco e favoritos da corte, os vastos recursos da cooperação grega — em especial a cooperação militar — continuaram fechados a Alexandre ao longo de toda a sua campanha de onze anos; e com a notícia de sua morte, a Grécia prontamente irrompeu numa rebelião armada.

Uma consequência significativa da ausência geral de gregos em postos de comando na expedição foi, após um certo tempo, uma falta de macedônios confiáveis para deixar no comando dos territórios conquistados, que se acumulavam num ritmo constante. Baixas causadas por mortes na batalha, doenças e os ocasionais julgamentos por traição no alto escalão também prejudicaram a estrutura de comando militar. Por consequência, boa parte da integração entre persas e macedônios realizada depois por Alexandre — principalmente em unidades do exército —, longe de indicar uma fusão racial ideológica, foi ditada por uma carência crônica de oficiais e tropas macedônicos: uma falta causada não só pelas baixas, mas também, depois, por uma demissão em massa dos velhos, dos incapazes e dos possíveis amotinadores. Politicamente, como uma vez comentou Ernst Badian durante uma famosa análise (Badian, 1966, p. 46), Alexandre foi "cauteloso, pragmático e oportunista". Eis um bom exemplo, muitas vezes mal interpretado, de seu pragmatismo.

Dois outros fatores, presentes já desde o começo, surtiriam um grande impacto a longo prazo nos acontecimentos após a morte de Alexandre. Sua recusa, contrária aos conselhos, em se casar e gerar um herdeiro antes de partir da Europa, somada à desconfiança competitiva embutida entre seu próprio grupo de contemporâneos mais a rede da velha guarda formada por Parmênio, significava, inevitavelmente, que uma vez que Alexandre morresse, não havia nenhuma estrutura unificada que garantisse uma sucessão tranquila. Também não há indicação alguma de que este fosse um problema que incomodasse muito o próprio Alexandre. Sua busca por glória homérica era essencialmente solipsista: ele não se preocupava com o futuro. Em seu leito de morte, perguntaram-lhe a quem deixava seu reino. "Ao mais forte", ele respondeu segundo os relatos. Estas palavras podem ser históricas ou não, mas certamente caem como uma luva. Que outro herói homérico tente se equiparar a ele. Não há uma noção de continuidade. *Après moi le déluge* [após mim, o dilúvio]. Augusto ficou abismado com a falta de interesse de Alexandre em administrar as terras que conquistara. O ato de conquista era tudo. Se ele tivesse sobrevivido, conjecturou de modo sagaz Arriano, teria continuado até anexar a Europa à Ásia, "competindo consigo mesmo se não houvesse mais ninguém".[6]

O que tudo isso significava é que a expedição era fundamentalmente destrutiva, mais do que construtiva, em qualquer sentido de unificação. Começou com uma necessidade urgente de espólios de guerra e terminou em megalomania. Apoderou-se de um império que durara dois longos séculos, fragmentou seus princípios teocráticos, aplicou uma superestrutura macedônica sobre seu sistema administrativo, tratou sua riqueza acumulada como dinheiro caído do céu, para ser esbanjado à vontade, e não olhou para além das grandiosas ambições pessoais de seu líder. Isócrates e outros pan-helenistas haviam diversas vezes enfatizado a riqueza e as fraquezas da Pérsia como bons motivos para uma invasão: os macedônios aceitaram a dica e se lançaram de cabeça em busca dos fabulosos espólios aos quais o próprio Alexandre era em boa medida indiferente (exceto quando precisava sair de uma situação difícil oferecendo vultosos subornos, como muitas vezes acontecia com suas tropas exaustas e ressentidas). Os erários de Susa, Persépole e Ecbátana fizeram dele o homem mais rico de todo o mundo conhecido. Seguiram-se delírios de grandeza, e sua impressionante série de brilhantes êxitos militares, ainda mais exaltados pela adulação constante, deu-lhe a convicção de que seus feitos tinham eclipsado os de seu antepassado Héracles. Não demorou muito para que ele adquirisse pretensões de divindade.

Com a morte de Alexandre, tudo o que restou foi, na prática, um enorme tesouro de piratas e uma massa ainda maior de territórios conquistados à lança, estendendo-se desde a Anatólia até o Afeganistão e além, que estavam ali para serem tomados, como Alexandre previra, pelos mais fortes. Justino (13.1.8) estava certo quando escreveu que "os oficiais estavam de olho no império e nos postos de autoridade, enquanto o soldados rasteiros, na arca de guerra de Alexandre e em suas grandes reservas de ouro". Não houvera na expedição nenhuma noção de proselitismo cultural, nenhum esforço concentrado (apesar de toda a propaganda pan-helênica) de exportar o helenismo para a Ásia, a não ser como um conforto para macedônios e gregos de classe alta no exterior. Embora seu objetivo fosse em grande medida pragmático, as tentativas de fusão de Alexandre (por exemplo, os casamentos em massa realizados em Susa) foram repudiadas com vigor, assim que ele morreu, por seus seguidores cultural e etnicamente xenofóbicos.

Por outro lado, os esforços que ele fez em seus últimos anos para ser tratado como um deus deram algumas ideias interessantes aos pretendentes a soberano entre seus sucessores. A paranoia assassina do próprio Alexandre reduzira os herdeiros disponíveis a seu meio-irmão deficiente mental, Arrideu, e (antes tarde do que nunca) um filho ainda não nascido de sua primeira esposa, a princesa báctria Roxana. Suas vastas ambições territoriais tinham mudado o foco de Pela para a Babilônia: o rei macedônio tornara-se Senhor da Ásia. A Grécia continental perdera sua primazia. Novas grandes cidades cosmopolitas como Alexandria estavam dando forma aos pensamentos dos homens. Exceto por uma certa amistosidade social entre a elite, os macedônios, especialmente a velha guarda militar, nunca se importaram muito com a democracia. O que se mostrou uma irresistível força de atração para eles no verão de 323 na Babilônia foi o sonho de construir um império — e, possivelmente, um novo tipo de reinado.

No fim das contas, como tantas aparentes novidades históricas, o reinado helenístico foi mais notável por sua mistura de antigas tradições. O hábito casual de Alexandre de apropriar-se de sistemas administrativos conquistados e apenas instaurar macedônios como líderes deixou sua marca de maneiras imprevistas. Seus marechais podem ter se melindrado com seus gestos orientalizantes — sempre é problemático tentar satisfazer a todos ao mesmo tempo —, porém aqueles que depois assumiram a túnica púrpura logo começaram a modificar sua própria tradição de guerra, de um jeito semelhante a como ele o fizera. Monarcas selêucidas adquiriram muito dos rituais babilônicos; não demorou muito até que os ptolomeus começassem a adquirir um aspecto notavelmente faraônico. Em certo nível, estes soberanos macedônicos enfatizavam sua alteridade estrangeira como conquistadores; em outro, sua iconografia e ideologia eram enquadradas em termos familiares aos conquistados, para quem o rei situado acima deles era, segundo a tradição, não só um coletor de tributos e impostos, mas também uma fonte de dádivas e favores. Nesta área, como em tantas outras, as generalizações abrangentes não funcionam. O que encontramos, em vez disso, é uma caleidoscópica colcha de retalhos, infinitamente variada.

2 *Gaviões e hienas: a luta pelo império (323-276)*

Na tarde de 11 de junho de 323 a.C., Alexandre III da Macedônia, Senhor da Ásia, conquistador do Império Aquemênida, filho — conforme ditava a ocasião — de Filipe II ou de Zeus-Amon, e ele próprio uma divindade autoproclamada, morreu na Babilônia.[1] Em seus últimos meses, e especialmente desde a morte de Heféstion, seu amigo íntimo de uma vida inteira, Alexandre vinha mostrando sintomas cada vez maiores de paranoia e megalomania. Houvera uma série de expurgos alarmantes. Antípatro, convocado da Grécia à Babilônia para ser substituído como vice-rei por Crátero, assumiu de imediato que esta era uma sentença de morte levemente camuflada, e talvez tivesse razão. Os planos do rei estavam se tornando cada vez mais irreais. Filipe receberia um túmulo equiparável à Grande Pirâmide. Templos suntuosos seriam construídos em Delos, Delfos e outros lugares. Os casamentos de Susa haviam sido indício de delírios de grandeza: o esquema ditatorial de Alexandre para um maciço deslocamento populacional entre a Europa e a Ásia "para levar os maiores continentes à concórdia comum e amizade familiar por meio de casamentos mistos" (DS 18.4.4) foi mais que um indício. A gigantesca, e excessivamente decorada, pira funerária e monumento que ele encomendou para Heféstion — a um custo computado em 10 mil talentos: o monumento jamais foi concluído — pode ser atribuída a um sofrimento hiperbólico, porém seus planos militares eram numa escala igualmente grandiosa. A campanha na Arábia era só um começo. Mil navios de guerra, maiores que trirremes, seriam lançados ao mar. Seria construída uma estrada ao longo de toda a costa do Norte da África, levando até os Pilares de Héracles, com portos e estaleiros em intervalos regulares. A expedição pretendia conquistar todos os povos não gregos do Mediterrâneo ocidental, de Cartago à Mauritânia, da Espanha à Sicília.

O que é realmente notável e significativo é o jeito como a morte de Alexandre deu um fim abrupto, sem nenhuma cerimônia, a cada um destes projetos. Os casamentos de Susa foram abandonados, em sua maioria. Nem o túmulo de Filipe, nem o monumento a Heféstion, nem os templos projetados jamais foram concluídos. Não aconteceu nenhum deslocamento em massa entre a Ásia e a Europa, e a noção de "concórdia comum" foi abandonada para os intelectuais estoicos e cínicos. As preparações para a campanha para subjugar o Mediterrâneo ocidental, que aparentemente iam de vento em popa durante o verão de 323, sumiram da noite para o dia, e jamais se ouviu falar delas outra vez. A rejeição da insaciável sede de glória de Alexandre através da conquista foi total e unânime. No entanto, tamanhos eram seu poder carismático e sua autoridade que ninguém, mesmo durante estes últimos meses hipermaníacos, questionou seus planos cada vez mais grandiosos. Só quando ele estava morto de fato é que seu chefe de estado-maior, Pérdicas, agora de posse do anel do selo real, convenceu a assembleia macedônica a cancelar todos eles devido às despesas excessivas.

Embora a extravagância fosse uma queixa legítima, a verdade subjacente era que Alexandre, em sua busca obsessiva e interminável por renome homérico através da conquista, e sua disposição cada vez maior a eliminar aqueles que se metessem em seu caminho ou argumentassem contra ele, havia se tornado um terrível estorvo. Oficiais e soldados, acima de tudo os que tinham sobrevivido a todos os onze anos de serviço ativo cheio de combates, não queriam mais aventuras militares, mas sim uma parcela lucrativa dos espólios imperiais já ganhos e, na maior parte dos casos, queriam voltar para casa. Etnocêntricos, xenofóbicos — tinham pouco mais paciência com os gregos do que com os persas — e indiferentes às ambições insaciáveis de seu líder (embora não fosse impedimento para copiar seus trajes, seu corte de cabelo e seus maneirismos), os macedônios não mostravam interesse algum pela Ásia, a não ser como prêmio de guerra. Isto, é claro, era exatamente o que Isócrates tinha oferecido a eles como incentivo pan-helênico. À propagação do helenismo que supostamente acompanharia uma invasão dessas, eles eram, em maior parte, maciçamente indiferentes.

Nem havia nenhuma continuidade forte de comando. A indiferença de Alexandre desde cedo ao casamento significava que a sucessão da dinastia argéada dependia de um deficiente mental (Arrideu, filho de Filipe com

Filina de Lárissa, e portanto meio-irmão de Alexandre) e do filho ainda não nascido de Roxana, que talvez nem fosse um filho homem. A perspectiva de um longo, e fraco, período regencial oferecia um clássico convite para no mínimo uma dúzia de marechais veteranos com altas ambições e seguidores leais. Pior ainda, os vastos domínios através dos quais Alexandre traçara seu caminho de militarismo triunfante não estavam nem totalmente subjugados nem organizados de maneira adequada: ele lhes trouxera mais dissolução do que unidade. Suas fronteiras orientais começaram a ruir enquanto ele ainda era vivo. Durante a maior parte de sua carreira, ele não teve uma capital fixa: estava constantemente em movimento. Não viveu por tempo bastante para estabelecer um governo estável em todo o território asiático, e de qualquer modo, estava muito mais preocupado em realizar outras conquistas no Ocidente.

Embora alguns dos Sucessores, como veremos, tinham em vista adquirir todo o Império Oriental, esse era o limite de sua ambição, e no fim — após mais de quarenta anos de ferozes lutas internas — todos os sobreviventes se contentaram com menos. Não havia precedentes constitucionais para a situação na Babilônia. Alexandre partira de Pela como um rei macedônio local, mas terminara no coração da Ásia como um conquistador fabulosamente rico. As velhas regras não mais se aplicavam, e as tentativas de preservar a mais óbvia delas — a da herança dinástica — foram muito notáveis por sua persistência obstinada contra acachapantes forças antagônicas. Isto muitas vezes é descrito como uma farsa cínica. Na verdade, esta era a única hierarquia que os envolvidos compreendiam, e servia, por mais inadequada que fosse, como uma fórmula funcional enquanto os Sucessores estavam lentamente se adaptando à ideia de (e inventando regras improvisadas para) um novo mundo e um novo conceito de poder real. Os acontecimentos do meio século após a morte de Alexandre ditaram toda a forma e natureza do mundo helenístico. Já se argumentou que "dedicar uma atenção excessiva aos acontecimentos de 323-276 geraria uma imagem desequilibrada do período helenístico como um todo" (Shipley, 2000, p. 40). Muito pelo contrário: eles são a chave essencial da compreensão do período.

★

Até acontecer de fato, a ideia da morte de Alexandre era inconcebível. Ninguém estava preparado para ela. Como todos os autocratas carismáticos e poderosos, ele deixou um vazio que homem nenhum conseguiu preencher. A escuridão numa Babilônia silenciosa, quando os fogos foram apagados em sinal de luto, simbolizava bem uma incerteza disseminada quanto ao que o futuro reservava. A maior figura que surgiria imediatamente após a tragédia é Pérdicas: guarda-costas (*somatophylax*) real — um entre apenas sete — desde os Gaugamelos, herdeiro do posto de Heféstion como comandante-chefe da Cavalaria dos Companheiros, subcomandante ou chefe de estado-maior de Alexandre e, mais importante de tudo, aquele que recebeu, diante de testemunhas, o anel de selo de seu mestre, o único gesto registrado de Alexandre que aponta para uma transferência organizada de poder.

Talvez se tenha pensado que isto bastava para identificar o herdeiro necessário, e que a suposta identificação de seu sucessor pelo moribundo como "o mais forte" era (como de fato um apoiador de Pérdicas argumentou depois) um repúdio ao princípio dinástico. Mas isto era algo que os macedônios se recusavam terminantemente a aceitar. Tradicionalistas unânimes, eles insistiam em ter um rei argéada de sangue real, e todas as outras propostas naufragaram diante desta determinação obstinada e ferrenha. Se de fato foi oferecido a Pérdicas o poder supremo (*summam imperii*), como alega Cúrcio, a esta altura ele já havia sentido o ânimo geral e prudentemente oferecido uma alternativa mais flexível: o filho ainda não nascido de Roxana, se fosse homem, seria rei, com Pérdicas, Crátero, Leônato e Antípatro como "guardiões". A proposta foi aceita.

Neste momento, os baixos escalões da falange de infantaria, sob a liderança de Meléagro, lançaram um violento protesto contra aquilo que viam, compreensivelmente, como um golpe de poder da elite da cavalaria (que de fato dominara a reunião original). Roxana não era mais macedônica, clamavam eles, do que a amante de Alexandre (e esposa de Mêmnon), Barsine. Pérdicas usaria um longo período regencial para se apoderar do trono, assim como Filipe fizera com Amintas. As tropas queriam um rei, e queriam agora, não em algum momento indefinido no futuro. Arrideu, sendo ou não fraco de juízo, era o único argéada sobrevivente digno do trono, e eles estavam determinados a tê-lo. Derrotados no debate, invadiram o palácio, e os oficiais de cavalaria de alto escalão, junto com o grosso de suas tropas, deixaram a Babilônia.

Pérdicas ficou para trás para negociar, e Meléagro revelou suas próprias ambições com uma tentativa fracassada de mandar assassiná-lo. A cavalaria fleumaticamente cortou o fornecimento de comida para a cidade. Seguiram-se negociações exaltadas — em que Eumenes, o secretário grego de Alexandre, desempenhou um papel de liderança —, e a guerra civil foi evitada por pouco. Cada lado fez concessões à proposta do outro: a cavalaria aceitou Arrideu (agora renomeado Filipe III) como rei conjunto, a infantaria endossou o filho não nascido de Roxana. Seguiu-se uma cerimônia de reconciliação, na presença do corpo de Alexandre.

Apesar desta demonstração de *Machtpolitik* [política do poder], a posição de Pérdicas continuou ambivalente. O tempo todo ele evitou cuidadosamente o título de regente (*epitropos*), preferindo o vago termo "gerente" (*epimelêtês*). Mas dado que ele era comandante-chefe e portador do anel de selo de Alexandre, seu poder efetivo na Babilônia era inigualável. Infelizmente, nem todos os grandes marechais estavam dentro de sua jurisdição. Antípatro, vice-rei da Macedônia ao longo de toda a expedição persa, havia ignorado a convocação de Alexandre para que ele fosse à Babilônia (ver p. 53) e estava bem instalado em território doméstico com um exército forte. O popular comandante Crátero, portando uma comissão para substituí-lo, estava na Cilícia com mais de 10 mil veteranos assinalados para repatriação e dispensa. Por último havia Antígono Monoftalmo, em sua base de Celenas na Ásia Menor, no comando de uma grande e experiente força que fora capaz, apesar de consideráveis dificuldades, de manter abertas as linhas de comunicação de Alexandre durante toda a sua campanha. Era totalmente imprevisível como qualquer um deles reagiria a uma tentativa de coerção vinda da Babilônia.

Pérdicas, sem dúvida, tinha tudo isto em mente ao considerar a atribuição de cargos oficiais que fez em seguida, em nome de Filipe III Arrideu. Seleuco foi designado para o alto-comando do próprio Pérdicas, o da Cavalaria dos Companheiros. O próprio Pérdicas assim elevou sua posição por implicação. Crátero deveria voltar à Macedônia, onde, em vez de substituir Antípatro, dividiria o poder com ele. Antígono Monoftalmo foi confirmado na satrapia que já estava em seu poder, a da Frígia Maior, Lícia e Panfília. Ptolomeu recebeu o Egito, Lisímaco a Trácia, e Leônato a Frígia helespôntica. A Eumenes — o único grego neste conclave macedônico —

foi atribuída a Capadócia, que ainda nem mesmo tinha sido conquistada. Estas atribuições revertiam a política de Alexandre de designar figuras menos importantes para as satrapias, e levou diretamente à desunião, e em última instância ao desmembramento, subsequente do império. Por fim, Roxana deu à luz o tão esperado filho homem saudável, que foi aclamado rei com entusiasmo, como Alexandre IV. Agora havia dois herdeiros na Babilônia, e Pérdicas — tecnicamente junto com os outros "gerentes", que já estavam todos em outros lugares — tinha-os sob controle.

★

Enquanto os comandantes macedônicos reagiam à morte de Alexandre cancelando sumariamente todos os seus planos para o futuro, os gregos viram esta atitude, e a incerteza caótica que ela gerava, como uma ocasião perfeita para uma revolta contra o domínio macedônico. A ordem de Alexandre aos sátrapas e comandantes regionais para que dispensassem todos os seus mercenários deixara a Ásia cheia de bandos de salteadores errantes. Mais perigosa ainda foi uma revolta concatenada pelos estados gregos do sul, sob a liderança de Atenas, que irrompeu — após um período tenso de preparação — no outono de 323 e veio a ser conhecida como Guerra Lamiaca (ou Guerra Helênica, para os rebeldes). O ódio à soberania macedônica foi acentuado pelo ressentimento com a repatriação forçada de exilados políticos que Alexandre ordenara. Mercenários (agora disponíveis em abundância) foram contratados: parte da verba veio de Hárpalo, o tesoureiro fugitivo de Alexandre. Um brilhante general ateniense, Leóstenes, ocupou as Termópilas e fez um cerco a Antípatro — a quem as intermináveis exigências de Alexandre haviam deixado uma perigosa carência de tropas treinadas — na cidade de Lamia, na Tessália. Demóstenes voltou do exílio. Uma frota ateniense de mais de duzentos trirremes patrulhou o Egeu.

Mas este êxito mostrou-se efêmero. Leóstenes foi morto nas redondezas de Lamia. Leônato — tendo recebido uma oferta de casamento de Cleópatra, a irmã de Alexandre, agora viúva, e com aspirações sobre o reino da Macedônia — cruzou o Helesponto com seu exército e levantou o cerco a Lamia. Para o infortúnio de seus planos, ele próprio morreu na batalha, sendo o primeiro dos Sucessores a ser eliminado. Cleito, enviado por Crátero para organizar a frota macedônica no Egeu, obteve uma vitória esmagadora sobre a frota ateniense perto de Amorgos (primavera de 322). O próprio Crátero agora chegou com seus veteranos macedônicos, e em agosto eles derrotaram as forças gregas combinadas em Crânon, na Tessália. Com isso Atenas rendeu-se incondicionalmente a Antípatro.

★

Quando estava prestes a fazer a travessia para a Europa, Leônato tentara conseguir o apoio de Eumenes. Eumenes, cuja atuação como secretário-chefe de Alexandre não lhe rendera o apreço de Antípatro, recusou o convite. Leônato, para persuadi-lo, então revelou suas verdadeiras intenções, prometendo a Eumenes um alto posto sob seu comando. Eumenes, numa atitude pouco característica para um Sucessor (se bem que ele era grego, e portanto etnicamente excluído de qualquer prêmio maior no jogo de poder da Macedônia), recusou-se a ter qualquer envolvimento nos planos secretos de Leônato. Leônato, um Sucessor muito mais típico, temendo que suas intenções fossem reveladas, encomendou o assassinato de Eumenes.

Eumenes, já prevendo isto, fugiu furtivamente à noite com seu séquito e foi direto para Pérdicas, que agora estava em Sárdis. Advertido das intenções de Leônato, Pérdicas fez de Eumenes seu lugar-tenente de confiança. Eumenes parece ter sido um legítimo partidário do rei (realizava reuniões de estado-maior na presença das armas, do cetro e de outros apetrechos reais de Alexandre morto), e Pérdicas, quaisquer fossem suas próprias ambições, era o guardião oficial dos dois reis. Além do mais, num gesto de gratidão, ele imediatamente conduziu uma campanha bem-sucedida para subjugar a satrapia da Capadócia em benefício de Eumenes. Eumenes, a seu modo característico, deixou-a a encargo de subordinados e continuou junto de Pérdicas e dos reis.

O próprio Pérdicas, assim como Leônato (e na verdade como a maior parte dos Sucessores num ou em outro momento: era difícil romper com a tradição dinástica), tinha ambições de casar-se com Cleópatra, a irmã de Alexandre, agora convenientemente viúva após a morte de Alexandre do Épiro na Itália. Eumenes, por um motivo qualquer, incentivou isto, atuando como seu agente e mediador. A ideia também era interessante para Olímpia, que incentivou Cleópatra — agora mais uma vez, com Leônato fora do páreo, oficialmente disponível — a se pôr a caminho de Sárdis. O problema era que Pérdicas, quando estava em busca do apoio de Antípatro, havia se casado antes com Niqueia, filha do vice-rei, e portanto não estava ansioso para que seus novos planos fossem levados a público. (Duas outras filhas de Antípatro, Fila e Eurídice, foram casadas pouco depois, respectivamente com Crátero e Ptolomeu: Antípatro acreditava em maximizar suas chances.) A cena matrimonial em Sárdis ficou ainda mais complexa com a ameaça da aparição de Cinane — viúva de Amintas e meia-irmã de Alexandre — com um plano para casar sua ambiciosa filha Adeia com Filipe Arrideu. Alcetas, o suplente de Pérdicas, mandou enviados ao norte para interceptar Cinane, e resolveu o problema, previsivelmente, ordenando que a matassem. Com isto, suas tropas macedônicas, sempre leais a um argéada, forçaram-no a entregar Adeia a Pérdicas, que não teve opção senão deixar que ela se casasse com Arrideu afinal.[2]

Pérdicas também estava decidido a tomar as rédeas daquele homem perigoso, Antígono Monoftalmo, e o convocou de seu comando na Frígia Maior para responder à acusação de haver deixado de apoiar Eumenes, conforme ordenado, na Capadócia. Antígono, em vez disso, fugiu para Crátero e Antípatro, que na época estavam na Grécia central, extinguindo as últimas chamas de rebelião entre os montanheses etólios. Seu relato sobre as intrigas matrimoniais de Pérdicas e seus planos de marchar sobre a Macedônia ("como rei", garantiu Antígono), com a intenção de destituir Antípatro de seu posto — isso sem falar numa narrativa dramática do assassinato de Cinane —, geraram uma atitude imediata. Os três marechais, com suas tropas, partiram prontamente para a Ásia Menor. Eumenes, enviado por Pérdicas para defender o Helesponto contra eles, chegou tarde demais para impedir a travessia, mas resistiu a propostas de Antígono e Crátero de mudar de lado. Ele sensatamente evitou qualquer confronto por enquanto, e investiu seu tempo acumulando forças tanto no oeste quanto na Capadócia.

A esta altura (321/0), Pérdicas tinha portanto Antípatro, Crátero e Antígono contra ele (junto com Lisímaco, que eles cooptaram), mas o que ele achou especialmente alarmantes foram as ações de Ptolomeu. O senhor do Egito tinha não só expandido sua fronteira ocidental para incluir Cirene (sobre a qual ele devidamente impôs uma nova constituição), mas também interceptado o cortejo fúnebre de Alexandre em seu caminho de volta para a Macedônia e se apoderado do cadáver real. Após um breve período em Mênfis, o corpo embalsamado de Alexandre foi posto em exibição permanente em Alexandria, uma legitimação silenciosa (como a de Lenin na praça Vermelha) da autoridade do próprio Ptolomeu. Enterrar seu predecessor era um dever e uma prerrogativa do rei. O novo regime monárquico, embora ainda não abertamente declarado, já estava muito no ar. Os rumores espalhados de que Ptolomeu era filho bastardo de Filipe claramente datam desse período. Para Pérdicas, o roubo do corpo veio como um sinal claro de que seu rival aspirava ao poder supremo.

Por isso, Pérdicas deixou Eumenes com um comando que agora incluía a Cária, a Lícia e a Frígia (e enfrentando deserções para a coalizão, tanto da parte de Neoptólemo, um inimigo pessoal, quanto de Alcetas) e marchou sobre o Egito. A arrogância e a má inteligência combinaram-se para destruí-lo. Uma tentativa frustrada de cruzar o Nilo no ponto errado lhe custou mais de 2 mil homens, afogados ou mortos por crocodilos. Este homem não era um sucessor de Alexandre. Um conciliábulo de oficiais, incluindo Pêiton e Seleuco, o assassinou em sua barraca naquela mesma noite. Ptolomeu, que com certeza tinha espiões no acampamento inimigo, abordou logo cedo na manhã seguinte as tropas de Pérdicas, oferecendo-lhes não só um armistício como suprimentos, de que havia grande necessidade (a logística de Pérdicas parece também não ter sido muito eficiente). Por gratidão, os homens de Pérdicas — muitos dos quais já deviam ter servido sob Ptolomeu — ofereceram-lhe o posto supremo, agora vago, de *epimelêtês* dos dois reis. (Pérdicas, que não podia confiar que essas suas moedas de troca ficassem longe de sua vista, havia trazido ambos, além de Roxana, ao Egito consigo.)

Ptolomeu, astuto como sempre, recusou educadamente a oferta. Em vez disso recomendou que dois dos assassinos de Pérdicas, incluindo Pêiton, "com quem ele tinha uma dívida de gratidão" (o que sugere que ele estava inteirado do plano), deviam dividir um posto temporário. Sua proposta foi aprovada com unanimidade. Mais uma vez a sorte estivera do seu lado, já que, dois dias depois, mensageiros chegaram com notícias de uma grande vitória de Eumenes na Ásia Menor. O secretário grego, menosprezado e escarnecido pelos macedônios como um mero amanuense, havia não só se mostrado um formidável estrategista e tático, mas também matara Neoptólemo num duelo cara a cara. Crátero também morrera. Como diz Diodoro (18.37.1): "Se [a chegada da notícia] tivesse acontecido dois dias antes da morte de Pérdicas, ninguém teria ousado erguer um dedo contra ele, devido à magnitude de seu sucesso." Pérdicas teve tanto azar quanto Ptolomeu teve sorte. Sendo estas as circunstâncias, o exército declarou traidores Eumenes e seus associados mais próximos (principalmente pelo assassinato de Crátero), que deviam ser procurados e executados.

Quatro dos principais Sucessores — Leônato, Neoptólemo, Crátero e Pérdicas — agora estavam mortos, e seus comandos precisavam ser realocados. Convocou-se uma reunião geral (? julho de 320) em Triparadiso, um grande parque de caça no norte da Síria. O contingente egípcio chegou sem ter recebido pagamento, e pronto para criar encrenca, habilmente fomentado pela agitadora Adeia-Eurídice, esposa de Filipe Arrideu, que incitou-os a exigirem um acordo imediato em dinheiro. Os chefes atuantes, pressentindo problemas, renunciaram, e Antípatro (que ainda não tinha chegado) foi eleito por votação como "gerente com poderes plenários" no lugar deles. Ele era, é claro, a escolha óbvia, embora Eurídice logo tenha instigado oposição contra ele — com tanto êxito que, quando ele apareceu, foi salvo do linchamento apenas por Seleuco e Antígono.

O idoso Antípatro não tinha de onde tirar dinheiro em espécie, mas com uma boa mistura de disciplina e conciliação, restaurou a ordem, fez Eurídice se comportar, e criou um novo acordo aceitável. A condenação de Eumenes permitiu que Antípatro destituísse o grego de seu comando na Capadócia e comissionasse Antígono Monoftalmo — ainda sátrapa da Frígia Maior — como comandante-chefe do exército macedônico na Ásia, com a tarefa principal de levar Eumenes a julgamento. Ao mesmo tempo, Antípatro estava (com razão, como se provou depois) desconfiado das ambições imperiais do próprio Antígono. Portanto, designou seu filho Cassandro como vice-comandante no regimento de Antígono, para ficar de olho nele. Também arranjou um casamento entre sua própria filha Fila — viúva de Crátero — e o filho de Antígono — Demétrio — o futuro Poliorcetes ("Sitiador"). (Antígono aceitou a união de bom grado, mas precisou exercer uma certa pressão sobre um Demétrio relutante — Fila era pelo menos 12 anos mais velha que seu novo marido adolescente.) Antípatro não tinha condições de transferir Ptolomeu, bem entrincheirado no

Egito, por isso deixou-o onde estava. Seleuco, anteriormente comandante da Brigada dos Guardas (hipaspistas), recebeu a Babilônia, enquanto Pêiton foi agraciado com a Média. Matar Pérdicas valera a pena. O próprio Antípatro tomou os reis sob sua proteção ("para devolvê-los à sua terra natal", DS 18.39.7) e voltou com eles à Macedônia, seu contexto natural e preferido. Se esta era uma tentativa de restituir a monarquia argéada à sua condição local pré-alexandrina, puramente macedônica, ela provou-se singularmente malsucedida).

A essa altura, a fragmentação do império de Alexandre já estava bem avançada, e a triangulação helenística entre Macedônia, Egito e Ásia era claramente visível: o Egito ptolomaico, de fato, já se estabelecera no que acabaria se mostrando o mais duradouro dentre os projetos dinásticos dos Sucessores. No entanto, mesmo após a morte de Pérdicas, a ficção cada vez mais desgastada da unidade imperial foi mantida obstinadamente. Alguns, como Eumenes e Polipercote, tinham uma crença genuína numa herança real argéada. A maioria usava os reis como camuflagem para ambições pessoais que achava mais sábio não expressar abertamente. No entanto, durante muitos anos, o que todos eles alegavam estar defendendo, algo cada vez mais improvável com o passar do tempo — embora o território conquistado realmente continuasse, em sua maior parte, sob controle macedônico — era o legado indiviso do império de Alexandre. Pelo menos por duas décadas, ao que parece, eles literalmente não conseguiam conceber o poder em outros termos. De seu esquife de ouro em Alexandria, embalsamado e icônico, Alexandre ainda tiranizava as mentes dos capitães ambiciosos, e muitas vezes truculentos, que ele dominara de forma tão inexorável enquanto era vivo.

Antípatro, doente e septuagenário, não sobreviveu muito a Triparadiso. Morreu no fim do verão de 319, deixando seu posto de *epimelêtês* não para seu filho Cassandro, como era de se esperar — talvez, sugere-se, para evitar acusações de politicagem dinástica; mais provavelmente devido à violenta hostilidade de Cassandro em relação a Alexandre e seus herdeiros —, mas para Polipercote, um dos oficiais da velha guarda de Filipe que tinha sido subcomandante de Crátero. Cassandro, recusando-se a servir a Polipercote, saiu à procura de aliados e encontrou-os em Antígono, Lisímaco e Ptolomeu: não por coincidência, aqueles que mais tinham a ganhar com um repúdio à sucessão real.

Polipesconte, enquanto isso, como se confirmasse as piores suspeitas de todos eles, convidou Olímpia para voltar à Macedônia como guardiã de Alexandre IV. Embora estivesse correto em sua suposição de que esta vingativa matriarca faria qualquer coisa para ver seu neto no trono da Macedônia, ele quase certamente subestimou até que ponto ela estava disposta a chegar. Ele também vigiava Eumenes, que estivera sob o cerco de Antígono em Nora, ao norte dos montes Tauro. Libertado ao jurar fidelidade a Antígono, três meses depois Eumenes aceitou um convite de Polipesconte e Olímpia de tornar-se seu general na Ásia, encarregado dos Argiráspidas, ou Escudos de Prata (a antiga Brigada dos Guardas de Alexandre, os hipaspistas). Nem Antígono nem Polipesconte, quando lhes foi conveniente, deram importância à sentença de morte do exército sobre Eumenes; enquanto o próprio Eumenes parece ter feito seu juramento a Antígono no espírito do Hipólito de Eurípides: "Minha língua jurou, mas em minha mente não houve juramento" (Eur. *Hip.* 612).

Os conquistadores separatistas e os partidários da realeza agora estavam se digladiando. Não era apenas o império (jamais unificado de forma segura por Alexandre) que estava começando a se fragmentar: o incomparável exército de veteranos macedônicos de Alexandre, com suas tropas já rareadas por mortes e dispensas, estava dividindo-se numa série de grupos que mal se distinguiam de mercenários profissionais, cuja fidelidade era para com o comandante que os contratasse, e que podiam — como Eumenes, traído por seus próprios Escudos de Prata em troca da devolução de seu trem de bagagem, descobriu com grande pesar — ser comprados pelo inimigo pelo preço certo. Na Ásia principalmente, as considerações étnicas de lealdade estavam muito abaixo da autopromoção e da promessa de espólios e de território conquistado à lança. O conflito direto de cinco anos nas satrapias entre o exército de Eumenes e o de Antígono foi alimentado por uma ambição política inescrupulosa, e pressagiou os contornos do que estava por vir. Eumenes alegou ter recebido, em sonho, instruções do fantasma de Alexandre. Antígono, mais realista, deixou muito claro que pretendia apossar-se de todo o legado imperial de Alexandre; e após ter por fim destruído Eumenes em Gabiene (316) não perdeu tempo e saiu logo atrás de possíveis rivais — Seleuco, Pêiton —, por mais fielmente que estes lhe tivessem servido durante aquela longa campanha.

No Egeu, enquanto isso, Cassandro isolou Poliperconte de Eumenes, destruindo sua frota perto de Bizâncio (primavera de 317); reimpôs o controle macedônico sobre Atenas (após uma breve e sangrenta reversão democrática em 318/7) com a nomeação de um filósofo conservador, Demétrio de Falero, como governador; e com o apoio de Eurídice, esposa de Filipe Arrideu, declarou-se regente (317). Olímpia, para quem Filipe não passava de um imbecil se intrometendo nos direitos de seu neto, e que nunca confiara em Cassandro de qualquer modo, prontamente lançou uma invasão à Macedônia partindo do Épiro. Eurídice, a rainha guerreira, conduziu o exército contra ela trajando uma armadura completa.

Porém mais uma vez, as lealdades dinásticas falaram mais alto que a ambição. Ao ver a mãe de Alexandre, as tropas de Eurídice depuseram suas armas. Olímpia prontamente executou Filipe III e um grande número de apoiadores seus. Eurídice foi forçada a cometer suicídio. Com isto, Cassandro, que estivera fazendo campanha contra Poliperconte no Peloponeso, veio para o norte e fez um cerco a Olímpia em Pidna, por fim forçando sua rendição pela fome (316/5). O acordo, feito durante as negociações, de poupar sua vida foi ignorado (Cassandro fez uma reunião cheia de parentes de vítimas dela, que aplicaram uma sentença de morte), e ela morreu com dignidade. Cassandro assumiu a guarda de Alexandre IV e de sua mãe, Roxana, que Olímpia tivera consigo em Pidna, e manteve-os sob proteção, bem longe do caminho, em Anfípolis. Ele também deu a Filipe III e Eurídice um enterro real; ordenou que Tebas fosse reconstruída e casou-se com Tessalônica, filha de Filipe II com uma tessália. Assim como Antígono, ele não estava guardando segredo de suas ambições.

Antígono, com a maior parte do Império Oriental de Alexandre sob seu controle, agora estava numa posição muito mais poderosa do que Pérdicas jamais estivera: os persas já o estavam tratando como novo senhor da Ásia, e ele não fez nada para desmentir essa ideia. De Alexandre, como revelam seus atos, ele aprendera diversas lições úteis. Pêiton, o ambicioso sátrapa da Média, bem como diversos outros comandantes veteranos, ele prendeu e executou por supostamente tramarem revoltas. Peucestas, que era popular demais para receber esse tipo de tratamento, ele promoveu a um alto cargo decorativo, mas sem poder, naquilo que estava rapidamente se tornando sua corte nada real. Dos diversos erários persas, em Susa, Ecbátana e Persépole, ele sacou a enorme soma de 25 mil talentos, uma reserva sólida para a contratação de mercenários do mais alto nível. Percebendo que jamais poderia voltar a confiar nos Escudos de Prata — que haviam lhe rendido vitória na Batalha de Gabiene, convenientemente traindo Eumenes —, ele os instalou na Aracósia (mais ou menos a fronteira montanhosa entre o Afeganistão e o Paquistão) e enviou instruções ao sátrapa local para que os usasse em missões perigosas até que todos fossem mortos.

Por fim, valendo-se do estratagema que Pérdicas tentara aplicar antes sobre ele, Antígono desceu à Babilônia e exigiu que Seleuco prestasse contas detalhadas de seu cargo. Seleuco — assim como Baltasar ao ver a mensagem na parede — fugiu sem demora para Ptolomeu no Egito (? 315), onde seu relato chocante dos atos de Antígono gerou alarme instantaneamente. Mais uma vez, como acontecera com Pérdicas, as ambições desmedidas de um Sucessor levaram os outros a formarem uma coalizão instantânea contra ele. Mensageiros velozes foram enviados a Cassandro e Lisímaco no norte, que, logo de cara, ignorando os contraemissários enviados às pressas por Antígono, aliaram-se a Seleuco e Ptolomeu.

Antígono avançou depressa. Marchou da Babilônia para a Cilícia, onde tirou mais 10 mil talentos do tesouro de Cyinda: isto além dos 11 mil talentos que sua satrapia rendeu em tributos anuais. O total — uma soma assustadora de 46 mil talentos — significava que ele podia não apenas contratar mercenários, mas construir navios mais ou menos sem limite. Forte em todos os outros aspectos, ele carecia de uma frota, e seus inimigos (todos os quais tinham grandes forças marítimas) sabiam disso. Planejando a partir do zero, e desembolsando vastos pagamentos adiantados em caráter emergencial, Antígono agora encomendou barcos de Rodes e dos estaleiros da Cilícia. Ele então marchou para a Síria. Ali foi ultrapassado por enviados da coalizão rival, com uma série de exigências muito bem calculadas para serem rejeitadas: a restauração de Seleuco à Babilônia e a alocação de toda a Síria para Ptolomeu, da Frígia helespôntica para Lisímaco, e da Capadócia e da Lícia para Cassandro. Eles também insistiram numa partilha do tesouro capturado de Eumenes. A alternativa era a guerra. Dentre estas exigências, a única remotamente justificável era a restituição de Seleuco.

Como não era de se surpreender, Antígono lhes deu "uma resposta um tanto áspera" (DS 19.57.2). O que é interessante aqui, e nas diversas proclamações que vieram em seguida, é o inconfundível apelo à opinião pública. Com a eliminação de tantos Sucessores, onde Antígono era de longe o maior beneficiado, os sobreviventes estavam começando, pela primeira vez, a procurar aliados fora de seu próprio círculo estreito macedônico. A partir desse momento, a propaganda política, voltada principalmente — mas de modo algum exclusivamente — para os diversos estados e cidades da Grécia, torna-se uma característica notável dos embates dinásticos.

Da Síria, Antígono forçou entrada na Fenícia — como Pérdicas, ele claramente pretendia lidar primeiro com Ptolomeu — e instalou sua base em Velha Tiro. Dali confiscou mais três estaleiros: os de Biblos, Sídon e Trípoli. (A frota fenícia inteira estava no Egito, contratada por Ptolomeu.) Antígono agora organizou uma mão de obra de 8 mil homens para derrubar e transportar madeira. Antes do fim da estação, disse ele para tranquilizar seus homens (obrigados a assistir aos navios de Seleuco transitando impunemente para lá e para cá), que ele teria cinco navios de guerra em ação. Ele também comprou mais de 8 milhões de alqueires de trigo — outra despesa enorme —, abordou a princesa do Chipre (com algum êxito) em busca de alianças, montou um sistema de faróis e transportadores, e fez cerco à própria Tiro, que estava fortemente defendida por tropas de Ptolomeu. Ninguém podia acusar Antígono de falta de energia e determinação.

Mas ele também compreendeu de maneira instantânea o significado das exigências muito bem divulgadas da oposição. De Velha Tiro, ele por sua vez (314) emitiu um manifesto, endossado pelo exército macedônico reunido. Cassandro foi acusado de assassinar Olímpia, casar-se com Tessalônica à força, e aspirar ao trono. Devia entregar Alexandre IV e Roxana "aos macedônios" (provavelmente ele se referia ao próprio Antígono, que alegava ter assumido a *epimeleia* do rei sobrevivente). Devia destruir Tebas, que ele reconstruíra como um gesto de oposição à memória de Alexandre e numa tentativa de obter apoio dos gregos. Se ele não fizesse isso, seria guerra. Em sua própria tentativa de obter apoio não macedônico, Antígono anunciou, por fim, que todas as cidades gregas, tanto as da Grécia continental quanto da Ásia, seriam livres, autônomas e não ocupadas por guarnições (DS 19.61.1-4).

Os gregos talvez possam ser perdoados por receber esta oferta com certa falta de entusiasmo cínica. Os espartanos a haviam usado durante a

Guerra do Peloponeso, mas na época tinham entregue as cidades da Ásia Menor em permuta por ouro da Pérsia. Os persas tinham achado este um jeito útil de reforçar seu controle sobre aquelas mesmas cidades na época da Paz do Rei (386). A principal atração da autonomia para os poderosos era o pretexto que ela lhes oferecia para desmantelar ligas ou federações perigosas. E liberdade era um conceito relativo. As cidades não eram aliviadas da necessidade de pagar impostos ou tributos. As guarnições podiam ser, e muitas vezes eram, impostas ou reimpostas mediante a menor das desculpas. Prevalecendo sobre todo o resto, havia o duro fato de que aqueles que concediam esta "liberdade" tinham o poder absoluto de retirá-la outra vez.

Aqui nos deparamos com um problema perene, e em boa medida sem solução, dessa época. Como era possível conciliar a fome de autodeterminação das cidades com o absolutismo essencial das grandes monarquias helenísticas? Os gregos ansiavam por liberdade; os governantes dinásticos precisavam de aliados e de especialistas instruídos. Inevitavelmente, cada um dos lados fazia concessões a contragosto em troca do melhor acordo que pudesse conseguir. Um indício claro de que estas proclamações tinham de fato alguma aceitação era o fato de que Ptolomeu — que, assim como seus aliados, não tinha pejo de usar oligarquias e guarnições para manter o controle de cidades — emitiu de imediato um decreto semelhante, "querendo que os gregos soubessem que ele, não menos que Antígono, tinha em mente a autonomia deles" (DS 19.62.1-2), e de que tanto ele quanto Antígono continuaram afirmando isso ao longo de suas carreiras subsequentes. A liberdade, assim como a monarquia argéada (Cassandro, é claro, não tomou atitude alguma para libertar Alexandre IV de seu confinamento em Anfípolis, deliberadamente inapropriado para um rei), era um conceito cada vez mais fictício, mas ainda extremamente útil.

Durante vários anos, Antígono envolveu-se em escaramuças com Ptolomeu a respeito de Rodes e do Chipre, explorou o apoio naval da Liga de Ilhéus no Egeu, tentou colocar a Grécia continental contra Cassandro, e em 313, por fim, conseguiu a rendição de Tiro. Em 312, Seleuco convenceu Ptolomeu a trazer Demétrio, filho de Antígono, para lutar na Faixa de Gaza, onde eles o derrotaram de forma esmagadora. Rapidamente obtendo os ganhos desta vitória, Seleuco pegou tropas emprestadas de Ptolomeu e recuperou a Babilônia, derrotando uma força muito maior, que ele então tomou para si e usou para reconquistar a Média e a Susiana. Mas quando o próprio Antígono entrou na Palestina Ptolomeu prudentemente achou melhor recuar do que desafiá-lo. Os diversos rivais agora (311) emendaram um tratado essencialmente status quo para ganhar tempo de se reagrupar. Cassandro foi reconhecido como "general na Europa" até que Alexandre IV atingisse a maioridade. Lisímaco manteve a Trácia, e Ptolomeu o Egito (além de suas aquisições vizinhas). Antígono seria "líder na Ásia", um termo bastante vago. Seleuco, ocupado consolidando seu controle das satrapias orientais, foi deixado totalmente fora das negociações, um grave erro de discernimento.

Apesar de sua alusão formal ao jovem Alexandre, o tratado era um reconhecimento tácito da fragmentação do império, algo que pelo menos dois dos quatro signatários, Antígono e Lisímaco, não tinham a mínima intenção de aceitar. Todos eles, no entanto, tomaram o cuidado de insistir que os gregos, como antes, deviam continuar autônomos. Temos uma carta (Austin, 1981, 57-60) despachada por Antígono a Cépsis, na Trôade, enfatizando isto e explicando as circunstâncias que conduziriam à paz. Também temos a resposta hiperbólica dessa cidade à carta, estabelecendo um distrito e um altar em homenagem a seu salvador quase divino. Aqui, é claro, vemos outro fenômeno caracteristicamente helenístico que foi incentivado pelo exemplo de Alexandre: a quase divinização de mortais proeminentes, ainda em vida. Não demoraria tanto assim (setembro de 290) para que os atenienses recebessem Demétrio, filho de Antígono, "com incensos, guirlandas e libações", como um deus presente, "não de madeira, não de pedra, mas sim real", e assim um objeto digno de orações e louvor cívico (Green, 2003a, 260-262). O histórico de auxílio dos deuses olimpianos durante o século passado não tinha sido lá muito impressionante: quem sabe heróis de carne e osso podiam se sair melhor?

O tratado de 311 deixou Antígono livre para perseguir Seleuco, mas aqui ele teve menos êxito do que tivera com Eumenes. Nesse mesmo ano, seu general Nicanor sofreu uma derrota esmagadora no Oriente, e Seleuco assumiu o controle da maior parte de suas 17 mil tropas. Demétrio não conseguiu retomar a Babilônia. Quando Antígono atacou Seleuco mais uma vez, deparou-se com uma resistência unida que incluía o sacerdócio babilônico e era alimentada pela lealdade a Seleuco, e por uma forte aversão pessoal ao próprio Antígono e seus métodos violentos, agora evidentes no modo devastador como ele saqueou a Babilônia, que — como revela a Crônica Babilônica — resultou em fome e numa disparada dos preços de alimentos. Embora Antígono tenha capturado parte da Babilônia no começo de 309, a resistência incessante acabou por desgastá-lo. De qualquer modo, o Oriente não era seu principal objetivo. Por fim, em 308, ele parece ter feito um pacto de não agressão com Seleuco, após o qual ele retornou, de uma vez por todas, para o Ocidente. Seleuco, como Ptolomeu (com quem, havendo ou não paz, ele se manteve em contato), foi por fim reconhecido como uma das principais figuras no embate imperial. Ele próprio depois (303) fez um acordo semelhante no Oriente com Chandragupta, o conquistador máuria, cedendo-lhe as províncias de Gandara, Gedrósia e Aracósia, em troca de direitos de casamentos entre as duas linhagens e não menos que quinhentos elefantes de guerra. Dois anos depois, estes elefantes seriam muito úteis na destruição final dos sonhos imperiais de Antígono.

A reação de Cassandro ao tratado foi um tanto diferente. Provavelmente, em 310, ele tramou o assassinato secreto de Alexandre IV e sua mãe, Roxana, em Anfípolis, assim acabando de uma vez por todas com a farsa ilusória de um império unido pela dinastia argéada. Certamente, em 309, Poliperconte acreditava que Alexandre IV estava morto, já que, com a cumplicidade de Antígono, mandou buscar Héracles — o filho bastardo de Alexandre, o Grande, com Barsine, agora com 17 anos — em Pérgamo e começou a prepará-lo como o último herdeiro argéada possível. Cassandro, com um misto de previsões alarmistas e promessas de uma sinecura rentável, além de uma propina de cem talentos, convenceu Poliperconte a executar o menino. Tendo assim perdido seu único trunfo, o velho general retirou-se para o anonimato no Peloponeso.

Em 308, Antígono também largou a farsa e concluiu a eliminação dos argéadas mandando assassinar Cleópatra, a irmã de Alexandre — quando ela estava a caminho para se casar com ninguém menos que Ptolomeu. A ambiguidade paradoxal destes adversários (todos eles, por implicação, reis de todos os macedônios) havia durado mais do que sua utilidade. No entanto, ainda demoraria mais de dois anos (306) até que os Sucessores restantes — primeiro Antígono e Demétrio, depois Ptolomeu, Lisímaco, Seleuco e Cassandro — por fim assumissem abertamente a púrpura e se proclamassem reis, não por herança, mas com base em seu prestígio pessoal. Embora este prestígio fosse normalmente adquirido por conquistas, podia persistir mesmo após perdas territoriais, de modo que (como no caso de Demétrio) um rei podia, paradoxalmente, continuar sendo rei mesmo quando não tinha um reino.

As ambições de Antígono — agora com quase 80 anos e uma corpulência enorme: um dos motivos para ele tanto usar Demétrio — continuavam tão poderosas quanto nunca. Em 307, ele enviou Demétrio para libertar Atenas, coisa que este fez com eficácia e pompa, recebendo honras divinas como recompensa. O governador de Cassandro, o filósofo Demétrio de Falero, viajou com um salvo-conduto para o Egito e tornou-se conselheiro de Ptolomeu na construção do Museu e da Biblioteca. Demétrio, belo e charmoso, partiu para o Chipre, onde impingiu uma derrota esmagadora sobre a frota de Ptolomeu (306) e foi recompensado por seu pai com uma diadema real. Antígono claramente pretendia garantir o controle firme das rotas marítimas do leste do Mediterrâneo, pois enviou Demétrio imediatamente para subjugar esse outro grande bastião naval, Rodes, cujos cidadãos haviam rechaçado seus avanços diplomáticos. Durante mais de um ano (305/4), Demétrio atacou a capital da ilha com uma formação temível de máquinas de cerco, flechas flamejantes, aríetes e catapultas de torção. Os navios de Ptolomeu contornaram o bloqueio para abastecer os defensores, e, no fim, Demétrio foi forçado a deixar os ródios independentes. Seu epíteto de "o Sitiador" tem portanto um tom decididamente irônico. Os rodienses comemoraram construindo uma estátua colossal de Hélios na entrada do porto, financiada com a venda do equipamento de cerco abandonado por Demétrio. Eles também concederam a Ptolomeu o título de "Salvador".[3]

A desculpa de Demétrio para desistir do cerco a Rodes foi que Antígono o chamou de volta para lidar com Cassandro na Grécia continental (assim como o trouxera da Babilônia de volta ao Ocidente). Aqui ele teve alguns êxitos rápidos e marcantes, incluindo a instauração de uma guarnição em Acrocorinto (lá se foi a autonomia). Ele expulsou Cassandro da Ática e aquartelou-se com sua amante Lâmia no Partenon (304). Em 302, ele na verdade já reavivara algo muito parecido com a velha Liga de Corinto (exceto pelo fato de que era dirigida *contra* o regime macedônico atual) e fizera-se eleger seu capitão-general. Ele e seu pai agora avançaram para o norte para dar um fim a Cassandro, que imediatamente fez um rogo para a paz. Fatalmente, e arrebatado pelo sucesso, Antígono insistiu numa rendição incondicional. Cassandro fez um apelo desesperado a Ptolomeu, Seleuco e Lisímaco. Esta chance de eliminar o íncubo que Antígono agora representava era irresistível. Os novos aliados abandonaram a Macedônia de todo e atraíram Antígono, agora aos 80 anos de idade, para um acerto de contas na Ásia Menor. Enquanto Ptolomeu atacava a Síria pelo sul, Lisímaco e Seleuco trouxeram Antígono e Demétrio para batalhar em Ipso, na Frígia (301). A bem-sucedida carga de cavalaria de Demétrio saiu de controle, deixando atrás de si uma lacuna fatal. Os elefantes conglomerados de Seleuco fizeram uma devastação. O próprio Antígono morreu lutando. Demétrio, com cerca de 9 mil homens, fugiu para Éfeso.

O mais perigoso de todos os Sucessores havia finalmente sido eliminado, e os vitoriosos puderam partilhar seu vasto domínio, como abutres destrinchando uma carcaça. No acordo a que eles chegaram, Lisímaco ficou com a maior parte da Ásia Menor, e, portanto, o controle do Helesponto que ele sempre quisera quando estava restrito à Trácia; Cassandro consolidou sua posição na Grécia continental; e Seleuco foi agraciado com a Síria e a Mesopotâmia, o que imediatamente o colocou em conflito com Ptolomeu. Ptolomeu não tinha lutado em Ipso, objetou Seleuco. Ele próprio, e seus elefantes, haviam sido responsáveis pela vitória. O problema da fronteira da Síria ainda azedaria as relações entre Seleuco e Ptolomeu por toda a duração de ambas as dinastias. Seriam mais vinte e cinco anos, marcados por uma série de mortes e invasões significativas, antes que as últimas tentativas de formação de império fracassassem e o mundo pós-alexandrino se assentasse, para o bem ou para o mal, no padrão que se manteria pelos três séculos seguintes.

As convulsões finais foram feias e sanguinolentas. A morte de Cassandro em 298/7 precipitou uma guerra civil entre seus filhos: sua viúva, Tessalônica — filha de Filipe II —, favoreceu o irmão mais novo, por isso o mais velho a assassinou. Demétrio, o Sitiador, ainda de posse de uma poderosa frota baseada no Chipre e diversas cidades costeiras espalhadas, encontrou em Ptolomeu um aliado precavido, sempre ávido de preservar o equilíbrio de poder. Ptolomeu insistia em receber reféns: Demétrio enviou-lhe seu protegido Pirro, o jovem (mas já duas vezes exilado) rei do Épiro que havia se destacado em Ipso e tinha o bônus adicional de ser parente de Alexandre, o Grande, através de Olímpia. Ptolomeu se afeiçoou a Pirro, deu-lhe armas e homens, restituiu-lhe seu trono, e, na prática, usou-o como seu lugar-tenente na Grécia continental. Um novo jogador, nada desprezível, havia entrado no fim do jogo dos Sucessores. Quando Ptolomeu voltou-se contra Demétrio, Pirro não sentiu escrúpulos em fazer o mesmo. Eles tinham bons motivos. Demétrio, aproveitando-se do caos na Grécia após a morte de Cassandro, e bravo por ter sido rechaçado pelos atenienses depois de Ipso (seu segundo período de residência em Atenas, em 304, tinha sido um orgiástico desastre de relações públicas), desviou da frota de Ptolomeu e tomou Atenas com um cerco em 295. A partir desta base, ele avançou para o norte, matou um dos filhos de Cassandro, forçou o outro a exilar-se junto com Lisímaco, e finalmente (294) se fez aclamar rei da Macedônia.

Mais uma vez a velha coalizão — Ptolomeu, Lisímaco e Seleuco, com Pirro como um quarto membro — organizou-se contra alguém que se tornara ambicioso demais. Demétrio gravava sua própria efígie em suas moedas, portava uma dupla coroa simbolizando a Europa e a Ásia, e vestia uma túnica que o retratava como um sol entre estrelas. Ele reconquistou a maior parte da Grécia central e casou-se com Lanassa, a ex-mulher de Pirro, que lhe trouxe como dote a estratégica ilha de Córcira (291/0). Juntos, eles foram recebidos em Atenas (uma mudança rápida em troca dos serviços prestados e esperados) como deuses vivos. Enquanto ele estava ocupado com isto, Lisímaco tomou-lhe os portos jônicos, Seleuco conquistou a Cilícia, e Ptolomeu capturou o Chipre. A Liga Egeia de Ilhéus [Aegean League of Islanders] juntou-se à coalizão. Pirro e Lisímaco então (287) invadiram a Macedônia pelo oeste e pelo leste, e Demétrio fugiu, trocando suas vistosas túnicas reais por uma simples capa preta. Fila, sua esposa macedônica idosa (e imensamente devota a ele), cometeu suicídio. Lisímaco e Pirro dividiram a Macedônia entre si.

Porém Demétrio ainda contava com a lealdade de suas tropas. Recuperou a iniciativa no Peloponeso, fez um acordo com Atenas, fez a travessia para a Ásia Menor — deixando seu filho Antígono Gônatas, de quem ainda ouviremos falar, para defender a fronteira na Grécia. Ele capturou Sárdis, e até arranjou tempo para casar-se com Ptolemaida, uma filha de Eurídice, ex-mulher de Ptolomeu (que já lhe fora prometida por Ptolomeu durante uma de suas breves alianças). Mas então ele cometeu um erro fatal. Em vez de manter-se junto à costa, onde tinha (apesar das conquistas de Ptolomeu no Mediterrâneo) o apoio de sua frota ainda poderosa, Demétrio atacou o interior, na esperança, como Eumenes, de tomar para si as grandes satrapias orientais. Assim como Eumenes, ele fracassou. Lisímaco cortou seus suprimentos. Suas tropas começaram a desertá-lo conforme foram acometidas pela fome e pela doença. Demétrio desistiu e cruzou de volta os montes Tauro, entrando na Cilícia, onde adoeceu. Em 285, Seleuco o forçou a se render. Lisímaco ofereceu 2 mil talentos para que Seleuco o executasse. Esse, com uma indignação moral bastante alardeada, recusou. Em vez disso, instalou Demétrio luxuosamente como prisioneiro na Apameia (a antiga Celenas), onde o Sitiador, num tédio de enlouquecer, foi incentivado a beber até a morte, e assim o fez (283).

O mesmo ano presenciou, por fim, a morte de Ptolomeu, o único dos marechais de Alexandre — com a exceção de Antípatro — que morreu de morte natural em sua própria cama. Em 285, Ptolomeu tomara como corregente seu filho homônimo com Berenice I. O herdeiro designado agora sucedeu a seu pai sem maiores incidentes, como Ptolomeu II Filadelfo. Porém esta jogada chutou para escanteio o filho mais velho de Ptolomeu com sua esposa anterior, Eurídice, tia de Berenice: mais um Ptolomeu, tão violento quanto ambicioso, e conhecido (por bons motivos) como Cerauno ("o Corisco"). Prudentemente, este irmão supérfluo deixou o Egito. Rechaçado por Lisímaco, ele se juntou a Seleuco.

Imediatamente depois de Ipso, o idoso Lisímaco casara-se com a filha adolescente de Ptolomeu, Arsínoe (II), irmã de Filadelfo, uma mulher pelo menos tão ambiciosa quanto Ptolomeu Cerauno e, a seu próprio modo, talvez até mais perigosa. Como resultado — os segundos casamentos foram a desgraça das ambições dinásticas dos Sucessores —, Lisímaco viu sua posição forte (ele expulsara Pirro de volta para o Épiro) ser solapada por intrigas domésticas. Arsínoe estava muito ciente da difícil situação do Corisco. Agora, aos 30 e poucos anos, tinha três filhos homens para proteger.

Ela, portanto, convenceu Lisímaco a executar Agátocles — seu popular e militarmente brilhante herdeiro necessário. A viúva de Agátocles se voltou para Seleuco, e muitas das cidades abastadas da Ásia Menor, oprimidas pelas extorsões tributárias de Lisímaco, fizeram o mesmo. Seleuco atraiu Lisímaco — que, como Antígono Monoftalmo, agora era um octogenário — para uma batalha em Corupédio, perto de Sárdis (281), e o deixou morto no campo.

Embora o império de Alexandre tivesse sido disputado por todos os seus marechais, ele continuava, de um modo geral, em mãos macedônicas; por isso, quando Seleuco fez a travessia para a Europa — pela primeira vez desde que partira com Alexandre, mais de meio século antes — deve ter acreditado que o grande prêmio estava finalmente a seu alcance. Porém Ptolomeu Cerauno, que cobiçava ele próprio o trono da Macedônia, tinha outros planos. A caminho de Lisimaqueia, ele assassinou seu patrono, se fez aclamado pelo exército (com a ajuda de uma distribuição emergencial de espólios) e se tornou rei (outono de 281). Então — contra as advertências urgentes do filho mais velho dela, que fugiu do país — persuadiu Arsínoe, a viúva de Lisímaco (e sua própria meia-irmã), a casar-se com ele, após o qual ele prontamente matou seus dois filhos restantes. Ela própria conseguiu escapar por pouco para Samotrácia, assim como escapara por pouco de Éfeso (deixando como isca uma leal menina escrava vestindo seus trajes reais) após a morte de Lisímaco em Corupédio. Sua extraordinária carreira, como veremos, ainda estava longe do fim.

Mas neste ponto, os conflitos internos dos últimos Sucessores foram bruscamente interrompidos por forasteiros. No Egito e na Ásia (onde Seleuco tivera a sensatez de nomear seu filho, Antíoco, como corregente e herdeiro necessário antes de partir para Corupédio), as novas dinastias foram firmemente estabelecidas. Na Macedônia e na Grécia, a questão era outra. Para combater Seleuco, Lisímaco havia destacado tropas de suas defesas ao norte, e em 280 houve uma invasão em massa de tribos celtas. O Corisco (desprezando uma vital oferta de ajuda de montanheses dardânios na fronteira) saiu para lutar com eles, e foi derrotado e morto. Os celtas desfilaram sua cabeça, espetada num pique, enquanto avançavam para o sul adentrando a Trácia, a Ásia Menor e os Bálcãs: muito satisfatório para Arsínoe, motivo de pânico para todos os outros. Seguiu-se o caos. A

Macedônia não tinha rei. Uma horda foi expulsa de Delfos para o norte pelos etólios. E no sul, Antígono Gônatas, o filho medíocre de Demétrio, o Sitiador, treinado como estoico — derrotado no mar pelo Corisco, ameaçado por Antíoco e por Atenas, mal conseguindo manter suas bases em Pireu, Corinto, Cálcis e Demétria —, pegou o que restava das riquezas de seu pai, e se pôs a reunir uma frota e um forte exército mercenário e marchar para o norte (verão de 277).

Não sabemos quais eram seus motivos originais. Não está claro se ele pretendia confrontar a invasão celta. Ele talvez só tivesse esperança de adquirir um pouco mais de território. Se seu objetivo era tomar o trono vazio da Macedônia (também reivindicado por Antíoco, por conta da vitória de Seleuco), ele usou um procedimento estranho para isto, pois foi parar na Trácia. Foi ali, perto de Lisimaqueia, que ele encontrou, driblou, atocaiou e massacrou uma enorme horda de gauleses, com cerca de 18 mil homens, que estava avançando rumo ao Quersoneso.

Os louros alcançados com esta vitória foram muitos. Antígono Gônatas, que, embora sem reino, era rei autoproclamado da Macedônia desde a morte de seu pai Demétrio em 283, finalmente validou suas pretensões ao trono. Fez um pacto de não agressão com Antíoco, recebeu honras como salvador da Grécia, expulsou seus rivais e reconquistou a Tessália. Adotou Pã — com cujas imagens ele tinha uma notável semelhança facial, o que supostamente o favorecera, deixando os celtas em pânico perto de Lisimaqueia — como patrono divino. De nariz arrebitado e pernas tortas, a figura menos carismática que alguém podia imaginar, o filho do Sitiador agora embarcou num reinado muito bem-sucedido de mais de trinta e cinco anos, e fundou uma vigorosa dinastia que só foi eliminada pelos romanos em 168.

Com a morte dos últimos Sucessores e a fundação da Macedônia antigônida, atingiu-se um equilíbrio de poder viável entre o Egito, a Ásia e a Europa, os três cantos do império de Alexandre. Os jogos funerários que o conquistador previra em seu leito de morte finalmente tinham chegado ao fim.

3 *Reis, cidades e cultura: o passado mítico como futuro*

Como agora já deve estar claro, os fatores combinados que geraram o que hoje conhecemos como período helenístico — mas para o qual, significativamente, a antiguidade não tinha um nome coletivo — foram numerosos, altamente complexos e, num grau notável, não estavam vinculados às intenções diretas nem do próprio Alexandre nem, *a fortiori*, dos Sucessores (*Diadochoi*). Na realidade, algumas das mudanças fundamentais e características que aconteceram, principalmente no desenvolvimento cívico e cultural das cidades gregas (*poleis*), teriam se dado mesmo que as conquistas de Alexandre no Oriente jamais tivessem acontecido: elas na verdade já estavam num ponto bem avançado quando ele nasceu. Foi Quérilo de Samos, lembramos, que — antes de 400 a.C. — lamentou o fato de que todas as possibilidades poéticas já haviam sido exploradas, de que não restava mais nada a fazer para a geração mais jovem de artistas criativos.

Esta tendência de olhar por cima do próprio ombro, de ser subjugado pela herança do passado, aparece em toda parte. Tragédias continuavam sendo escritas por dramaturgos atenienses; mas agora elas tinham que competir com reencenações oficiais regulares de peças da trindade canonizada do século V — Ésquilo, Sófocles, Eurípides. Estes três eram o *summum bonum*: ninguém jamais poderia fazer melhor, implicavam as reencenações. Hoje em dia, está fora de moda considerar insuperável este legado; mas para o mundo pós-alexandrino, sua superioridade era um axioma, a obra inspirada de uma idade áurea perdida. O principal interesse de um historiador moderno é entender por que esse tipo específico de criatividade perdeu terreno neste momento: por que (novamente, em Atenas) houve uma visível transição da poesia para a prosa, do drama e da lírica para a filosofia, a ciência e a retórica, da inovação criativa para o conservadorismo acadêmico, do engajamento político e cívico para o quietismo individualista, da vida pública para a privada.

A fragmentação do império marítimo de Atenas em 404 teve vastas implicações políticas, econômicas e psicológicas. Desaparecem a confiança altiva e o orgulho imodesto que transluzem em tanto da arte, arquitetura e literatura ateniense do século V. O histórico de Atenas na primeira metade do século IV é marcado por uma política penosa (e muitas vezes um tanto desonesta), uma retórica carregada de fantasia, intermináveis conflitos locais (tanto internos quanto externos), e uma determinação ferrenha, como no caso da chamada Segunda Liga Marítima Ateniense dos anos 370, de reconquistar glórias passadas da pólis num mundo onde o tipo de benefícios imperiais que foram popularizados sob o reinado de Péricles já ficara para trás na memória. A segunda metade do século reforçou este senso de frustração e decepção, expondo de maneira brutal as fraquezas fundamentais do sistema de pólis como tal. Filipe da Macedônia, um monarca autocrático, cuja cadeia de comando reportava somente a ele, gerou o caos entre os representantes briguentos de uma cidade-estado democrática, enquanto os hoplitas e comandantes atenienses não eram páreo para seus generais profissionais e sua falange altamente treinada.

As vantagens práticas do reinado de um único homem, em contraste com o governo de um comitê democrático (enfatizadas de modo incisivo por Homero, e agora dolorosamente reaprendidas), não foram esquecidas, principalmente pelos oligarcas de Atenas. A derrota para a Macedônia na Guerra Lamiaca (322) significou que foram eles a ser chamados para negociar a paz com Antípatro, e acharam a colaboração com ele não apenas aceitável, mas vantajosa. Entre outras coisas, Antípatro revogou o direito de voto das camadas mais baixas da população, uma medida que sempre agradava os conservadores atenienses. O Homem Fanfarrão de Teofrasto, nos *Caracteres* (c. 320), alega ter recebido cartas de Antípatro convidando-o para ir à Macedônia, oferecendo-lhe uma licença para exportar madeira com isenção de impostos. Foram homens como este que depois (317-310) apoiaram o reinado de Demétrio de Falero e se acomodaram à suserania real dos Sucessores de Alexandre. A fome de independência jamais morreu nas grandes cidades-estados; mas agora ela foi contrabalançada por uma tendência neoconservadora que tinha como principal meta o sucesso por meio do autoenriquecimento, que rechaçava qualquer tipo de radicalismo, e considerava a democracia um privilégio que devia ser restrito às classes mais altas.

★

Uma grande, embora pouco notada, mudança que é consequência das conquistas de Alexandre foi a eliminação, num curto prazo, da ideia do bárbaro como um outro [Barbarian Other] que, durante dois séculos, não apenas figurara como o inimigo natural do mundo helênico, mas também fornecera o principal ímpeto para todo o conceito do pan-helenismo. Os propagandistas gregos, tais como Isócrates, haviam pintado uma imagem do orientalismo persa em que a riqueza fabulosa de Creso era equiparada apenas pela corrupção e decadência exausta de seus guardiães indignos. Ali estava um prêmio a ser tomado à força, e a invasão da Grécia por Xerxes em 480 sempre podia ser invocada como desculpa natural para quaisquer retaliações. O pan-helenismo, como já vimos, era a bandeira inicial sob a qual Alexandre lançou seu próprio ataque esmagador; mas, por ironia, seu grande sucesso imediatamente tornou esta causa obsoleta. Como perguntou Kaváfis, no fim de seu poema mais famoso: "Agora o que será de nós sem os bárbaros? Esta gente era uma espécie de solução."[1] Os persas jamais chegaram a ser substituídos de fato. Os celtas eram transitórios e imprevisíveis (e logo reformulados, em Pérgamo e outros lugares, como Nobres Selvagens); os macedônios eram oficialmente pró-Grécia (afinal, Alexandre I não fora conhecido como "o Fileleno"?); os romanos só foram considerados uma ameaça séria quando já era tarde demais. No entanto, o pan-helenismo deixara sua marca indelével — e nociva — no mundo grego: ele oferecia uma esplêndida justificativa moral para o colonialismo etnocêntrico. O Império Aquemênida era, tanto para Alexandre quanto para os Sucessores, "território vencido à lança" (*gê doríktetos*), que estava ali para ser explorado pelos conquistadores, e assim continuou sendo em essência, apesar de modificações.

★

Entre as prerrogativas prestigiosas (e os deveres) tradicionais de um rei antigo estava a da fundação de cidades. Durante sua vida breve, Alexandre foi responsável pela criação de um bom número delas (embora menos do que já lhe foram atribuídas: Seleuco saiu-se melhor), dando seu próprio nome à maioria delas. A mais famosa, e de longe a mais bem-sucedida, foi

Alexandria ad Aegyptum [Alexandria-junto-ao-Egito], construída no único porto de águas profundas que existe ao longo do trecho oriental da costa norte-africana: este "junto ao" em vez de "no" é uma eloquente sugestão da condição não egípcia da cidade como capital cosmopolita dos Ptolomeus. Assim como Alexandre, os Sucessores também estabeleceram suas fundações homônimas: Lisimaqueia, Antioquia, Cassandreia, Ptolemaida, Antigoneia, Selêucia do Tigre, Selêucia-Piéria, e — aqui uma menção ocasional ao sempre poderoso lado feminino — Apameia, Arsínoe, Berenice, e Laodícea. A prática, na verdade, era consideravelmente antiga no Oriente Próximo, onde grandes cidades como Babilônia, Tiro, Nínive e Uruk haviam mantido um comércio internacional muito próspero na base da centralização real e teocrática. Agora, com um ressurgimento da monarquia nos reinos macedônicos criados a partir das conquistas aquemênidas de Alexandre, antigos padrões de governo começaram a se reafirmar.

Aqui, uma ajuda considerável foi o fato de que, quase completamente, os novos governantes não eram gregos de cidades-estados, mas sim macedônios, criados num sistema monárquico, por mais superficialmente igualitário que fosse, onde o rei tinha a última palavra. Como muitos já apontaram, o governo dos reinos helenísticos estava muito mais próximo da administração persa substituída por ele do que de qualquer versão de democracia em estilo ateniense. No entanto, o relacionamento destes governos macedônicos com as cidades gregas independentes ou quase independentes em toda a extensão de seus territórios, e mesmo (o caso de Alexandria é em especial instrutivo) com a população grega de suas próprias capitais, é decididamente ambíguo. Os gregos, afinal, tinham um bom tanto de experiência no ramo da colonização, e ideias muito sólidas sobre o que deviam esperar de suas novas cidades. Nos primórdios da era helenística, além do mais, havia mais urbanização do que jamais houvera antes: os índices populacionais estavam crescendo em toda parte, o movimento migratório rumo às cidades — exilados políticos, mercenários desempregados, os nômades, os indigentes — continuava inabalado, e o comércio vicejante engrossou o tráfego marítimo e terrestre. As cidades ficaram bem maiores, e, do mesmo modo, sua administração ficou mais complexa.

O resultado foi um curioso híbrido cívico. Enquanto o poder em última instância estava nas mãos dos reis, as cidades gregas, sob sua égide, conservavam todas as marcas distintivas de uma democracia de pólis: muralhas de defesa, uma ágora que servia tanto como mercado quanto como fórum político, um conselho e assembleia, um teatro e um ginásio. Como revelam inúmeras inscrições, elas eram excelentemente administradas, incentivavam o orgulho cívico e cooperavam entre si quando não estavam brigando (o que acontecia frequentemente). Mais disseminadas do que jamais tinham sido no período clássico, elas constituíam uma manifestação poderosa, embora paradoxal em certos aspectos, do que significava ser um grego nesta nova era.

O paradoxo, é claro, estava em sua situação política. A tensão entre a autoridade real e a independência cívica foi, como apontado antes, um problema permanente ao longo de todo o período helenístico, onde as concessões operavam numa escala variável conforme fossem as vantagens políticas, e nenhum princípio fixo (mesmo em relação ao que precisamente significava a autonomia) jamais foi estabelecido. Para alguns havia vantagens, não de todo impalpáveis, fora do escopo do controle dinástico. Atenas, em especial, talvez tenha sido aleijada politicamente pela soberania macedônica, mas ainda se esforçava para assinalar a cena cultural em expansão como, em essência, uma criação ateniense. As novas cidades foram construídas seguindo a testada e aprovada malha urbana ortogonal no estilo de Pireu. Sua educação e seus costumes democráticos eram de base ateniense. Elas importavam a dramaturgia ática. Acima de tudo, a língua comum (*koiné*), a língua franca grega que passou a ser universalmente empregada em todos os enormes territórios poliglotas da Ásia, era uma versão modificada do grego ático vernacular.

Embora Alexandre talvez tenha planejado Alexandria, principalmente como bastião estratégico para o leste do Mediterrâneo (o que ela de fato continuou sendo até a Segunda Guerra Mundial), a cidade emergiu rapidamente como o maior centro cosmopolita do mundo antigo. Sua posição favorecia o comércio internacional. Seus bulevares foram planejados para pegar a brisa fresca do mar. A imensa riqueza que foi despejada em sua criação gerou obras de sofisticação, luxo e atratividade sem paralelos, incluindo o grande farol do porto, o Faros, que veio a ser uma das Sete Maravilhas do mundo antigo (todas as quais refletiam um gosto característico helenístico, e especialmente ptolomaico, pelo gigantismo extravagante). Uma política de imigração liberal, aliada à patronagem generosa de estudiosos e artistas através do Museu e da Biblioteca financiados pela realeza, gerou um corpo excepcionalmente variado e inteligente de moradores estrangeiros, incluindo os judeus alexandrinos que traduziram o Pentateuco. Alexandria, em resumo, tinha alguma coisa para todo mundo. Herodas, o escritor de mimos, lista algumas de suas vantagens: riqueza, poder, espetáculos públicos, filósofos, meninos bonitos, mulheres em abundância, o Museu, vinho de boa safra. Muito antes de Thorstein Veblen, os ptolomeus já estavam praticando o consumismo ostentatório.

Nenhuma das outras fundações helenísticas jamais chegou a igualar-se de fato à mistura única de sucesso comercial e extravagância intelectual de Alexandria. Talvez a mais interessante tenha sido Pérgamo, situada no alto, num trecho montanhoso do noroeste da Ásia Menor. Seu governador, sob o reinado de Lisímaco, um suposto eunuco de nome Filetero, primeiro transferiu astutamente sua lealdade (e 9 mil talentos do tesouro) para Seleuco, mas após a morte de Seleuco avançou com cautela rumo à independência, gastando sua riqueza para cultivar os influentes, incluindo o sacerdócio oracular de Delfos. Em 263, ele foi sucedido por seu sobrinho Eumenes I, que morreu em 241. Átalo I, o sucessor de Eumenes, filho de seu primo, obteve uma grande vitória sobre os celtas gálatas e (assim como Antígono Gônatas, em circunstâncias semelhantes), como resultado, finalmente reivindicou para si a condição de rei.

Um novo reino helenístico assim passou a existir, com uma influência totalmente desproporcional a seu diminuto tamanho. Os atálidas, como os ptolomeus, eram abastados. Seu tesouro em Lisimaqueia era reforçado por uma lista sólida de lucrativos produtos para exportação: vinho, azeite, cereais, cavalos, porcos, ovelhas, laticínios e o pergaminho, que recebia seu nome da cidade de Pérgamo. A acrópole elevada da cidade, com suas construções monumentais, foi projetada como imitação da Atenas de Péricles, e a biblioteca pública atálida tentava disputar com Alexandria no escopo e vastidão de seu acervo (Marco Antônio depois saqueou este acervo em benefício de Cleópatra).

Os atálidas também eram grandes patronos das artes visuais. Sua atitude ambivalente em relação aos celtas gálatas — vistos não só como inimigos a serem vencidos, mas como emblemas da nobreza primitiva — inspirou algumas das maiores obras de escultura desta era. Os cidadãos de

Pérgamo iam estudar na Academia em Atenas (não no Liceu aristotélico), e, a seu devido tempo, mais de um deles se tornaria diretor desta instituição. O ginásio público de Pérgamo estava entre os maiores e mais luxuosos que existiam na época. A riqueza, a munificência, e as ambições estritamente limitadas (eles adquiriram a reputação de arbitradores e negociadores) serviram bem aos atálidas: a lição de Ptolomeu I tinha sido mesmo levada a sério. Quando o momento chegou, eles estavam entre os primeiros dos gregos asiáticos que cultivaram um relacionamento especial com Roma.

★

Entre os atos mais notórios de Alexandre durante seus últimos meses de vida estava sua exigência de ser venerado como um deus. Na verdade, a ideia não era nova. Ela apelava para uma gama mais vasta do público geral, diferente do que as reações eruditas a ela (que são tudo o que temos, é claro) talvez sugiram. As oferendas para figuras notáveis, como estando "par a par com os deuses" (*isotheoi*), não eram incomuns. Filipe II, perspicaz em questões de psicologia política, tinha levado esta noção até sua conclusão lógica, mandando carregar sua imagem em procissão junto com as do panteão olimpiano, enquanto a busca por glória homérica empreendida por seu filho, na opinião de muitos, foi ainda mais além *superando* os feitos registrados de Héracles e Dionísio.

A era dos Sucessores estava mais do que pronta para a deificação humana. Para os novos soberanos dinásticos, a divindade oferecia um poderoso ingrediente extra — em parte numinoso, em parte político — para ajudar a fortalecer sua recém-adquirida condição de realeza. O único monarca ad hoc que rejeitou por completo a ideia de sua própria divindade ("Meu carregador de penico bem sabe") foi Antígono Gônatas, não tanto pela sua educação estoica (como gostam de pensar os filósofos), mas sim porque apenas a Macedônia, entre os reinos pós-alexandrinos, não era um feudo colonial, asiático ou egípcio, mas sim uma monarquia europeia tradicional. Nos outros reinos, os macedônios exercem sua autoridade sobre outras raças sujeitas a eles, mas Antígono era o rei *dos macedônios*, e assim se autointitulava. Seus súditos entendiam a noção grega de *hybris*, a separação há muito estabelecida entre deuses e mortais.

No entanto, também existia uma forte tendência contrária. A noção de *isotheotes*, paridade de um mortal com um deus, remonta a Homero e Safo.

Héracles havia transposto esta diferença, quase fora admitido no panteão olimpiano. Empédocles, como xamã, atraiu um grande contingente de seguidores ao proclamar: "Ando entre vós como um deus imortal, mortal não mais." Êupolis, o dramaturgo ateniense, faz um personagem dizer, sobre os generais atenienses durante a Guerra do Peloponeso: "Costumávamos rezar para eles como deuses, *pois de fato o eram* (grifo meu)." Há aqui mais que uma metáfora debochada: nos primórdios da Grécia, o sistema monárquico realmente fora difundido, e o rei era, justamente, não só o guerreiro-pastor de seu povo, mas em algum sentido o mediador divinizado entre eles e os deuses.[2]

Entretanto, na Grécia a monarquia foi — com algumas exceções especiais — abandonada logo, e o racionalismo filosófico (o chamado milagre grego) ganhou a primazia. O resultado foi uma dicotomia fundamental na cultura helênica. Enquanto intelectuais, de Protágoras a Eurípides, ou ignoravam totalmente os deuses em favor da investigação científica, ou atacavam Homero, e o panteão olimpiano de um modo geral, por não estar à altura dos padrões contemporâneos de moralidade social e sexual, a maioria (incluindo muitos em cargos públicos) reagia instituindo uma série de julgamentos por impiedade (*asebeia*), com acusações que iam do ateísmo e relativismo moral até o ensino de astronomia. Estava faltando um elemento sacro na vida cívica, e esse elemento já fora intimamente associado ao regime monárquico.

Além disso, os deuses tradicionais não vinham se mostrando tão prestativos em momentos de crise. Em contrapartida, os feitos do rei Alexandre haviam sido não apenas sobre-humanos, como também tangíveis. Aqui havia alguma coisa para todo mundo. Os religiosos lembravam o papel do rei como mediador sacro entre a terra e o céu. Os racionalistas, atendo-se aos influentes argumentos contemporâneos de Evêmero — o guru da corte de Cassandro —, podiam se reconfortar com a reflexão de que os chamados deuses não passavam na verdade de grandes generais e estadistas do passado, que haviam sido "divinizados" pela aclamação popular, por conta de suas realizações enquanto mortais. E a um deus vivo, pelo menos, era possível apelar pessoalmente.

★

Os ensinamentos de Aristóteles haviam deixado uma marca em seu aluno da realeza. Qualquer que tenha sido o motivo — uma crescente carência de comandantes e administradores macedônicos responsáveis parece ser o mais provável —, Alexandre abandonou o conselho de seu tutor, de "lidar com os bárbaros como bestas ou plantas" (fr. 658, Rose); mas por mais que ele próprio tenha vindo a modificar sua atitude intransigente, seus oficiais, notoriamente, assim como a maior parte dos macedônios, continuaram sendo descaradamente racistas, e todo o ímpeto aquisitivo do pan-helenismo deve ter reforçado esta atitude. Se Alexandre, que era frugal em seus hábitos pessoais, buscou conquistar toda a Ásia apenas como um território conquistado à lança para aumentar sua fama (*kleos*), as tropas lideradas por ele estavam ávidas de riquezas e espólios. A expedição não foi apenas um ato de exploração colonial numa escala até agora inconcebível: ela combinou o pan-helenismo e as noções de Aristóteles sobre os bárbaros para justificar esta exploração como modo de vida. Para os macedônios, desde o mais reles soldado fanfarrão até sucessivos monarcas ptolomaicos e selêucidas, o Egito e a Ásia existiam, em última instância, para ter suas riquezas pilhadas, de cima a baixo, pelos vencedores.

Devemos sempre ter este fato em mente quando pensamos nas consequências totalmente não intencionais da invasão de Alexandre. Talvez o mais difícil de avaliar seja seu impacto econômico. Como vimos, as próprias ideias de Alexandre neste âmbito não estavam tão longe das de um herói homérico ou de um pirata (muitas vezes mal se podia distinguir os dois). Ele financiou sua expedição (e artificialmente postergou a recusa de suas tropas de continuar avançando) apropriando-se do conteúdo acumulado dos diversos erários da Pérsia, que somavam pelo menos 180 mil talentos. Esta vasta quantia (valendo quase 100 bilhões de dólares numa estimativa mínima em parâmetros modernos) foi rapidamente dissipada, não só em despesas militares do dia a dia (boa parte das quais era o financiamento de números cada vez maiores de mercenários), mas na forma de vultosos pagamentos, doações para aposentadoria, e gestos que na prática eram meros subornos. A injeção de todo este capital na economia asiática e (em menor grau) na mediterrânea levou a uma queda de 1:13 para 1:10 na relação entre o ouro e a prata, o que não era surpresa. Também há estimativas de que isso fez cair pela metade o valor de ambos os metais em relação às moedas em liga de cobre para somas menores, agora cada vez mais populares.

No entanto, de um modo geral, o efeito parece ter sido muito menos drástico, e em alguns aspectos mais benéfico, do que talvez se podia esperar à primeira vista. Os preços, na verdade, continuaram comparativamente estáveis ao longo do século IV e do III. Aqui, a prática persa de fundir o metal tributário excedente em forma de lingotes e geralmente mantê-lo fora de circulação, numa política em estilo Fort Knox, porém não aliviada por nenhum tipo de sistema de crédito reconhecível, na verdade causou mais problemas financeiros que as depredações de Alexandre. O escoamento progressivo das reservas de ouro e de prata do império haviam levado a uma inflação crônica e a uma disparada dos preços. Ao compararmos o tributo anual teórico dos aquemênidas (14.560 talentos euboicos) com a quantia que os macedônios retiraram dos erários imperiais, fica claro que, já na metade do século IV, uma parcela muito maior deste tributo anual estava sendo recolocada em circulação, de um jeito ou de outro. Mas a generosa infusão de dinheiro vivo no mercado — realizada de uma vez só por Alexandre — aliada ao vasto influxo de colonos, mercadores e aventureiros de todo tipo para o Egito e a Ásia sob o governo dos primeiros Sucessores, não pode ter deixado de estimular o comércio. Um dos sintomas mais notáveis disto é o que Davies (em Bugh, 2006, p. 90) corretamente descreve como "o aumento vertiginoso do tráfego marítimo".

Também é verdade, e um fator importante, que ao instaurar fundições de moedas e impor o tetradracma ático de 17,2 gramas como moeda padrão em toda a extensão dos territórios conquistados, Alexandre, na prática, criou um mercado monetário comum. Porém não devemos assumir, como já fizeram alguns, nem que foi ele quem primeiro instituiu um sistema monetário na Ásia, nem que o novo sistema suplantou todos os outros. Já havia muito tempo que os persas cunhavam suas próprias moedas (siclos, dáricos) além de usar emissões gregas, enquanto diversos sistemas de troca sem dinheiro, por escambo ou penhora, continuaram difundidos em todo o império. Mais uma vez, devemos lembrar quais eram as prioridades dos macedônios. Quando conquistavam uma região, raramente mudavam o sistema financeiro ou administrativo vigente: instalavam oficiais de alto escalão não mais que para garantir que os tributos e impostos existentes agora fossem canalizados primariamente para *eles*. O que acontecia abaixo desse nível não lhes interessava muito.

Sendo assim, numa dimensão que à primeira vista pode parecer surpreendente, pouca coisa mudou. A produção local de alimento, tanto cultivado quanto animal, era (como sempre) a atividade predominante, nas mãos de fazendeiros de subsistência que raramente mudavam-se para longe de suas fazendas (até muito recentemente, este continuou sendo o caso do mundo mediterrâneo, e em certo nível ainda é). Estes donos de pequenas propriedades só usavam dinheiro vivo ou para comprar o que não podiam produzir (por exemplo, cerâmica, facas, instrumentos de agricultura), ou como reserva contra colheitas ruins, ou para pagar impostos fixos (os impostos calculados na base da renda podiam muitas vezes ser evitados por um sistema de escambo comunitário). O resultado, nos reinos helenísticos, foi uma variedade impressionante (principalmente na Ásia) de práticas locais, acima das quais encontramos uma burocracia de nível intermediário, responsável por extrair a maior quantia de renda possível para o fisco real, seja pela tributação da agricultura ou por impostos diretos.

Há um motivo muito bom para este estado de coisas, que tem mais a ver com um preconceito social do que com realidades econômicas. Desde Homero até Platão e além, cultivar sua própria terra era o jeito mais aceitável de ganhar dinheiro para um homem digno, e herdar riqueza ou posses era ainda melhor. Sujar as mãos com o comércio era impensável: isso era coisa de metecos (estrangeiros residentes). Todo trabalho manual e comércio era desdenhado como algo "banáusico", um termo que originalmente significava "relacionado a ofícios manuais", mas logo passou a ser equacionado com qualquer coisa de classe baixa, comum ou de mau gosto. Foi precisamente assim que Aristóteles caracterizou qualquer estudo prático de métodos de aquisição. Esta noção permeia a sociedade grega: a democracia ateniense jamais a eliminou, e o retrocesso helenístico ao autoritarismo a achava altamente simpática. Ela até afetou as ciências: Euclides e Arquimedes viam a aplicação da teoria na prática ou — ainda pior — os fins lucrativos, com um profundo desprezo, e não queriam ter nenhuma relação com isto: foi preciso o cerco romano a Siracusa em 212 para fazer Arquimedes dedicar sua mente ao problema da artilharia de defesa.

Agora vemos por que a economia grega fica tão notavelmente atrás das extraordinárias realizações alcançadas em outras áreas, da matemática à astronomia. Considerando-se acima de tais questões aviltantes como a obtenção e o dispêndio de dinheiro, os melhores cérebros da época não só preservaram uma profunda ignorância de como estes processos de fato funcionavam, mas de bom grado os explicavam, como bons filósofos, em termos puramente morais. Por que, perguntou Isócrates (8.117-119), os mégaros, que não possuem bons portos, nem minas ou terras férteis, são donos das casas mais esplêndidas da Grécia? Sua resposta não diz nada sobre a manufatura de produtos baratos de lã realizada por este povo, nem sobre sua lucrativa atividade de transporte de cargas. Não, o sucesso deles deve-se inteiramente a seu autocontrole e moderação prudente (*sôphrosynê*)! Algo semelhante acontece com a generosa reação de quase todas as potências mediterrâneas ao desastroso terremoto de 228/7, que assolou Rodes e derrubou o Colosso. A noção de que esta generosidade talvez se devesse ao fato de que a excelente marinha ródia evitava a pirataria no Mediterrâneo, de que Rodes em si agia como um útil agente livre e centro de trocas entre as grandes potências, é algo que não ocorre a Políbio, que conta a história (5.88.4). Para ele, as imensas doações são uma reação direta à dignidade estoica e à contenção dos enviados ródios ao solicitar ajuda.

Num grau bastante notável, portanto, os principais governantes dos primeiros anos helenísticos estavam tentando se ajustar a novas realidades internacionais, enquanto ainda pensavam — na medida em que sequer consideravam conscientemente o problema — em termos do que continuava sendo, especialmente para a Macedônia, a economia de uma idade heroica. Um crescente apetite por afluência no estrato social mais alto da sociedade não trouxe nenhuma sofisticação verdadeira no que diz respeito ao modo mais eficiente de satisfazer estes gostos. Além disso, a invasão de Alexandre realçara as vantagens oferecidas por essa outra modalidade tradicionalmente aprovada de autoenriquecimento: a guerra. Em outras palavras, em vez de produzir seus próprios bens, obter por força bruta os produtos alheios. Os governantes ainda confiavam nos espólios da vitória como fonte regular de renda, bem como de prestígio. A conquista do Império Aquemênida ampliou de forma significativa este conceito. Um tratado do fim do século IV, a *Pseudo-Oeconomica*, atribuído erroneamente a Aristóteles, dá diversos exemplos de como se arrecadava capital: saqueando tesouros de templos, aceitando subornos de ambos os lados durante a arbitragem de conflitos, fazendo acordos monetários fraudulentos, monopolizando o comércio de cereais, cobrando impostos especiais sobre obras de defesa que jamais eram realizadas.[3] Todas estas atividades são, na verdade, formas de roubo. Especialmente para os administradores macedônicos, a noção de espoliação tornara-se endêmica.

★

"Os estados helenísticos tiveram sua origem no campo de batalha", enfatiza Yvon Garlan, "e também foi lá que tiveram sua ruína".[4] Ao longo de todos os três séculos da existência destes estados, a atividade bélica foi contínua e onipresente, sendo o tema principal, e muitas vezes exclusivo, de historiadores contemporâneos. Políbio via o Mediterrâneo como um mesmo campo de batalha. Pensamos primeiro nos conflitos entre os grandes reinos helenísticos, e estes de fato raramente cessavam: rivais militares em busca de território conquistado à lança precisam manter suas lanças prontas e afiadas. Porém num nível mais baixo, o quadro é o mesmo. Encontramos infindáveis conflitos locais entre cidades — no mais das vezes por disputa de territórios, embora o saque e a pilhagem sem nenhuma provocação (como praticado pelos etólios, por exemplo) não fossem nada incomuns. Também havia frequentes guerras civis (pequenas, porém violentas), revoltas de habitantes nativos subjugados ou de mercenários dispensados (estes últimos, muitas vezes instalados a contragosto em áreas remotas), e incursões imprevisíveis de tribos bárbaras do norte. O conflito armado era não só a principal maneira de resolver diferenças, como também a fonte da aura mística da realeza e, num nível mais prático, da renda da realeza, fosse através da tributação, da cobrança de resgate de prisioneiros ou da aquisição de lucrativos territórios novos, como florestas para a construção de navios.

A atividade bélica na Antiguidade também tendia, assim como a moderna, a estimular a economia criando uma maior necessidade de bens e serviços. Os vastos números de mercenários, gregos em sua maioria, que agora eram empregados, precisavam ser pagos, e gastavam prodigamente sua renda onde quer que estivessem aquartelados. Embora tenham virado alvo de poetas cômicos por sua postura de valentões, sua conduta arruaceira e sua embriaguez, eram muitas vezes os assentamentos deles, ironicamente, que levavam os estilos de vida gregos, seus ginásios e cultos religiosos, às regiões remotas da Ásia. Uma enorme parte da verba dos Sucessores também era destinada à pesquisa e criação de novos e mais eficientes equipamentos de cerco: artilharia que incluía catapultas de torção para lançar flechas, bolas de pedra ou projéteis incendiários; enormes torres com rodas e pontes móveis; e aríetes suspensos. No entanto, a não ser por isso, o período presenciou um avanço real singularmente pequeno na eficácia militar até que os romanos entrassem em cena. Uma fase ptolomaica de gigantismo na arquitetura naval — em que as fileiras de remadores aumentaram de quatro ou cinco para vinte ou mais, como força motora de embarcações cada vez mais pesadas — não chegou a lugar algum, e as marinhas logo reverteram aos trirremes e quadrirremes.

★

Ao considerarmos o impacto social que todas estas vastas mudanças surtiram sobre o "mundo habitado" (*oikoumenê*), a primeira e mais óbvia conclusão é que fazia uma enorme diferença quem você era e onde exatamente — ou seja, sob que tipo de regime — você vivia. A maioria dos povos nativos da Ásia, ou felás egípcios, se importava muito pouco com quem, a muitas centenas de quilômetros de distância, era seu novo soberano: eles só queriam que lhes deixassem tocar suas vidas em paz. Mesmo os judeus estavam dispostos a cooperar de bom grado com qualquer governo selêucida que respeitasse suas severas exigências religiosas. Os mercadores, mercenários e outros aventureiros gregos que afluíam para o Egito e para a Ásia Menor sob a proteção macedônica compartilhavam do apetite de seus mestres por espólios vultosos. O mais interessante — e o mais bem documentado, como não é surpresa — são as reações dos gregos instruídos: tanto daqueles que faziam carreira como escritores, estudiosos ou administradores nas cortes de governantes como Ptolomeu II ou Antígono Gônatas, quanto daqueles que optavam por permanecer numa das velhas cidades-estados, sobretudo Atenas, onde a falta de liberdade política em última instância era compensada — para aqueles que tivessem a renda e as conexões certas — por diversos novos luxos e amenidades cívicas.

Talvez se suponha que os atenienses nostálgicos das glórias perdidas da arte do século V e dos espólios do império teriam atitudes marcadamente diferentes das dos poetas e estudiosos, reunidos pelos primeiros ptolomeus para trabalhar no novo grande Museu e Biblioteca de Alexandria;

porém, ao menos em um aspecto, a abordagem destes dois grupos em relação à sua herança cultural era idêntica. Ambos olhavam para o passado como a única base viável de onde se podia encarar o futuro. Nisto, curiosamente, eles lembravam Alexandre, cuja busca pelo fim do mundo, longe de ser tratada como uma exploração pioneira, sempre alegava estar seguindo as pegadas de predecessores míticos: primeiro Héracles e depois, na Índia, Dionísio.

A principal tarefa preparatória da equipe acadêmica da Biblioteca — uma tarefa jamais concluída de fato, e que se estendeu por muito tempo após o Renascimento — era a recuperação, classificação e edição do que agora chamamos de herança literária arcaica e clássica, de Homero aos grandes tragediógrafos, da qual uma grande proporção havia sido gerada em Atenas. (Como resultado, o impacto social para nós de Alexandre e seus sucessores — apesar de evidências epigráficas, arqueológicas e numismáticas — está inextricavelmente atrelado aos registros literários.) A esta tendência obstinada é que devemos, em grande medida, a sobrevivência dessa pequena porcentagem de literatura grega antiga que possuímos hoje.

É difícil explicar o que dava tamanha força a essa obsessão. Uma resposta possível é a ausência, muitas vezes comentada, de qualquer corpo de escritura ao qual se pudesse recorrer em busca de precedentes morais. Se Homero era tratado como a "bíblia dos gregos", era por falta de algo melhor. Daí, também, a extraordinária difusão de teorias éticas entre credos filosóficos rivais. No entanto, também é difícil fugir da impressão (impopular entre os classicistas hoje) de uma crença antiga disseminada de que — com o fim da era clássica — perdeu-se um senso de direção criativa e propósito que, por mais que tenham tentado, os gregos jamais conseguiram recuperar de fato.

Também não devemos esquecer que os novos emigrantes gregos — de Alexandria em particular — tinham, assim como os judeus alexandrinos que traduziram o Pentateuco, sido desligados de suas raízes étnicas. A herança cultural que os eruditos da Biblioteca lutaram para resgatar já era sutilmente estranha a eles, e não só devido à passagem do tempo. Isto talvez seja um indício do motivo de um paradoxo literário bem conhecido: embora tenham sido os primeiros, como críticos, a formular regras para os diversos gêneros que analisaram, eles também foram, ao mesmo tempo, os primeiros, como poetas, a quebrar estas regras totalmente em busca de novidade. A tradição e a inovação, o passado e o futuro, iriam fundir-se numa precária, porém às vezes brilhante, tensão entre opostos.[5]

Pensadores como Aristóteles e Teofrasto, sem perder tempo, logo adaptaram seus sistemas classificatórios aos usos literários. A obra *Caracteres*, de Teofrasto, que aplicava a técnica a tipos supostamente genéricos de seres humanos, talvez até tenha sido uma paródia astuta. A *Poética* de Aristóteles — que não é uma paródia, embora às vezes desejaríamos que fosse — já mostra sua distância do fenômeno, a velha tragédia ática, que ele está discutindo. A criatividade deu lugar à análise crítica formalizada, com base na evidência de um registro passado que, como fica bastante claro, não se espera que vá mudar. Os princípios do Édipo de Sófocles estão sendo firmados como definitivos.

Além do mais, ao escolher a tragédia ática para seu experimento, Aristóteles indicou o caminho para os pesquisadores da Biblioteca, não só no que diz respeito ao drama, mas também ao lidar com um gênero tal como a lírica (que já estava chegando ao fim de seu percurso criativo original no século V, exceto pelo vago, e portanto infinitamente adaptável, ditirambo). Sendo assim, Píndaro foi classificado por "formas" (*eidê*) em odes (de vitória ou outras), hinos, ditirambos etc. Safo, por sua vez, produzira um único gênero formal, o hino nupcial, mas tirando isso deixava os classificadores confusos quanto à forma e função, e, portanto, foi organizada alfabeticamente ou por metros. As categorias estabelecidas pelos estudiosos helenísticos nos dizem muito sobre seu mundo mental. De diversas maneiras, elas revelam um hiato cada vez maior entre o contexto social original de um gênero e as convicções de seus intérpretes alexandrinos. Continua discutível a questão do quão cientes estes últimos estavam deste hiato, e do quanto usaram variações inovadoras para transpô-lo.

Igualmente discutível, embora para mim altamente plausível, é a tese que vê as grandes mudanças discerníveis nos diversos gêneros literários como algo ocasionado, em sua maior parte, indiretamente pelos acontecimentos históricos drásticos descritos nos meus dois primeiros capítulos. Nem todos estes acontecimentos se devem a Alexandre, embora a carreira dele sem dúvida os tenha acelerado. O mais disseminado deles, a mudança de ênfase, passando do envolvimento público coletivo nos assuntos da pólis para as preocupações privadas e individuais, já estava, como vimos, num ponto bastante avançado no começo do século IV. A última peça conservada de Aristófanes, o *Pluto* (*Riqueza,* 388), com seu escravo inventivo e seu coro atenuado, prenuncia a Nova Comédia helenística de Menandro. Em cidades recentemente subjugadas como Atenas, o indivíduo privado — *idiôtes*, daí então nossa palavra "idiota" — desprezado por Péricles ganhou vida própria. Ele é incentivado a ganhar dinheiro, em vez de lutar. Seu soberano macedônico mais provavelmente vai contratar mercenários para defender a cidade do que convocar sua milícia de cidadãos. A colaboração é lucrativa. Ainda há, e sempre haverá, um núcleo de patriotas prontos para lutar pela liberdade contra grandes forças contrárias (um motivo para que o soberano não confie muito em impostos diretos sobre cidadãos), mas uma vida privada tranquila parece cada vez mais atraente para as classes mais altas e abastadas. As peças de Menandro, com suas situações de objetos achados e perdidos, dotes valiosos e aforismos banais reconfortantes, refletem este mundo com uma precisão espantosa. A pirataria, o banditismo e os mercenários fanfarrões, além de fornecerem tramas, apontam para as intermináveis guerras e a quase anarquia que vigoravam no mundo real lá fora. Ao mesmo tempo, o escapismo é rampante: as virgindades são milagrosamente preservadas, as coisas perdidas são achadas, os dotes se materializam, tudo dá certo no final.

O *idiôtes* pode ou não refletir o grau em que Eurípides, e o novo individualismo nas artes visuais, incentivou sua preocupação consciente com suas próprias emoções. Mas os benefícios do comércio internacional irão amaciá-lo: politicamente, ele vai ser muito avesso a balançar o barco ou prejudicar seus investimentos. A oligarquia beneficente vai começar a parecer cada vez mais atraente num nível de governo local. Filosoficamente, ideais negativos se atraem: *ataraxia*, imperturbabilidade; *alypia*, evitação do sofrimento; *akataplêxia*, ausência de atribulações. A *apathia* espreita no fundo. Afastados deste mundo, porém em busca da mesma herança cultural, estão os estabelecimentos intelectuais subsidiados pelos Sucessores, em Pérgamo, Pela e Antioquia e, acima de tudo, no Museu e Biblioteca de Alexandria.

Antes do projeto inovador de Ptolomeu II, aconselhado por Demétrio de Falero, o ex-governador de Atenas sob Cassandro, toda a ideia de uma biblioteca pública tinha sido praticamente inexistente, e mesmo as coleções particulares de livros eram incomuns (nisto, como em tantas outras coisas, Aristóteles foi um pioneiro). Mas aqui os tempos eram propícios. A vagarosa mudança do oral para o escrito como modalidade básica de comunicação, já incipiente antes do fim do século V, ganhou um tremendo impulso com a abertura do Oriente por Alexandre, e Alexandria estava perfeitamente situada tanto como centro mercantil quanto como intelectual. É interessante especular sobre esta nova relação entre o individualismo e a leitura. Qual estimulou o outro primeiro? A leitura, uma prática essencialmente solitária, com certeza incentivava o *idiôtes*; no entanto a mente individual, por sua vez, deve ter promovido o desenvolvimento de um meio não atrelado à ocasião pública e à apresentação coletiva. Uma crescente burocracia cívica gerou consequências indiretas que seus representantes jamais tinham sequer sonhado.

A função declarada da Biblioteca de resgate cultural também revelava a ambição de Ptolomeu. Assim como o roubo do corpo embalsamado de Alexandre buscara legitimar seu reinado, também a reunião e classificação de todos os textos gregos foi uma tentativa de fazer de sua capital a guardiã e o centro de controle da herança cultural helênica. Alexandria pretendia ser a nova Atenas, a famosa "educação da Hélade" de Péricles. Os atenienses haviam chamado os macedônios de bárbaros. Agora tinham que reconhecer os supostos bárbaros não só como seus superiores militares, mas também culturais. Em mais de um sentido, conhecimento é poder: a lição de que a apropriação trazia o controle era algo que a maioria dos Sucessores havia aprendido a duras penas. Mas aquilo que era conquistado devia — como o corpo de Alexandre — ser legítimo. Quando Evérgeta, o neto de Ptolomeu, recusou-se a devolver os originais dos três grandes tragediógrafos atenienses que pegara emprestados, e em vez disso enviou cópias para Atenas, sabia exatamente o que estava fazendo. Continuou sendo irrelevante que este ato — assim como os expedientes para fazer dinheiro nas *Pseudo-Oeconomica* — fosse um roubo flagrante à luz do dia.

★

O Egito ptolomaico gozava de duas vantagens incomparáveis: um contexto geográfico que oferecia uma excelente proteção natural contra ataques; e uma riqueza faraônica acumulada tão grande que, quando Otaviano finalmente pôs as mãos nela em 30 a.C., mesmo após três séculos de guerras dispendiosas e da satisfação irrefreada dos desejos da realeza, a taxa de juros padrão em Roma caiu de imediato de 12% para 4%. Não é à toa que a dinastia ptolomaica durou mais do que todas as suas rivais. Se tudo desse errado, um rei ptolomaico quase sempre podia usar dinheiro para sair dos apuros — podemos fazer paralelos modernos. A corte de Alexandria era famosa por sua opulência e generosidade. O Museu e Biblioteca, assim como o J. Paul Getty Center (que é semelhante em diversos aspectos), nunca parece ter tido problemas de pagamento, e seus estudiosos residentes desfrutavam de cargos vitalícios. A pesquisa, na maior parte das áreas de aprendizagem, da história à astronomia, da medicina à matemática, era amplamente financiada. Como resultado, a cidade tornou-se um ímã para poetas e intelectuais de todo o Mediterrâneo.

Havia, é claro, um preço a pagar. A pesquisa científica tendia a ser direcionada para áreas militares (por exemplo, o desenvolvimento da artilharia de cerco), enquanto se esperava que os poetas-estudiosos adaptassem gêneros tradicionais, principalmente o encômio, transformando-os em novos modos de proclamar as glórias do regime que os financiava. Muito da literatura helenística que possuímos, parcial ou integralmente, encaixa-se de um modo ou de outro nesta última categoria; a maior parte dela também é alexandrina. Embora precisemos ser cautelosos ao tirar conclusões gerais — o que foi conservado não passa de uma fração minúscula do todo —, de fato parece que Alexandria liderou este campo no século III, assim como fizera Atenas no século V. As condições decerto eram propícias.

O que nos chama a atenção acima de tudo num estudo dos autores alexandrinos sobreviventes — Teócrito, Herodas, Calímaco, Apolônio Ródio — é o grau em que, num período muito curto, a sociedade de classe alta tornou-se urbanizada. Teócrito chega a apresentar um gênero virtualmente novo, a pastoral ou idílio bucólico, uma versão higienizada e idealizada de temas campestres, calculada para agradar intelectuais das cidades, e outros que aspiravam à vida simples mas não tinham vocação para enfrentar suas duras realidades. Nestes poemas o sol está sempre brilhando, e os rebanhos parecem saber tomar conta de si mesmos. Mesclada ao flauteio rústico e aos gracejos camponeses de uma lascívia elegante, há muita adulação entusiasmada a Ptolomeu: tão benevolente, tão generoso, tão civilizado —, mas também um general poderoso e um pagador confiável, cujo casamento incestuoso com sua irmã Arsínoe é legitimado e equiparado, por uma hábil alusão, ao de Zeus e Hera. Em última instância, quem pagava o flautista era quem escolhia a música.

O que temos aqui é poesia cortês, e poesia cortês implica um público especial, limitado, erudito e com consciência de classe, cujo lugar ao sol social e financeiro é dependente de seu apoio ativo e incondicional ao regime atual. (O Idílio 15 de Teócrito, com seus vívidos retratos da vida nas ruas de Alexandria, consegue tanto adular Arsínoe pela qualidade dos concertos que patrocina quanto zombar dos provincianos que os frequentam.) É um público essencialmente baseado nas cidades. Em Alexandria, sua arte e literatura revelam não só um anseio urbano pela fantasia pastoral, mas também um apreço condescendente, igualmente irreal, pelo submundo alexandrino: anões, bêbados, aleijados, donos de bordéis, prostitutas, prósperos artesãos com uma produção clandestina de consolos para donas de casa entediadas (como nas *Mimes* de Herodas). A escultura é autoreferencial, o interesse pelo mítico detém-se no erótico (Leda e o cisne). O que continua significante é a *necessidade* de mito, mesmo numa geração de classe alta ultracínica, educada com o pedantismo lógico e antiteológico dos Sofistas. No mais alto nível intelectual da poesia alexandrina, com Calímaco e Apolônio Ródio, nunca estamos longe de uma obsessão recorrente por *aitia* — causas, raízes, origens, o porquê e o como de antigos costumes resgatados com apreço.

Nada transmite de modo mais vívido as tensões paradoxais de Alexandria — este novo mundo ainda inextricavelmente vinculado de tantas maneiras ao velho — do que as *Argonáuticas* de Apolônio. Era uma narrativa épica, em hexâmetros mais ou menos homéricos, do mito que levava Jasão à Cólquida, nos mais longínquos recessos do Mar Negro, em busca do Velo de Ouro, e ocasionava a famosa, e trágica, união amorosa entre ele e Medeia, filha de Aetes, o rei cólquida. É notável que Apolônio tenha mesmo chegado a tentar um épico. A sabedoria convencional concordava que esse gênero era passado, que Homero já dissera tudo, que enormes poemas loquazes estavam fora de moda (disse Calímaco: "Grande livro, grande erro") e o miniaturismo elegante era o ideal. De certo modo, Apolônio seguramente concordava: seu herói não é nenhum Aquiles, mas sim um homem ordinário cujo único talento verdadeiro (de novo, o sexo) é deitar-se com mulheres, e que só triunfa no teste imposto por Aetes depois que sua bem-amada o protege com magia. O texto grego das *Argonáuticas* está carregado de neologismos espirituosos, repleto de *aitia* velada, e revela uma queda por piadas sutis intertextuais.

No entanto, de modo surpreendente, Apolônio não faz esforço algum para racionalizar a narrativa tradicional. Já fazia muito tempo que o tráfego marítimo estava cruzando o Bósforo, porém Jasão e sua tripulação ainda precisam enfrentar as rochas Simplégades. Aetes ainda pode reunir seus bois cuspidores de fogo, e Medeia ainda conhece um *phármakon* mágico que vai imunizar Jasão contra eles. Dentes de dragão plantados na terra ainda brotam como homens armados. O Héracles de Apolônio, grande demais em todos os sentidos, é tratado como piada e abandonado no meio da narrativa, mas, tirando isso, seu homem ordinário tem que lidar com as exigências de um mundo mítico. Seu relacionamento incendiário com Medeia dá a Apolônio uma chance de explorar, de um modo sublime, a fascinação helenística pela psicopatologia da paixão erótica, como bem sabia Virgílio quando depois retratou Dido, porém resta nela uma aura levemente sobre-humana, assim como no próprio Velo. Entre os tumultos do início do mundo helenístico, há um fator constante que surge com clareza: em Alexandria como em Atenas, e sob qualquer tipo de regime, a demanda por antigas raízes míticas — e, como vimos, religiosas — continuava predominante.

★

Talvez nenhuma das transformações no conhecimento humano devidas à expedição de Alexandre tenha sido tão fundamental — ou, para o próprio Alexandre, comprada tão caro — quanto a refutação de diversas fantasias referentes à geografia básica do mundo conhecido. Não fazia tanto tempo que os jônios haviam afirmado que a terra era um disco plano rodeado pelo Oceano. A geração de Aristóteles havia corretamente substituído o disco por uma esfera, mas ainda conservavam grande parte do velho pensamento. Os gregos tinham — ou têm — uma tendência arraigada de pensar em si mesmos como se ocupassem o centro do mundo, qualquer que seja o seu formato. Qualquer coisa além do Mediterrâneo ocidental, ou das satrapias mais centrais do Império Aquemênida de Ciro no leste, ainda era em boa medida *terra incognita*, visualizada, como sempre acontece com o desconhecido, em termos míticos, tanto mais fabulosa quanto mais próxima de seu perímetro oceânico. As zonas do norte e do sul eram consideradas, apesar do ceticismo de Heródoto, imagens espelhadas uma da outra: sendo assim, o Nilo era de algum modo uma versão setentrional do Danúbio. Sobre o norte da Europa, a China, a maior parte da Índia, e toda a África abaixo do Sudão (apesar de uma famosa circum-navegação desse continente pelos fenícios, depois desacreditada),[6] continuava a reinar uma profunda ignorância.

Quando partiu para conquistar a Ásia, Alexandre era tão vítima das teorias geográficas da época quanto qualquer outro. (Em algumas delas ele insistiu até o momento de sua morte — por exemplo, na ideia de que a África era parte da Ásia, e não um continente próprio.) Simetrias e interligações imaginárias, principalmente de serras e rios — os montes Tauro e o Hindu Kush, o Nilo e o Indo —, levaram-lhe a subestimar grosseiramente as distâncias no mundo inexplorado. Os bematistas, um grupo de especialistas que registravam a distância terrestre percorrida de fato pelo exército em marcha, sempre precisavam corrigir as estimativas dele e de Aristóteles. Quase todas as informações existentes sobre grandes rios a leste de Ecbátana mostraram-se completamente equivocadas.

Pior de tudo, a costa oriental do Oceano circum-ambiente — num sentido muito real, o fim do mundo que Alexandre estava decidido a alcançar — era, novamente como Heródoto suspeitara, uma ficção. Aristóteles alegava que esta costa era visível do topo do Hindu Kush.[7] Não era. De algum modo, repetidas vezes, Alexandre convenceu suas tropas a continuar avançando. Por fim, no rio Beas, informantes locais relataram mais à frente não o Oceano, mas inúmeros elefantes de guerra e uma interminável planície deserta. Os macedônios, já exaustos por três monções e pela batalha indescritivelmente sanguinária do rio Jhelum, amotinaram-se. Ironicamente, o que por fim deteve Alexandre não foi um inimigo vivo, mas sim uma lenda geográfica: um mito derrotando outro.

4   *Horizontes orientais e a nuvem no oeste (276-196)*

Embora as guerras dos Sucessores tivessem finalmente chegado ao fim, não se pode dizer, nem apelando muito para a imaginação, que os regimes que vieram em seguida deram início a uma nova era de paz. Os aduladores dos ptolomeus podiam exaltar as virtudes divinas de seus mestres, mas não, como Virgílio fez com Augusto, por ter posto fim a meio século de conflitos debilitantes. Aquilo que um diplomata talvez chamasse eufemisticamente de "ajuste de fronteiras" mantinha muito ocupados estes ambiciosos novos governantes dinásticos, e também os seus exércitos (na maioria contratados). Ptolomeu II, reinando sozinho após a morte de seu pai em 283, abandonou a política de império limitado que herdara, e não só avançou à força para o norte na Síria como também tomou cidades e ilhas (Samos, Mileto, Halicarnasso) no leste do Egeu e na maior parte do que hoje é a Riviera Turca (Cária, Lícia, Cilícia) às custas de Antíoco I, o selêucida. Se ele estava apenas estabelecendo — como já foi sugerido — um perímetro defensivo para o Egito, junto com fontes controláveis de produtos importados essenciais, fez isso de um jeito decididamente agressivo. Continua aberta a questão de até que ponto isto se deveu a sua vigorosa irmã-esposa, Arsínoe, ainda páreo para briga após desastrosos casamentos com Lisímaco (p. 74) e seu meio-irmão, Ptolomeu Cerauno (p. 75); de qualquer modo, em 270, após adotar o herdeiro ao trono, ela já estava morta e divinizada.

Distraído por levantes e recentes incursões celtas, Antíoco teve grandes problemas para manter o controle de seus domínios selêucidas, agora vastos e difíceis de administrar. Em 278, fizera um pacto de não agressão com Antígono Gônatas baseado na tradicional linha divisória entre a Europa e a Ásia; porém, um ou dois anos depois (275/4), Gônatas deixou de ser um estorvo por algum tempo, já que seu velho nêmesis, Pirro do Épiro (que estivera afastado na Sicília e no sul da Itália, agindo na prática como um capitão mercenário contratado), reapareceu na Macedônia e o expulsou mais uma vez. Totalmente sobrepujados pelos romanos em Benevento em 275, Pirro imaginou que o trono antigônida seria uma presa mais fácil. No início, parecia que ele tinha razão: ele tomou para si a coroa e foi endossado por Atenas (a guarnição macedônica em Pireu não era benquista pelo povo). Mas então ele cometeu o erro de marchar sobre o Peloponeso para libertá-lo do domínio antigônida. Enquanto ele estava longe, Gônatas agilmente reconquistou a Macedônia; durante uma batalha de rua em Argos (outono de 272), Pirro caiu inconsciente ao ser atingido por uma telha lançada por uma mulher idosa de cima de um telhado — e então foi decapitado.

Quando sua cabeça cortada foi entregue a Gônatas, esse expressou tristeza, mas deve ter sentido um alívio considerável. Dali em diante até sua morte em 239, seu regime macedônico e sua autoridade *de facto* sobre o resto da Grécia continuaram, se não incontestes, pelo menos seguros. As novas ligas Etólia e Aqueia, não menos do que Atenas e Esparta, ressentiam-se de seu domínio. Mas enquanto ele conservasse locais estratégicos como o grande rochedo de Acrocorinto e mantivesse guarnições ali e em outros pontos cruciais como a Cálcis e a Demétria (conhecidas, por bons motivos, como "os Grilhões da Grécia"), sua posição estava segura. Quando, no começo da década de 260, Atenas e Esparta, com apoio ptolomaico, deram início à revolta conhecida (devido ao ateniense Cremônides, patrono oficial da causa) como a Guerra Cremonideia, Gônatas não teve grandes dificuldades para deter e derrotar os espartanos perto de Corinto, colocando Atenas sob sítio e, o que foi mais surpreendente, obtendo uma vitória decisiva sobre Ptolomeu junto à costa de Cós. Com o bloqueio de Pireu ainda sólido, os atenienses foram forçados a render-se pela fome (? 261). A cidade perdeu o direito de eleger seus próprios magistrados, e passou a estar sob o controle de oficiais macedônicos.

No entanto, apesar deste histórico de atitudes severas, Gônatas não era de modo algum impopular entre as classes educadas gregas. Seu treinamento estoico deixou marcas nele. Sua corte em Pela incluía o astrônomo-poeta Arato de Soli, e também Jerônimo de Cárdia, o soldado, estudioso e diplomata que servira ao pai e ao avô de Gônatas, e agora, na velhice, compôs uma grande história das guerras dos Sucessores que parece (o que não seria surpresa) ter favorecido Antígono Monoftalmo tanto quanto as memórias de Ptolomeu I favoreciam seu autor. Não demorou muito, também (245/4), para que os cidadãos moderados detentores de posses — um grupo cujo histórico deixava muito claro que, com eles, de fato nada funcionava melhor que o sucesso — começassem a oferecer a Gônatas sacrifícios honoríficos, nada intimidados por seu sarcasmo em relação à deificação (p. 83). Ele era agora, finalmente, o mestre reconhecido da Grécia. Além disso, mesmo após sua morte, o poder antigônida estava pelo menos consolidado. Quando o filho de Gônatas, Demétrio II, foi morto lutando contra os dardânios (229) — deixando um herdeiro (o futuro Filipe V) de apenas 9 anos de idade —, o tutor do menino (Antígono Dóson, filho de Demétrio) assumiu o posto de monarca provisório, entregando o poder a Filipe sem dificuldade alguma após uma regência de oito anos.

Nem sempre se dá a devida apreciação, dada a natureza das dinastias helenísticas, ao quão notável foi esta conquista. Como observa Sheila Agar, e as tabelas genealógicas amplamente confirmam: "Passado o tempo de duas gerações, todos os governantes dos reinos dos Sucessores eram aparentados uns com os outros",[1] nisto lembrando as famílias reais da Europa pré-1914 e, como elas, jamais deixando que a mera consanguinidade fosse um empecilho para a ambição dinástica. Quando Antíoco I morreu (261), deixou para seu sucessor designado Antíoco II — corregente desde 266, substituindo um irmão mais velho executado — uma profusão de problemas. A ameaça de secessão estava em toda parte: a Báctria, a Sogdiana, a Pártia, o Ponto, a Bitínia e a Capadócia estavam todas movimentando-se rumo à independência do Império Oriental. Mais perto sua terra natal, Eumenes de Pérgamo (um patrono dedicado das escolas de filosofia de Atenas) habilmente derrotou uma força selêucida enviada para fazê-lo andar na linha à base da força. Embora ele ainda recusasse o título de rei, já havia muito tempo que Pérgamo estava, para efeitos práticos, perdida para o Império Selêucida. E de fato, até a ascensão de Antíoco III ("o Grande") em 223, as fronteiras definidas por Seleuco I vinham encolhendo constantemente em quase toda parte.

Porém nada, podemos dizer com segurança, causou mais problemas para Antíoco e seus sucessores do que o conflito purulento, jamais resolvido por completo, com os ptolomeus acerca de territórios disputados: em Cirene e no oeste da Ásia Menor, e principalmente na Cele-Síria por conta do vale Beqaa, na época rico em madeira de corte (daí o título de "Guerras Sírias" que se dá a estes confrontos). A Primeira Guerra Síria (274/3-271), um avanço bastante bem-sucedido de Ptolomeu II para expandir sua posição no Egeu e no leste do Mediterrâneo, nós já comentamos (p. 99). A Segunda (260-253), da qual temos apenas um mínimo de evidências, foi a tentativa de Antíoco II — secretamente apoiado por seu tio Antígono Gônatas, com quem ele tinha uma concordata — de reverter a primeira. Isto, até certo ponto, ele fez. Cirene revoltou-se; Antíoco recuperou Mileto e Éfeso (e foi recompensado com o título de "Theos"). Ptolomeu enquanto isso perdeu terreno na Panfília e na Cilícia, e em 253 estava contente o bastante para fazer as pazes. A paz foi cimentada, tipicamente, com uma aliança dinástica. Antíoco casou-se com Berenice Sira, filha de Ptolomeu, e recebeu com ela um "enorme dote": provavelmente a renda da Cele-Síria, um dos principais objetos de disputa entre os dois monarcas.

Infelizmente, para casar-se com Berenice, Antíoco primeiro precisou livrar-se da esposa que já tinha, Laódice, com quem ele já gerara pelo menos cinco filhos, três deles homens. Um novo casamento nestas circunstâncias era uma receita garantida de desastre dinástico, principalmente porque Berenice logo gerou um filho também. Para complicar a questão, em 246 tanto Ptolomeu quanto Antíoco morreram (este último supostamente envenenado por Laódice). Em Alexandria, o filho de Arsínoe sucedeu ao pai no trono sem dificuldades como Ptolomeu III Evérgeta. Em Antioquia, as duas rainhas-mãe brigaram seriamente. Laódice alegou que Antíoco nomeara seu filho Seleuco como herdeiro no leito de morte. Berenice argumentou que o repúdio a Laódice desqualificava da sucessão toda a sua prole. Ela também, por bons motivos, enviou um apelo urgente a seu irmão, o novo rei do Egito. Ptolomeu marchou sobre a Antioquia (sob a aclamação efusiva da população, alegou ele depois) e a ocupou, porém tarde demais: tanto Berenice quanto seu filho já tinham sido assassinados pelos agentes de Laódice.

Como resultado, a Terceira Guerra Síria (ou "de Laódice") foi deflagrada e se arrastou até 241, tempo durante o qual Ptolomeu III e o filho de Laódice (agora entronizado como Seleuco II Calínico) envolveram-se em muitas campanhas, mas em especial não um contra o outro. Seleuco estava ocupado na Ásia Menor. Ptolomeu, enquanto isso, apossou-se do porto de Antioquia na Selêucia-Piéria (sua única conquista incontestee durante esta guerra) e lançou uma artilharia propagandística, alegando ter feito uma espécie de avanço triunfal pelo Império Selêucida sem ter precisado usar de violência.

Seja qual for a verdade por trás destas alegações hiperbólicas (ele provavelmente só chegou até a Babilônia, quando muito), os ganhos foram em geral transitórios, e devidos em grande medida ao fato de que Seleuco estava, por enquanto, ocupado com outras coisas. Seu irmão adolescente Antíoco Híerax, o chamado "Gavião", cujo apetite pelo poder era notável mesmo para os parâmetros helenísticos, instalara-se como soberano independente a norte dos montes Tauro, e Seleuco, com a ajuda de Átalo de Pérgamo, levou seis anos para eliminá-lo (ele foi finalmente assassinado por gauleses na Trácia). O próprio Ptolomeu tinha que voltar para casa. Sua ausência havia deflagrado um levante dos egípcios nativos, e incentivado Antígono Gônatas a acelerar sua campanha naval no Egeu (onde novamente derrotou uma frota ptolomaica, perto de Andros) e a intrometer-se nos assuntos domésticos de Cirene.

O caso de Cirene, como tantos relacionados aos ptolomeus, é uma pura novela de dinastias. Magas, o governador de Cirene (meio-irmão de Ptolomeu II), havia declarado independência. Por outro lado, prometeu sua filha Berenice em casamento para Ptolomeu III, com a ideia de reunir Cirene e o Egito após sua morte. No entanto, quando isto aconteceu (ele supostamente morreu por asfixia, devido à sua obesidade extrema), sua esposa, Ápame (filha de Antíoco I), que tomara gosto por ser rainha de um pequeno reino, apoiou a sugestão alternativa, apresentada por Gônatas, de outro marido para Berenice: seu meio-irmão macedônico, Demétrio, um jovem galã conhecido como "o Belo". O compromisso anterior foi anulado; o novo casamento aconteceu (250).

Demétrio autonomeou-se rei de Cirene. Também deitou-se de bom grado com sua própria sogra real, Ápame. Berenice — que não era de aceitar tal atitude — fez com que seu marido adúltero fosse executado durante o ato, poupou sua mãe, e a seu devido tempo casou-se com Ptolomeu III afinal (246), assim devolvendo Cirene ao controle egípcio e adquirindo uma famosa reputação de esposa virtuosa, como Berenice II. (Ela também participava de corridas de carruagem em equipe, e era uma amazona digna de nota.) Foi na verdade quando estava em lua de mel com ela que Ptolomeu III recebeu o apelo desesperado de sua irmã — a Berenice síria — em Antioquia. Sua noiva, num gesto também famoso, dedicou uma mecha de seu cabelo para que ele retornasse em segurança. A mecha desapareceu misteriosamente, o astrônomo Cônon alegou que ela fora elevada aos céus como a constelação Coma Berenices, e Calímaco escreveu um famoso poema sobre ela, depois traduzido por Catulo.[2] Esta inextricável mistura de sexo, mito, literatura e poder político fornece preciosas pistas para a compreensão da natureza da sociedade cortesã como esta se desenvolveu durante o século III.

★

Na Grécia continental, continuava a tensão incômoda entre a autonomia local e a soberania macedônica — complicada ainda mais pela hostilidade dos ptolomeus à expansão antigônida no Egeu, o que os levou a apoiar, com subvenções em dinheiro e às vezes reforço naval, qualquer estado que tivesse um histórico de atividade anti-Macedônia. Isto significava, acima de tudo, as novas federações Etólia e Aqueia. Os etólios agora controlavam a maior parte da Grécia central; os aqueus, sob seu poderoso general Arato de Sícion, tinham em 243 capturado a grande fortaleza de Acrocorinto, no topo de uma colina no norte do Peloponeso. (Nesse mesmo ano, os aqueus nomearam Ptolomeu III seu comandante-chefe honorário, presumivelmente em reconhecimento aos 175 talentos que ele lhes dera antes.) O controle de Antígono Gônatas sobre a Grécia foi substancialmente enfraquecido, como resultado. Embora Gônatas tenha feito as pazes com Arato em 241, após sua morte, dois anos depois, seu filho e herdeiro, Demétrio II, passou a maior parte de seu reinado de décadas lutando contra os aqueus e etólios.

Um novo fator, altamente conflituoso, nestas relações entre estados foi o ressurgimento inesperado de Esparta sob dois reis ambiciosos e idealistas, Ágis IV (244-1) e Cleômenes III (235-222). Às voltas com o abandono do programa de treinamento militar tradicional (*agôgê*), uma taxa de natalidade de cidadãos reduzida, grandes dívidas e a consequente absorção de propriedades em cada vez menos mãos, Ágis dispôs-se a restaurar o velho regime de Licurgo. Seus métodos agressivos (exilar seu companheiro de reinado

Leônidas e eliminar os éforos, os magistrados civis eleitos de Esparta) levaram a um contragolpe de Leônidas e da minoria abastada, que Ágis assustara profundamente com suas intenções manifestas de cancelamento de dívidas e redistribuição agrária, estes dois eternos bichos-papões dos proprietários de terras ao longo de toda a Antiguidade. Ágis foi julgado, condenado e executado sumariamente. Mas os problemas persistiram, e uns poucos anos depois, Cleômenes — que se apropriara da viúva de seu predecessor junto com suas metas — chegou muito mais perto de resolvê-los.

Há algo profundamente irônico no fato de que muitos, na época (e, o que é menos desculpável, mais de um estudioso moderno), convenceram-se de que o que Ágis e Cleômenes estavam advogando era uma revolução social radical. As propostas de realocação de propriedades e anulação de dívidas, ou da libertação de hilotas (ou mesmo concessão de cidadania a eles) em caráter emergencial, eram enganadoras. A meta central deles, na verdade, era tanto elitista quanto (algo que agora já não deveria causar surpresa) uma tentativa de reavivar e revitalizar glórias passadas, o antigo regime em seu apogeu, antes que a humilhante derrota de Esparta em Lêuctra (371) tivesse destruído para sempre a supremacia política e militar lacedemoniana. A esperança de Cleômenes era trazer de volta a antiga classe guerreira, os chamados "Iguais" (*homoioi*), e com eles recuperar o papel dominante de Esparta no Egeu. Isto significava restaurar a *agôgê*, fornecer terras (*klaroi*) decentes para ganhar o apoio dos *homoioi*, e livrar-se do fardo aleijante da dívida que desqualificara tantos da condição de guerreiro. Quanto à taxa de natalidade não havia muito que pudesse ser feito. Alistar não espartanos cuidadosamente escolhidos das cidades fronteiriças era possível, mas acarretava riscos consideráveis.

Não é difícil imaginar como este programa poderia ser mal interpretado por forasteiros; por outro lado, os poucos (talvez não mais que cem, incluindo um número de mulheres poderosas) que tinham tirado proveito dos problemas agrários de Esparta para se tornarem abastados proprietários de terras viram muito bem o modo como seriam inevitavelmente enfraquecidos, e muito possivelmente expropriados, por sua implementação. De onde vem a eliminação implacável de Ágis. Além disso, já que tanto ele quanto Cleômenes eram obrigados a tomar medidas draconianas e frequentemente ilegais para conseguir que qualquer coisa fosse feita, a oposição sempre podia (e de fato o fazia) brincar com o medo onipresente, endêmico entre as classes mais altas gregas, de uma revolução agrária.

A partir de 229, Cleômenes concretizou aquilo que eles mais temiam. Incentivado pelo êxito militar contra Megalópolis (os campos de trigo da Messênia pareciam, tentadoramente, estar ao seu alcance outra vez), ele se livrou dos éforos atuais e aboliu seu cargo. Em vez do tradicional Conselho de Anciãos (*gerousia*), instalou um "legislador paternal" (*patronomos*), cuja evocação do Big Brother de Orwell talvez não seja uma total coincidência. Cerca de oitenta dos grandes detentores de propriedades foram exilados, e suas terras foram divididas em quatro mil *klaroi* (uma boa indicação de seu tamanho). Exilados foram chamados de volta, novos cidadãos foram inscritos. Um filósofo estoico, Esfero, recebeu a tarefa de reativar a *agôgê*.

Antes do fim de 227, Cleômenes havia se tornado o único governante de Esparta, assim — nas palavras de Políbio (2.47.3) — transformando seu reinado legítimo numa tirania. Para Arato e para a Liga Aqueia, a Macedônia começou a parecer um inimigo muito menos ameaçador do que este perigoso autocrata apenas uns poucos quilômetros ao sul. Iniciaram-se discussões diplomáticas discretas com Antígono Dóson em Pela. Estas discussões, é claro, logo chegaram ao conhecimento de Ptolomeu III, fazendo com que ele prontamente transferisse suas subvenções financeiras de Arato para Cleômenes, que estava começando a parecer uma melhor aposta anti-Macedônia em todos os aspectos. Com este apoio, Cleômenes contratou mercenários (alguns dos quais ele submeteu à *agôgê*, assim obtendo para si uma guarda pessoal treinada), incrementou seu equipamento militar e lançou uma campanha de êxito alarmante no norte do Peloponeso. O preço que ele teve que pagar foi a entrega, para Ptolomeu (que claramente confiava tão pouco nele quanto podia vê-lo), de sua própria mãe e seus filhos como reféns, uma concessão que inspiraria dois dos melhores poemas de Kaváfis.

Às voltas com as vitórias de Cleômenes na Aqueia e na Argólida e com a ameaça imediata da perda de Acrocorinto, Arato, por mais que fosse ferrenhamente contra a Macedônia, reconheceu a mão de ferro da necessidade e chamou Antígono Dóson para lançar a falange macedônica contra os hoplitas espartanos de Cleômenes. Antígono barganhou um preço caro: a devolução de Acrocorinto — um dos "Grilhões da Grécia" originais — para o controle macedônico. Arato concordou com relutância: melhor a

Macedônia que os espartanos. Quando Dóson chegou ao istmo de Corinto com um exército de 20 mil homens, o apoio a Cleômenes se desmantelou rapidamente, e Ptolomeu III retirou sua subvenção de uma hora para a outra. Sem poder pagar suas tropas, Cleômenes — como Antígono Monoftalmo ou Lisímaco — apostou tudo numa única batalha, em Selásia, em 222. Lutou desesperadamente, mas no fim foi derrotado e fugiu para Alexandria. Ptolomeu foi solidário, mas morreu no ano seguinte (221); seu filho Ptolomeu IV Filopátor mostrou-se menos acolhedor. Cleômenes foi morto (219) numa vã tentativa de erguer a população alexandrina em revolta, e sua mãe e seus filhos foram executados.

Antígono Dóson fez uma entrada cerimonial em Esparta, que não tinha muralhas: o primeiro conquistador estrangeiro a fazer isso na história da cidade. Os éforos foram restaurados em seus postos, mas a monarquia, por enquanto, permaneceu suspensa. Antígono tratou os espartanos com cortesia, mas apressou-se em estabelecer mais uma vez um firme controle macedônico sobre toda a Grécia (com a exceção dos etólios). Ele já tinha (224) reconstituído a velha Liga Helênica — incluindo as federações macedônicas, tessálicas, boécias, aqueias e epirotas — como uma "Liga das Ligas" unida, sob controle macedônico. Ele também havia imposto guarnições em Acrocorinto e em outros lugares. Agora, designou um governador *de facto* do Peloponeso: os sonhos licurgeanos de Esparta tinham acabado para sempre. Neste ponto, a notícia de mais uma incursão bárbara trouxe-o prontamente com suas tropas de volta à Macedônia. Vitorioso no campo de batalha, Antígono — um tuberculoso hereditário — sofreu uma hemorragia fatal, mas sobreviveu por tempo suficiente para preparar uma sucessão sem empecilhos para o jovem Filipe V.

Sendo assim, dentro de dois ou três anos, monarcas jovens e inexperientes haviam assumido os tronos de todas as três maiores dinastias. Seleuco II morrera em 226 após cair de seu cavalo; foi sucedido por seu filho Seleuco III Sóter. Sóter logo (223) foi assassinado (como Pérdicas) por um de seus próprios oficiais, enquanto estava em campanha contra Átalo de Pérgamo. Aqueu, filho de Seleuco, governador da Ásia Menor, prontamente rechaçou Átalo de volta para Pérgamo, recuperando neste processo a maior parte dos territórios selêucidas perdidos, e fez proclamar rei o irmão mais novo de Seleuco, como Antíoco III.

Ptolomeu III, como vimos, já estava morto no verão de 221, assim como Antígono Dóson. O jovem Ptolomeu IV Filopátor tinha a reputação de devasso e mulherengo, em forte contraste tanto com Filipe quanto com Antíoco, que logo mostram-se homens de grande energia, visão e determinação. (No entanto, Ptolomeu não era de modo algum ineficaz: em 217, derrotou Antíoco fragorosamente em Ráfia, em mais um episódio do conflito na fronteira da Síria. Para isso, é verdade, alistou e treinou 20 mil egípcios, que depois disso decidiram que estariam melhor empregados lutando pela própria independência do que em nome dos ptolomeus, de modo que Ráfia foi — em última instância — uma vitória ambígua, ou mesmo uma vitória de Pirro.) De qualquer modo, Políbio sem dúvida estava certo (1.3.1) ao ver este momento como um divisor de águas na história do mundo helenófono. No entanto, o impacto mais vasto — e isto ele também reconheceu — ainda seria causado por uma potência que até agora o mundo grego havia praticamente ignorado: Roma.

★

É difícil de estimar o impacto direto de todos estes acontecimentos nas vidas daqueles que não estavam imediatamente envolvidos. Economicamente, como já vimos, as intermináveis guerras criavam um mercado de emprego constante para mercenários. Os reis dinásticos, é claro, contratavam homens numa escala muito maior que os governantes locais como Cleômenes, que ainda dependiam em grande medida de sua leal milícia de cidadãos; porém mesmo Cleômenes também optava por mercenários, quando tinha condições de pagá-los. Fora das cidades, a agricultura de subsistência e o pastoreio, que eram quase universais, sofreram mais com os exigentes coletores de impostos e com o êxodo urbano de pequenos fazendeiros falidos do que com o alistamento forçado ou com as guerras em si — exceto no caso daqueles que tivessem o azar de ocupar territórios que fossem regularmente disputados por exércitos rivais. Nestes casos, a destruição de propriedades (incluindo vinhedos e olivais, que levavam muitos anos para amadurecer), a interrupção da plantação e da colheita, o confisco de gado e a obrigação de fornecer abrigo para soldados, tudo isso causava estragos terríveis nas comunidades locais. A partir do confronto no Peloponeso, este caos agrícola tornara-se um elemento cotidiano da vida grega.

Em alguns casos, o resultado foi a despopulação. Isto, segundo Políbio,³ foi exacerbado por uma queda na taxa de natalidade devida à crescente preferência pelo luxo em detrimento das responsabilidades do casamento e da procriação. Embora aqui sintamos um certo cheiro de nossa velha amiga, a economia moral (p. 88), é um fenômeno social um tanto familiar, e pode muito bem ter sido incentivado pelo uso cada vez maior de escravos. Para que desperdiçar dinheiro criando filhos para tocar suas terras, quando o serviço pode ser feito de forma igualmente eficiente — e muito mais barata (pensavam eles) — por uma mão de obra servil? Como é tão frequente com nossas evidências, isto se aplica aqui principalmente às classes mais altas — os conservadores abastados que apoiavam o governo oligárquico nas cidades gregas — e formavam a espinha dorsal da minoria colonialista ocupada em colher os frutos do império no exterior.

As guerras dos Sucessores geraram um vasto número de escravos (uma fonte óbvia de lucros rápidos), e portanto não só o abismo entre os ricos e os pobres alargou-se de forma constante, mas ao mesmo tempo também o relacionamento entre os afluentes e os carentes endureceu. Se um escravo não era, segundo as famosas palavras de Aristóteles (*EN* 1161b, 4), mais do que uma "ferramenta viva", então ele — ou pior, ela — em tese podia ser manuseado como uma ferramenta: explorado ao máximo e descartado quando estivesse gasto, sem aquelas considerações que se aplicariam a um ser humano normal. O tratamento relativamente digno dado aos escravos durante o começo do período helenístico sofreu uma piora significativa após a intervenção romana: é só a partir deste momento que encontramos estas fantasias escatológicas que preveem o eterno fogo dos infernos (ou algo equivalente) para os opressores na outra vida. Muitos destes novos escravos, além disso, eram educados e cidadãos responsáveis, *incluindo gregos*, que, embora não tivessem nada contra a "escravidão necessária" em si, objetavam violentamente a que eles próprios fossem tratados como escravos.

Isso teve diversos resultados de grande importância. Primeiro, o enorme ressentimento assim gerado criou entre as classes governantes um medo disseminado, quase histérico, de insurreições. Este medo já existia desde cedo. Nos tratados macedônicos firmados tanto por Alexandre quanto por Demétrio, o Sitiador, com cidades da Liga Helênica, já encontramos o que parece ter sido uma cláusula regular, exigindo que os membros cooperassem na supressão de qualquer movimento que envolvesse o cancelamento de dívidas, a redistribuição ou o confisco de terras e outras posses, ou a libertação de escravos para implementar tais políticas "revolucionárias". Apesar da urbanização, a atitude continua sendo obstinadamente agrária e incrivelmente antiquada. Não há nada aqui (exceto este último ponto) que não teria sido familiar a Sólon, o reformador ateniense, três séculos antes. O que sim o teria surpreendido foi o veto oposto justamente àquelas medidas que ele próprio havia implementado para resolver um confronto um tanto parecido entre os ricos e os pobres. O endurecimento da atitude por parte daqueles no poder é sintomático. Na época de Isócrates, as medidas de emergência de Sólon tinham passado a ser vistas como precursoras da anarquia social. O alarme público com as atitudes de Cleômenes — acima de tudo quando ele começou a vender aos hilotas sua liberdade — era previsível.

Os escravos, portanto, eram considerados ao mesmo tempo algo essencial, e uma ameaça permanente. A solução simples era mantê-los totalmente ocupados: é de longa data o velho ditado que diz que mente vazia é a oficina do diabo. Em primeira instância, isto significava trabalho físico em todos os níveis. A consequência foi que se deu aos escravos e animais de carga (cavalos, bois, burros, mulas) o monopólio da geração de energia — embora talvez ninguém jamais tenha pensado nisto exatamente nestes termos. Toda a força seria força braçal. O efeito disto sobre a ciência helenística foi marcante. Muitas vezes já se chamou atenção para o fato de que os inventores antigos já conheciam a geração de energia por vapor (até produziram um modelo) e sabiam criar pistões eficientes, porém jamais combinaram este conhecimento para construir um motor a vapor. Os moinhos d'água eram conhecidos, mas não usados. O mesmo aplicava-se ao sistema de polia composta, que reduzia enormemente a energia necessária para deslocar um peso. O motivo já deve estar claro. Qualquer aparelho que deixasse a mão de obra servil com energia sobrando era visto como um estímulo direto à revolução.

Não é grande surpresa, então, que as utopias desse período ou pressuponham a continuidade da existência de escravos para fazer o trabalho físico, ou então elaborem fantasias em que colheitas surgem espontaneamente, cozinhas fazem sua própria comida, a louça se lava sozinha, nos rios corre vinho ou molho, os peixes assam a si mesmos, e aves já assadas voam para dentro dos pratos. Como Aristóteles percebeu claramente (*Pol.* 1253b, 33 ss.), e como estas fantasias implicam de forma tão vívida, apenas a automação (que em si, é claro, significava a exploração de novas fontes de energia) poderia um dia pôr fim à escravidão, e a Revolução Industrial provaria que ele estava absolutamente certo. Os escravos continuavam sendo indispensáveis. Mesmo as revoltas de escravos na Sicília e Itália (mais notavelmente aquela liderada por Espártaco em 70 a.C.), que — muito antes da América — sonhavam em encontrar algum lugar para fundar uma sociedade alternativa, ainda assumiam a existência de escravos para servir aos recém-emancipados.

Precisamos, portanto, considerar a grande, e cada vez maior, população de escravos do mundo helenístico não apenas (como geralmente se faz) em termos de mão de obra doméstica ou agrária, mas como praticamente a única fonte de energia. Nisto, ela tem seus paralelos com o petróleo hoje e — de fato — como uma *commodity* essencial, atraía justamente o mesmo tipo de empreendedorismo mercantil e conspirações políticas clandestinas. Como no caso do petróleo, os inescrupulosos podiam ganhar muito dinheiro com o comércio de escravos. Qualquer ser humano, rico ou pobre, nobre ou plebeu, de qualquer nação, se fosse capturado numa guerra ou por piratas, podia ser legitimamente destituído de sua liberdade e transformado num mero produto de consumo. A pirataria, de fato, com uma maior ou menor conivência e cooperação dos governos, tinha uma grande participação no comércio escravagista. Assim como os cartéis de petróleo, esse comércio, num sentido muito literal, mantinha as engrenagens girando. Havia, é claro, outros fatores que levavam os homens à pirataria; mas os enormes lucros que podiam ser obtidos com o tráfico de corpos humanos sempre continuou sendo o principal motivo. Estrabão (14.5.2, C. 668) estimou a rotatividade diária do mercado de escravos de Delos como algo na faixa de 10 mil almas: a energia era uma necessidade universal e interminável. Mesmo os ródios, cujas frotas policiavam o Mediterrâneo helenístico, dedicavam-se à erradicação da pirataria apenas quando isto conflitava com monopólios oficiais.

★

A transição do coletivismo público para as relações pessoais surtiu alguns efeitos imprevistos e paradoxais. Embora a quase idolatria a Homero jamais vacilasse, o *ethos* heroico da *Ilíada* e da *Odisseia* tornou-se desconfortável, se não irrelevante, para aqueles que pagavam para que outros lutassem em seu lugar. Nas *Argonáuticas* de Apolônio Ródio, o envolvimento de Jasão com Medeia é sintomático da nova ênfase na psicologia interior das relações eróticas. Um dos resultados curiosos do colapso do *ethos* da pólis e do enfraquecimento das velhas famílias aristocráticas foi a crescente suplantação da pederastia formalizada, entre as classes superiores, pela paixão heterossexual selada por casamento, como se reflete nas peças de Menandro: os vínculos cívicos, mais que os masculinos, agora estavam se tornando a norma. Aqui e ali, nos dizem as inscrições, os jovens de uma pólis ainda eram submetidos a um treinamento defensivo, ainda serviam em sua milícia local, mas a tendência geral é inconfundível.

As mulheres de um modo geral se beneficiaram com estas mudanças — outro paradoxo. As recomendações homéricas e pitagóricas sobre a digna consideração de um homem pelos sentimentos de sua esposa começaram a ser levadas a sério. Um maior acesso à riqueza e educação (antes restritas às cortesãs e acompanhadas por um inevitável estigma social) fortaleceu a situação de mulheres casadas respeitáveis. Talvez em reação a isto, alguns filósofos começaram a pregar as virtudes do celibato. As estátuas femininas, que até agora em sua maioria eram mais ou menos vestidas com decoro (embora as técnicas de representar tecidos colados ao corpo não fossem desconhecidas), começaram a aparecer nuas. O exemplo inovador mais famoso é a Afrodite esculpida por Praxíteles para a cidade de Cnidos. Não sabemos se as mulheres da época consideravam isto um avanço ou não: certamente foi acompanhado pelo desaparecimento de nus guerreiros ultramasculinos, como os *kouroi* áticos e os grandes bronzes de Riace, símbolos de atletismo, honra militar e do ideal homoerótico. O Hermes mais brando, sutilmente efeminado, concebido novamente por Praxíteles, e datado do meio do século IV, anuncia uma mudança fundamental na sensibilidade.

A pederastia estava arraigada demais na cultura helênica para desaparecer por completo. Ela simplesmente perdeu seu contexto cívico (junto com a proibição moral da consumação carnal pelos filósofos) e tornou-se uma dentre muitas atrações eróticas possíveis. Este polimorfismo sexual é bem exemplificado na obsessão helenística pelo hermafrodita, um ser encontrado mais frequentemente na arte e literatura do que na vida real. É significativo o modo como suas representações refletem a mudança na ênfase social. Os primeiros espécimes são claramente meninos com seios, enquanto os mais tardios são, tão claramente quanto, meninas dotadas de pênis. Ambos os tipos eram vistos como objetos de desejo para os homens adultos.

O único tipo de paixão que acarreta censura pública e literária no período pós-alexandrino (além do homossexual adulto passivo, por ser penetrado em vez de, majestosamente, penetrar) é o lesbianismo, uma escapatória da dominação masculina onipresente que — o que não é surpresa: Eva libertando-se de Adão — despertava uma considerável apreensão do patriarcado. Não sabemos se ambos os sexos possuíam o distinto interesse helenístico pela vida profana das classes baixas (p. 96); mas as comparações modernas sugerem fortemente que o principal mercado para este tipo de coisa era entre os homens de classe mais alta, que tinham dinheiro para pagar por elas. No sexo, assim como em muitas outras áreas, o período helenístico, mais que qualquer outro período da Antiguidade, tende de modo um tanto desconcertante a espelhar preocupações contemporâneas.

★

O interesse grego pela Itália, a partir do meio do século IV, havia sido marginal. O rei espartano Arquídamo III (360-338), cunhado de Alexandre, o Grande, assim como Alexandre do Épiro (334-330), e Pirro (280-275), foram todos convidados como capitães mercenários pelos tarentinos. Arquídamo e Alexandre do Épiro morreram lutando; Pirro, como vimos (p. 100), foi vigorosamente derrotado pelos romanos e voltou para tentar a sorte na Macedônia. Pouco tempo depois (273), Ptolomeu II mandou uma embaixada investigativa para Roma. Se seus enviados tiveram noção da ameaça, a longo prazo, do que depois foi descrito como "a nuvem no oeste", não há evidências. De um modo geral, o mundo grego parece ter ignorado de bom grado estes "novos bárbaros" do outro lado do Adriático. Mas a partir de 295, quando a conquista romana na Itália estendeu-se à costa leste, começaram a surgir diversas colônias adriáticas, de Rimini no norte (268) a Brundísio, separada de Épiro pelos estreitos (244). Roma — primeiro comercialmente, como acontece com tanta frequência — estava entrando na órbita grega, e não o contrário.

Essa órbita, como sempre, continuava propensa a cisões violentas. Acometida por brigas internas após o assassinato de sua rainha, o Épiro foi uma presa fácil para os ilírios ao norte. Desde 231, além disso, Demétrio II, o filho de Gônatas, vinha pagando tropas ilírias para lutar contra os etólios; era um grupo de naturais piratas enfrentando o outro. Uma vitória esmagadora na Acarnânia encorajou os ilírios, sob o comando de sua rainha Teuta, a arriscar tudo o que tinham. Por que eles não deveriam virar também um poder imperial? As incursões piratas em todo o lado grego da costa adriática já eram nocivas o bastante, mas os ilírios também começaram a perturbar (e tomar como prêmio) o tráfego comercial entre o estreito de Otranto e o golfo de Corinto, ambos lugares que eles agora controlavam (229). Isto rendeu a Roma ruidosas queixas dos mercadores de Brundísio e de outros portos na costa leste da Itália. Um embaixador romano, enviado para investigar, foi morto. Teuta avançou para Epídamnos e capturou a Córcira, um ponto crucial. Também informou aos romanos, com petulância, que a Ilíria — diferente de Roma, implicou ela — estava disposta a tolerar tanto a pirataria privada quanto a governamental.

Era hora de dar um basta. Ambos os cônsules, cada um com uma grande força-tarefa, foram enviados para eliminar este incômodo. Fizeram isso com um profissionalismo mais que macedônico, uma superioridade numérica esmagadora, e o que hoje seria caracterizado como uma "ordem irrevogável de liquidação". Os ilírios, melhores na pirataria do que em lutar uma guerra em grande escala, sucumbiram rapidamente. Um tratado de paz foi assinado no começo de 228. Ambos os cônsules receberam triunfos. Embaixadas romanas foram enviadas a Atenas e Corinto, e tanto para a Liga Aqueia quanto para a Etólia. A intervenção de Roma foi representada como um serviço para os estados gregos. A gratidão a Roma (algo que os gregos levaram um certo tempo para aprender) foi assumida como o *quid pro quo*. A lição desta chamada Primeira Guerra Ilíria foi dupla: primeiro, que as legiões romanas não estavam para brincadeira; e segundo, que quem recebia ajuda de Roma sempre tinha que pagar um preço.

Sendo assim, o Senado deve ter percebido corretamente que nem Demétrio II nem seu sucessor em exercício, Antígono Dóson, tomaram atitude alguma para refrear os ilírios. Talvez se possa encontrar alguma desculpa para Demétrio, que em 229 teve que enfrentar uma grande invasão dardaniana ao norte, e morreu lutando contra ela. Mas Dóson — silenciosamente antirromano, apesar de sua postura ambivalente como tutor de Filipe V, agora com 9 anos de idade — era outra questão; e Filipe, quando subiu ao trono (222/1), logo mostrou-se um monarca independente, e não o cliente submisso que os romanos esperavam. O cenário estava pronto para uma relação de mal-estar entre Roma e a Macedônia, que terminaria, pouco mais de meio século depois, com a queda da dinastia antigônida e o fim da Macedônia como nação independente.

Porém, com Aníbal na Itália por enquanto, a liberdade de ação dos romanos no Adriático e na Grécia continuava restrita. Em 219, eles de fato arranjaram tempo para lidar com um antigo cliente, Demétrio de Faros, que primeiro com o apoio de Dóson e depois com o de Filipe, vinha retomando suas atividades de pirataria, do Adriático ao Egeu. Novamente, a intervenção consular (numa breve Segunda Guerra Ilíria) pôs logo um fim ao incômodo, e Demétrio de Faros fugiu em busca de proteção para a corte de Filipe, onde tornou-se uma espécie de eminência parda. Os romanos pediram sua extradição. Filipe se recusou. Em junho de 217 chegaram as notícias da vitória esmagadora de Aníbal no lago Trasímene. Diz-se que Demétrio aconselhou Filipe a acelerar sua campanha local, junto com a Liga Aqueia, contra a agressão dos etólios, e a concentrar-se na ameaça que vinha do oeste. O que ele realmente queria para si era a devolução do Adriático ao controle dos piratas, a eliminação de Escerdilaidas, um corsário ilírio rival, e os lucros irrestritos do comércio escravagista no estreito de Otranto e em suas redondezas. Filipe, ansioso para erradicar a influência romana, devidamente lhe fez este favor.

Escerdilaidas, com um plácido atrevimento, apelou para Roma. Uma equipe investigativa de dez navios prontamente apareceu. Filipe, também prontamente, recuou. Não era um confronto que ele queria neste estágio. E nem os romanos queriam, pelo jeito. Mas quando um esquadrão romano interceptou os esforços de Filipe para conquistar um porto no Adriático para a Macedônia, o jovem rei — outra vez a conselho de Demétrio — procurou e assinou um tratado com Aníbal (215). Isto de pouco lhe serviu, e fez dele instantaneamente alvo de uma grande desconfiança em Roma. Os romanos agora estavam, na prática, em guerra com a Macedônia. Uma frota apareceu perto de Orico. Filipe, que estivera atuando ao longo da costa, mais uma vez evitou o confronto, queimando ignominiosamente sua própria frota de 120 embarcações, e batendo em retirada por sobre as montanhas (214). Porém um anos depois, após subjugar o interior, ele conseguiu seu porto no Adriático, em Lissos; e os romanos, em busca de aliados terrestres, escolheram os etólios, um povo tão brutal na ação quanto eles próprios, mas consideravelmente menos organizado.

Os etólios, ainda descontentes com os termos do tratado de Lepanto, que Filipe e a Liga Aqueia haviam impingido sobre ele em 217 (por acaso, o último tratado que seria assinado na Grécia sem a participação de Roma), ficaram mais que contentes de tentar sua sorte junto com Roma (o novo tratado oferecia vastos ganhos, tanto de território quanto de espólios). O embate que se seguiu envolveu massacres e escravização em grande escala. Filipe, conhecido ao subir ao trono como "o querido dos gregos", logo tornou-se notório por sua selvageria no campo de batalha, bem como por sua baixa confiabilidade política. Quando Arato morreu em 213 (provavelmente de tuberculose), houve rumores de que Filipe mandara envenená-lo.

Com Esparta e Átalo I de Pérgamo, assim como os etólios, agora apoiando Roma, falou-se de uma aliança com bárbaros, de um ressurgimento da propaganda pan-helênica, e de uma repulsa geral pela inescrupulosidade sangrenta deste novo conflito interno. A Liga Aqueia até começou a insinuar timidamente uma reaproximação com a Macedônia. O sentimento antirromano cresceu: Roma estava passando a ser vista como o mais novo bárbaro por excelência e seus aliados tornaram-se os alvos principais. Filipe expulsou os etólios da Tessália, saqueou sua capital Térmon e rapidamente deu cabo da única incursão de Átalo na Grécia continental. Filopêmen, o general da Liga Aqueia, arrasou um exército espartano em Mantineia (207).

Foi neste ponto que os romanos, incentivados por sua grande vitória sobre Cartago, no rio Metauro (207), decidiram concentrar toda a sua atenção na eliminação de Aníbal, e deixaram os etólios se virarem sozinhos. Perdendo seu apoio, os etólios prontamente (206) fizeram um acordo de paz separado com Filipe, devolvendo-lhe todos os seus territórios perdidos. Isto chamou a atenção dos romanos. Eles aportaram com uma grande força em Epídamnos em 205, pretendendo obrigar os etólios a entrar de novo na guerra, mas quando os etólios não tomaram conhecimento, os romanos ignoraram a oferta de batalha de Filipe, manobraram-no até a mesa de conferências, e negociaram sua própria paz em Fenice, no Épiro (205).

A Primeira Guerra Macedônica tinha acabado, e o *status quo ante* foi, em grande medida, restaurado. Qualquer ideia que os romanos tivessem talvez tido de que Filipe estava planejando uma parceria ativa com Aníbal era uma quimera; mas do mesmo modo, se Filipe imaginava (como pode muito bem ter imaginado) que este atrito com Roma era o seu último, estava redondamente enganado. Para os romanos, este acordo de paz era apenas uma medida provisória, algo conveniente até que eles finalmente tivessem dado cabo de Cartago. Ele também deixava muito claro que havia agora duas posições distintas e opostas na Grécia: de um lado, Filipe V da Macedônia e seus aliados (entre eles, os boécios e a Liga Aqueia); do outro, os romanos, apoiados por um grupo misto de oportunistas que incluía os atenienses, Átalo I de Pérgamo e Nábis, o novo tirano de Esparta. Estavam sendo traçadas as linhas de um confronto final, embora seja mais que duvidoso se, naquela época, alguém se deu conta disto.

A esta altura, os romanos não estavam envolvidos nem no Egito nem na Ásia selêucida, por motivos diferentes. Alexandria não representava uma ameaça. Desde Ráfia em 217 até o fim de seu reinado, Ptolomeu IV teve que lidar com uma desvalorização da moeda (devida principalmente a uma escassez de prata) e rebeliões armadas nativas cada vez mais perigosas (o Alto Egito na verdade foi perdido pelo seu regime de 205 até cerca de 186). Quando ele morreu em 204, seu herdeiro, Ptolomeu V Epífanes, tinha apenas 6 anos de idade, e havia concorrentes para a regência. O único perigo de um Egito enfraquecido era a tentação que ele representava para seus rivais. O mais perigoso deles, Antíoco III, estivera ocupado com outras questões durante a maior parte do tempo desde sua ascensão ao trono, num esforço notavelmente bem-sucedido de recuperar os territórios conquistados por seu trisavô Seleuco I, o fundador da dinastia, incluindo as satrapias orientais: não havia problemas para Roma ali. Mas por volta da época da morte de Ptolomeu IV, Antíoco estava outra vez no ocidente, e agressivamente visível. Em 202/1, desceu através da Cele-Síria; pouco tempo depois, capturou o porto de Sídon e derrotou um exército ptolomaico em Pânion (200/199).

Os romanos, enfim libertados pela vitória final de Cipião Africano sobre Aníbal em Zama (202) de sua longa e dispendiosa Guerra Púnica, começaram agora a exercer sua autoridade nos assuntos gregos. Advertiram Antíoco que não invadisse o Egito, coisa que na época ele não tinha intenção de fazer (sobre suas atividades subsequentes, ver p. 121-123). Eles estavam mais preocupados, e com razão, em refrear a conduta agressiva de Filipe V da Macedônia. Desde a paz de Fenice (205), Filipe vinha se empenhando muito para montar uma frota poderosa. Para financiar este projeto, contratou Dicearco, um pirata etólio, para agir em todas as ilhas do Egeu, invadindo, saqueando e extorquindo dinheiro em troca de proteção. Com a entrada do butim, a frota foi construída. Filipe capturou Tasso e arrecadou mais dinheiro vendendo a população da ilha como escravos. Saqueou a rota dos cereais no mar Negro. Invadiu a Jônia e assolou o território de Pérgamo. Tomou a base naval ptolomaica em Samos (assim engrossando sua frota e chegando a mais de duzentos barcos) e derrotou uma frota ródia perto de Lade. Suas atrocidades tornaram-se notórias. As marinhas combinadas de Rodes, Quios, Bizâncio e Pérgamo impingiram-lhe uma derrota esmagadora, mas isto revelou-se não mais que um contratempo temporário. Rodes e Pérgamo levaram seu caso a Roma.

Uma missão romana encontrou-os em Atenas, então em guerra com Filipe, e em seguida emitiu a esse um ultimato na forma de uma ordem: era a primeira vez em que tais métodos peremptórios eram usados na Grécia, definindo um padrão para o futuro. Ele foi intimado a desistir de atacar os estados gregos, e também a pagar uma compensação a Átalo de Pérgamo pelos prejuízos que causara. Se não obedecesse, estaria em guerra com Roma. Este era um pedido impossível, e a resposta agressiva de Filipe foi uma invasão na Ática, que chegou a penetrar até a Academia enquanto os enviados romanos ainda estavam em Atenas. Ele então lançou um ataque total sobre as cidades helespontinas, presumivelmente com a intenção de cortar o estoque de cereais de Atenas. Em Ábidos (verão de 200), o ultimato final de Roma chegou a ele. Agora também se exigia que ele pagasse uma compensação a Rodes e desistisse de atacar o Egito. Com base no histórico anterior de Filipe, que havia cautelosamente evitado se envolver com Roma fosse por mar ou por terra, obviamente se esperava que ele agisse como um príncipe-cliente digno e se submetesse com decoro. Em vez disso, ele firmou sua posição. O enviado, Marco Emílio Lépido, rompeu as negociações. Roma e a Macedônia estavam mais uma vez em guerra.

Por que Roma preferiu intervir a esta altura ainda é um mistério. Filipe não representava nenhuma ameaça séria aos interesses romanos, e de fato, a votação a favor da guerra foi conseguida só com alguma dificuldade. Afinal, não se passara mais de um ano ou dois desde Zama. Os estudiosos que veem os romanos desse período como obcecados pela expansão militar e pelos louvores que ela acarretava[4] não têm dificuldade de atribuir esta decisão a uma simples agressão. No entanto, as transações de Roma com o mundo grego até agora tinham sido casuais e relutantes, no pior dos casos (como se disse sobre T. E. Lawrence) um recuo para o centro das atenções, e uma aceitação do papel de árbitro adulto entre uma série de cidades-estados que se enfrentavam feito crianças. (Houve ruidosas reclamações sobre as depredações de Filipe no Egeu.) Manter a reputação também pode ter sido um dos motivos; depois que esse ultimato tinha sido entregue, nenhum dos lados estava disposto a recuar em sua posição. Além disso, em última instância Filipe era sem dúvida uma ameaça em potencial. Suas atrocidades eram notórias, e ele tinha, afinal, assinado antes aquele tratado com Aníbal.

Quaisquer que fossem seus motivos, os romanos pelo menos mostraram-se propagandistas astutos. Perfeitamente cientes de que antes eram vistos como meros bárbaros, intimamente associados aos flibusteiros etólios — uma visão que gerou uma forte recrudescência do pan-helenismo —, eles agora apresentaram-se como protetores dos gregos contra Filipe, o macedônio (ou seja, não grego) bárbaro visto como o Outro. Estados que haviam sofrido com os ataques de Filipe apressaram-se em oferecer seus serviços a Roma. A Liga Aqueia o desertou. Os etólios também apostaram em Roma como provável vencedora, e receberam pouca coisa em agradecimento por isso (eles depois reclamaram que "os Grilhões da Grécia" estavam apenas mudando de mãos). O cônsul de 198, Tito Quíncio Flamínio, após uma série de manobras diplomáticas planejadas para realçar a imagem de Roma como salvadora da Grécia, finalmente trouxe Filipe para uma batalha nos montes Cinocéfalos ("Cabeças de Cachorro") na Tessália (junho de 197). Apesar de um ataque bem-sucedido da falange macedônica logo no começo, as legiões foram mais fortes. Esta foi a primeira vitória de um exército romano sobre forças gregas, e pôs Roma completamente no controle.

Filipe foi forçado a evacuar a Grécia e pagar uma indenização de mil talentos. Contra uma considerável oposição senatorial, Flamínio — o homem que "completou a redefinição de Roma para os gregos"[5] — proclamou a "liberdade dos gregos", levando a multidão a aplausos delirantes, nos Jogos Ístmicos de 196, listando todas as cidades que dali em diante seriam independentes, não ocupadas por guarnições, isentas de tributos e governadas por suas antigas leis. Isto incluía as cidades da Ásia Menor, uma jogada que claramente buscava atingir Antíoco — assim como o fato de que apesar de todo esse discurso exaltado sobre liberdade, Roma decidiu, como Filipe, manter guarnições em Demétria, Cálcis e Acrocorinto, "os Grilhões da Grécia".

Um incômodo, do ponto de vista de Roma, fora assim eliminado, mas ainda restava outro com o qual era preciso lidar. As atividades de Antíoco na Cele-Síria e na Ásia Menor ameaçavam aquilo que, do outro lado do Tibre, era visto como o equilíbrio adequado de poder entre os reinos helenísticos. Mais uma vez e com uma confiança ainda maior, Roma começou a dar ordens a um governante grego independente — e, mais uma vez, elas foram prontamente rejeitadas. O conflito ideológico entre a monarquia helenística e o Império Romano agora entrava em sua fase final.

5 *Problemas dinásticos, conquistas artísticas e científicas (196-116)*

A nova e habilidosa mescla dos romanos, ao lidar com os estados gregos, de propaganda libertária e poder militar insuperável estava se mostrando singularmente eficaz. Em muito pouco tempo, Roma havia se tornado o tribunal de recurso *de facto* para reclamações cívicas e rixas entre os estados gregos. Houve efeitos colaterais previsíveis. Logo ficou claro que Roma não tolerava ambivalência em seus subordinados e, por conta disto, bajuladores ambiciosos sentiram que era possível lucrar tornando-se delatores. Os etólios não eram os únicos cujo principal objetivo de agora em diante era estar do lado vencedor e pintar seus inimigos como antirromanos. O estadista e historiador aqueu Políbio foi depois (168/7) deportado para a Itália por conta das denúncias de um outro aqueu, Calícrates, ostensivamente pelo excesso de independência em sua atitude, embora na verdade o motivo principal de Calícrates fosse livrar-se de um rival político. Entre as monarquias, tanto os ptolomeus quanto os atálidas reconheceram rapidamente esta força maior, e fizeram os devidos cortes em sua equipe diplomática.

Por outro lado, Antíoco III, o rei que estava decidido, e até agora com um êxito notável, a restaurar as antigas glórias selêucidas, parece ter estado confiante de que, em último caso, apesar dos Cinocéfalos, podia resistir às legiões romanas. Após consolidar sua posição na Cele-Síria, começou a saquear as cidades costeiras ptolomaicas da Cária à Cilícia. Ele também invadiu, e assolou, parte do território de Pérgamo. Nada disso deixou Roma seriamente incomodada. Mas Antíoco estava resoluto a recuperar todas as antigas posses selêucidas, e uma delas era a cidade abandonada de Lisimaqueia, na Trácia, que ele calmamente começou a reconstruir como posto avançado europeu (196), contrariando diretamente a proclamação de Flamínio nos Jogos Ístmicos.

Problemas dinásticos, conquistas artísticas e científicas

Se Antíoco pretendia testar os limites da indiferença romana, ele certamente conseguiu. Recebeu ordens de sair da Europa e ficar longe dela. Foi repreendido por atacar cidades gregas "livres". Dando-se conta, corretamente, de que naquela altura o Senado estava apenas tentando intimidá-lo com ameaças, ele simplesmente as ignorou. Continuou mantendo Lisimaqueia pelo menos até 191. Em 195, fez com o jovem Ptolomeu V (agora com 15 anos de idade) um tratado que lhe cedia de modo oficial a Cele-Síria. Ele também arranjou o noivado do menino rei com sua própria filha Cleópatra (I): eles se casaram um ano depois. Quando outro inquiridor romano veio procurá-lo, Antíoco questionou o direito de Roma de ditar a política na Ásia Menor, usou a derrota de Lisímaco para Seleuco em 281 como justificativa para sua própria presença na Trácia, e ofereceu tanto o tratado quanto o noivado como provas de sua atitude não beligerante para com o Egito. Esta vitória astuta na propaganda política garantiu que Roma jamais voltaria a confiar nele e, ferida em sua reputação, iria eliminá-lo na primeira oportunidade conveniente.

Contra uma forte oposição — inclusive de Cipião Africano, no outono de 194 Flamínio foi chamado de volta, e a força de ocupação romana foi retirada da Grécia. A oposição é compreensível: Aníbal havia encontrado asilo junto de Antíoco em Éfeso, e havia rumores de que o monarca selêucida estava cogitando invadir a Grécia. Mesmo assim, em 193 o Senado, por intermédio de Flamínio, ofereceu carta branca a Antíoco na Ásia Menor em troca de que ele abandonasse suas pretensões à Trácia. Era a Europa que importava. Antíoco recusou. Ele então, fatalmente, aceitou um convite dos etólios (que haviam conquistado Demétria como base) para ir dar apoio a eles. Num período de quatro anos, os gregos haviam sem dúvida se desencantado com as realidades da patronagem romana.

Antíoco chegou com poucos navios e homens, e apenas meia dúzia de elefantes (192). A sanguinolência desorganizada dos etólios estava tornando-os cada vez mais impopulares. Possíveis aliados retiraram seu apoio. Embora Antíoco tenha tomado Cálcis, foi redirecionado pelos romanos nas Termópilas e ignominiosamente rechaçado de volta para a Ásia Menor. Num gesto sem precedentes, as legiões o seguiram: era a primeira vez em que um exército romano punha os pés na Ásia. Rodes, Pérgamo e mesmo Filipe da Macedônia (que assim quitou sua indenização de guerra) correram para apoiar Roma e eliminar seu rival, tanto por mar como por terra.

Em Magnésia do Sípilo, no começo de 189, Antíoco, como tantos de seus predecessores, arriscou tudo num grande confronto e perdeu. Novamente, uma carga de cavalaria bem-sucedida acabou gerando um resultado adverso, desta vez acrescentando elefantes desembestados ao caos. O massacre de fugitivos pelos romanos foi horrendo, e sua campanha foi altamente rentável: Antíoco foi repreendido com uma indenização de 15 mil talentos, a mais alta já registrada até então (3 mil a serem pagos imediatamente), uma soma que revolucionou a economia pública de Roma. No Tratado de Apameia (188), ele perdeu seus territórios na Trácia e na Ásia Menor. Um ano depois, enquanto saqueava um templo em Elam, devido a uma necessidade desesperada de dinheiro vivo para cumprir com seus compromissos, ele foi morto. Na prática, os romanos o haviam executado. Rodes e Pérgamo foram recompensados (Eumenes II havia derrotado a ala esquerda de Antíoco em Magnésia), mas continuaram favorecidos somente contanto que seu apoio por Roma fosse total e incondicional.

A remoção de Antíoco alterou muito pouco a equação desconfortável entre Roma e os estados gregos. A Liga Aqueia destruiu impunemente a Esparta tradicional (188), mas só porque a política do Peloponeso não afetava essencialmente as noções romanas do equilíbrio de poder no leste da Grécia. Durante os vinte anos seguintes, quaisquer ilusões gregas de tratamento entre iguais (*isologia*) — como Filipe ou Eumenes talvez ainda concebessem um tal intercâmbio — acabariam por revelar-se apenas isso: ilusões e nada mais. O persistente sentimento anti-Roma no mundo grego surtiu um resultado paradoxal. Qualquer líder grego, *mesmo se fosse pró-Roma*, que atraísse apoio interestadual ou se tornasse notavelmente popular e bem-sucedido era automaticamente encarado com desconfiança em Roma, onde quaisquer sinais de que a clientela sequer aspirasse a ter algum destaque, quanto mais obter poder político, eram vistos como um prenúncio claro de rebelião. Possíveis alternativas à autoridade romana não eram encaradas com bons olhos.

Os ptolomeus, neste momento, não representavam um problema. Durante a maior parte de seu curto reinado, Ptolomeu V estivera totalmente ocupado com a grande rebelião no Alto Egito. Em 185, suas tropas

Problemas dinásticos, conquistas artísticas e científicas

já tinham recapturado Tebas e começado a restaurar a ordem. Nos dois anos seguintes deu-se a supressão dos últimos insurrectos no Delta. Mas em 181/0, o jovem rei morreu: tinha apenas 28 anos, e houve os costumeiros rumores de envenenamento. Sua mulher, Cleópatra — filha de Antíoco —, tornou-se, regente em benefício do filho, o futuro Ptolomeu VI Filométor. O regime era fraco, mas por enquanto razoavelmente estável: exatamente o que Roma preferia.

A Macedônia era outra questão. Filipe, que ocupara as fortalezas de Antíoco na Trácia e recusara-se a entregá-las para Eumenes, enviou seu jovem filho Demétrio — que estivera em Roma como refém, e era muito popular lá — para negociar em seu lugar (184). Embora a missão diplomática de Demétrio tenha fracassado (Flamínio forçou Filipe a recuar: o precário tratado de amizade, *amicitia*, entre Roma e a Macedônia continuava vigente), o próprio Demétrio voltou para casa com grande prestígio de todos os lados (183). Isto parece ter alarmado totalmente o herdeiro do trono, seu meio-irmão mais velho Perseu, que o acusou de ser um aspirante a usurpador apoiado por Roma, e forneceu documentos (quase com certeza forjados) para sustentar suas acusações. Filipe hesitou, depois executou Demétrio por traição (180), e ele próprio morreu no ano seguinte — de remorso, segundo a especulação de Lívio (40.51.9-10).

Perseu, portanto, foi alvo de suspeita em Roma desde o começo, e não por ser considerado assassino de seu irmão. O Senado o confirmou com relutância e renovou o tratado de amizade, provavelmente calculando que aquele era um rapaz impetuoso que, com certeza, acabaria se afundando sozinho. Perseu casou-se com Laódice, filha de Seleuco IV, o filho e herdeiro de Antíoco III. Sua meia-irmã casou-se com Prúsias II, rei da Bitínia. Começaram a correr rumores de uma "coalizão real". Ele recebeu apoio de Rodes. Ganhou rapidamente popularidade na própria Macedônia, fortalecendo suas fronteiras do norte contra invasões tribais, concedendo anistia a exilados, e anulando dívidas fiscais e de outras naturezas. Isto lhe valeu imediatamente a reputação de radical perigoso. Ele também não poupou esforços para conquistar o apreço de Delfos. Sua influência e popularidade entre os gregos cresceu rapidamente. Uma comissão romana enviada para investigar suas atividades (173) teve seu pedido de audiência recusado, e concluiu, de maneira equivocada, que ele estava pronto para entrar em guerra.

Em 172, Eumenes, diante da ameaça de uma *entente* entre macedônios e selêucidas, foi até Roma com uma lista de acusações graves contra Perseu. Ele tentara aproximar-se de Cartago. Estava incitando uma revolução populista. Tinha pretensões imperialistas. Tentara armar o assassinato de Eumenes com um oportuno deslizamento de pedras perto de Delfos. Tinha planos de envenenar o Senado Romano (ou então os enviados e comandantes romanos a caminho da Grécia). Os romanos, longe de descartar logo de cara esta miscelânea de acusações, não apenas as aceitaram, como também mandaram exibi-las publicamente em Delfos. Na verdade, Perseu não fizera nada além de trabalhar para se estabelecer: não era sua culpa que ele agora fosse considerado, de longe, o líder mais propício da Grécia, o que para Roma era talvez sua qualidade mais perigosa. Um ataque preventivo — ou pelo menos a ameaça de um — claramente parecia algo desejável.

Quando os romanos fizeram uma declaração de guerra condicional contra ele em 171, acreditavam, muito provavelmente, que ele recuaria e cumpriria as suas exigências. Como Antíoco, ele não fez nada disso; e como Antíoco, pode muito bem ter tomado esta decisão porque o ultimato romano só lhe deixava duas alternativas: uma completa e humilhante renúncia pública a sua autoridade ou uma luta até o fim. Ele escolheu lutar, o que não foi surpresa. No entanto, durante os primeiros três anos desta Terceira Guerra Macedônica, pouca coisa aconteceu além de pequenas escaramuças, e Perseu continuou sondando diplomaticamente a possibilidade de paz, o que deve ter incentivado Roma a acreditar que, no fim das contas, ele acabaria cedendo.

Na verdade, parecia na época haver a ameaça de um problema mais real vindo de outra direção. Em 175, Seleuco IV fora assassinado por um de seus ministros, e sucedido por seu irmão mais novo, que assumiu o trono como Antíoco IV. (Houve grandes suspeitas de que Eumenes fosse o agente por trás desta mudança dinástica.) Enquanto Roma estava lidando com Perseu, o jovem Antíoco desceu até o Egito pela Cele-Síria (169), dispersou as forças de defesa ptolomaicas e ameaçou Alexandria. Ptolomeu VI quis negociar. A população alexandrina tinha outros planos, e aclamou seu irmão mais novo (o futuro Ptolomeu VIII, com sua famosa barriga protuberante) e a irmã e esposa deste, Cleópatra, como governantes conjuntos. Antíoco deixou que eles brigassem entre si ao longo do inverno (os três se reconciliaram), mas voltou em 168. Sua frota neste meio-tempo havia capturado o Chipre, onde suas tropas estavam num surto desenfreado de pilhagem e destruição. Não se sabe ao certo o quanto ele estava apostando em sua antiga popularidade em Roma (onde passara algum tempo como um refém jovem e muito bajulado). Se ele estava esperando um tratamento especial, a triste desilusão viria em breve.

Não há como dizer com segurança se foram ou não estes acontecimentos que incitaram os romanos a agir mais rapidamente contra a Macedônia. Resta o fato de que o cônsul de 168, Emílio Paulo, marchou rumo ao norte na Grécia, com o objetivo imediato de confrontar Perseu. Seus exércitos encontraram-se em Pidna-Piéria, no golfo Termaico. Paulo, um experiente comandante de batalha, disse depois que o avanço maciço da falange macedônica foi a cena mais terrível que ele jamais presenciara. Porém este avanço foi desacelerado pelo terreno difícil; manípulos legionários infiltraram-se entre suas tropas pelos flancos, cavalarias e elefantes romanos somaram-se à confusão, e mais uma vez, como nos Cinocéfalos, a batalha terminou num banho de sangue romano: 20 mil macedônios foram mortos.

Pidna marcou o fim da Macedônia como reino independente: a primeira das monarquias helenísticas a ser abolida. O país foi dividido em quatro cantões republicanos menores. No Épiro, Paulo liberou seus legionários para cometerem estupros e pilhagens, e arrecadou não menos que 150 mil prisioneiros a serem vendidos como escravos. Perseu, o último rei antigônida, foi exibido como enfeite triunfo de Paulo em Roma e morreu voluntariamente de fome muitos anos depois, enquanto estava preso em Alba Fucens. O triunfo em si estava carregado de fabulosos tesouros do palácio real em Pela e de outros lugares. Os espólios, em termos de dinheiro vivo, eram tão volumosos que substituíram todos os impostos extraordinários no erário público durante mais de um século. Líderes senatoriais, negociantes equestres, publicanos e potenciais recrutas do exército, todos agora começaram a sentir as possibilidades de uma exploração em grande escala.

A legião, como admitiu Políbio,[1] havia por fim provado sua superioridade sobre a falange, e as repercussões foram enormes. Rodes, que se voltara para a Macedônia durante a guerra, perdeu a Cária e a Lícia, e foi aleijada economicamente quando Delos foi estabelecida como porto livre ateniense (os atenienses, antimacedônios ferrenhos, haviam lutado por Roma em Pidna). Políbio e muitos outros aqueus foram deportados para Roma. Numa medida mais inesperada, Eumenes de Pérgamo, a caminho de Roma para oferecer suas congratulações por Pidna, recebeu a ordem de deixar a Itália. Sua crescente riqueza e prestígio internacional já bastavam para condená-lo aos olhos de Roma. Rumores infundados, semelhantes aos que ele próprio havia espalhado contra Perseu — que ele estava em conluio com Antíoco IV, que até planejara secretamente se unir a Perseu —, garantiram que ele caísse em desfavor.

Tendo assim dado cabo de Perseu, os romanos imediatamente (julho de 168) voltaram suas atenções para Antíoco IV, que estava começando a parecer muito mais perigoso. Ele se empenhara muito para conquistar o favor e o apoio dos estados gregos, e suas negociações tiveram um êxito considerável. A economia selêucida, a julgar por sua excelente e abundante cunhagem de moedas, havia tomado um impulso ascendente. Agora ele ocupara o Chipre, penetrara no Egito, e estava pronto para substituir o fraco regime em Alexandria. Um Império Selêucida que incluía o reino dos ptolomeus — assim desmanchando qualquer equilíbrio de poder no leste grego e criando um rival perigosamente poderoso — não era algo que Roma tivesse qualquer intenção de tolerar. A situação exigia medidas drásticas.

O embaixador romano Popílio Lenate encontrou-se com Antíoco em Elêusis, um subúrbio de Alexandria, com o ultimato do Senado: evacuar o Egito e o Chipre, ou enfrentar uma guerra. Antíoco pediu tempo para debater a questão. A resposta de Popílio foi traçar com seu cajado um círculo no chão ao redor do rei selêucida, e exigir uma resposta antes que Antíoco saísse do círculo. Antíoco — que não era bobo, apesar de toda a sua audácia, e tendo as batalhas dos Cinocéfalos e de Pidna frescas na mente para refrear quaisquer mostras de independência orgulhosa que ele talvez estivesse tentado a dar para o deleite do público — curvou-se ao inevitável e retrocedeu. A paz com Roma, ele informou ao Senado, era preferível a qualquer vitória no Egito. Para amenizar sua humilhação, e enviar um sinal de força para seus aliados gregos, ao voltar para casa ele promoveu jogos que, em termos de opulência, superaram até o triunfo de Emílio Paulo. Como Ptolomeu II provara havia muito tempo, as ostentações dispendiosas eram uma boa propaganda política.

★

Um notável fenômeno associado à penetração de Roma na Grécia e nas cidades gregas da Ásia Menor foi a remoção completa, por generais e outros agentes, de obras de arte gregas de alta qualidade. Já houvera saques esporádicos anteriores (por exemplo, de Siracusa em 212), mas a tendência em grande escala parece ter sido iniciada por Flamínio em 194. Em 187, Marco Fúlvio Nobílior trouxe consigo da Ambrácia 285 estátuas de bronze e 230 de mármore. Depois de Pidna, Emílio Paulo reuniu obras de arte suficientes para encher 250 carros em seu triunfo. A escala destas depredações supera, em muito, mesmo as atividades semelhantes dos nazistas na Europa durante a Segunda Guerra Mundial. Elas ainda continuavam irrefreadas em 146, quando, após a queda de Corinto, Políbio viu soldados jogando damas sobre pilhas de telas famosas.[2] Finalmente — depois que a organização da província da Ásia pôs fim, em grande medida, às guerras de conquista sem nenhuma regra — o roubo disseminado de obras de arte foi posto sob controle, e surgiu algo semelhante a um mercado de arte moderno; mas, até então, os romanos continuaram a "libertar" artefatos gregos com o mesmo grande ímpeto que Alexandre demonstrara ao saquear os tesouros aquemênidas.

    O influxo deste material à Itália surtiu um efeito imediato e duradouro. Em nenhuma outra área a afirmação de Horácio (*Epíst.* 2.1.156) de que "a Grécia capturada capturou seu feroz conquistador" (*Graecia capta ferum uictorem cepit*) aplicou-se tão bem. Desde o início, os romanos (como diz a antiga máxima) podiam não saber muito de arte, mas certamente sabiam do que gostavam; e gostavam da pintura e escultura do apogeu clássico do século V, e da tradição neoclássica que viera em seguida. Depois que o primeiro surto de pirataria artística havia chegado ao fim e mostrado o que havia disponível, colecionadores na Itália — a moda social competitiva surtiu rápido seu efeito aqui — deixaram muito claro que estavam dispostos a pagar os olhos da cara por obras certificadas dos Antigos Mestres, bem como bons preços por cópias bem-executadas ou imitações neoclássicas. Os retratos, na forma de bustos ou estátuas, mostraram-se especialmente populares. Abrira-

-se um enorme, e lucrativo, novo campo de patronagem, e os artistas gregos — assim que ficou aparente que eles de fato podiam ser pagos por seu trabalho — rapidamente se puseram a explorá-lo.

Talvez se pense que o neoclassicismo foi o componente visual natural desse enérgico impulso geral de resgatar os tesouros culturais do século V, que já notamos antes ao observar o Museu e Biblioteca em Alexandria. Em grande parte, é claro, isto é verdade. Especialmente na pintura, a tendência foi reforçada pelo critério fundamental, e universalmente aceito, do naturalismo realista: uvas pintadas tão reais que os pássaros tentavam bicá-las, o cavalo pintado que fazia cavalos de verdade relincharem ao vê-lo. Isto também era o que os romanos queriam da arte, mesmo que o realismo fosse baseado em truques ilusórios como o uso da perspectiva, *trompe-l'oeil* [ilusão de óptica] num sentido muito literal. Porém as vastas mudanças sociais e políticas que vimos acontecendo no Egeu e no leste do Mediterrâneo — em especial a abaladora mudança de ênfase, da pólis para a família, do coletivismo público e cívico para o individualismo privado, da democracia radical para ao conservadorismo oligárquico — inevitavelmente deixaram sua marca nas artes visuais assim como em outras áreas, e os romanos não estavam totalmente à vontade com algumas de suas manifestações. Quando Plínio, o Velho, afirmou sobre o período entre 295/2 e 156/3 que "então a arte parou" (*cessauit deinde ars*), referia-se ao tipo de arte que ele e seus semelhantes estavam preparados para aceitar.

O estabelecimento de cortes reais, ou em parte reais, de Siracusa a Alexandria e mais além, estimulou os retratos honoríficos bem como a literatura encomiástica. O incipiente culto à personalidade, tão rechaçado na era clássica, levou não apenas a honras heroicas e em última instância à deificação, mas também a colossais túmulos particulares que quase (assim como o Mausoléu de Halicarnasso) chegavam a disputar com os altares públicos. Os próprios edifícios públicos tendiam a enfatizar o prático e o secular: Atenas sob o governo de Antípatro construiu um arsenal e o Estádio Panatenaico. O gigantismo arquitetônico — enormes teatros, *stoas* e, na Ásia, templos — tornou-se cada vez mais popular, alimentado pela autopromoção ferrenha de monarcas helenísticos. As estátuas masculinas perderam seu militarismo viril, as femininas perderam suas roupas. Os retratos passaram do idealismo às representações realistas (e muitas vezes pouco lisonjeiras). Os cortesãos urbanos se aventuraram no pastoralismo literário e artístico. A impotência política gerou fantasia sexual (ver p. 96 e 111-113). A decoração das casas particulares tornou-se cada vez mais elaborada, em especial com murais e mosaicos: os últimos em particular exigiam uma técnica extremamente cara, e sua abundância em casas desenterradas em Pela, a capital da Macedônia, datadas do fim do século IV, é um eloquente indício das vastas riquezas trazidas do leste por Alexandre e seus conquistadores.

Parece provável — e as evidências dispersas tendem a confirmar isto — que os patronos da arte na Macedônia, tanto antes quanto depois de Alexandre, tinham exigências um tanto diferentes daquelas de seus contemporâneos gregos. Já no século V, o rei Arquelau da Macedônia contratou o pintor grego Zêuxis para decorar seu palácio, numa época em que, nas outras partes da Grécia, a arte figurativa era restrita aos templos e outros edifícios públicos. Na verdade, nossos únicos exemplos sobreviventes de arte figurativa deste período vêm de túmulos particulares macedônicos. A maior parte dos artefatos macedônicos — desde as salas de jantar faustosamente decoradas em Pela (caçadas a cervos e leões) até aquele item de espantosa vulgaridade, a cratera de vinho dourada de Derveni, mostrando Dionísio e Ariadne em alto-relevo — são notáveis por sua ostentação e autopromoção luxuosa. Agora o grande esporte era impressionar os convidados com mostras de riqueza e poder. Há uma linha clara que liga o gosto dos macedônicos endinheirados à esplêndida ostentação (Dionísio e mosaicos novamente) dos milionários traficantes de escravos em Delos, e para além dela, às pretensões do ex-escravo Trimalquião no *Satíricon*, de Petrônio.

Os gregos de outras regiões, enquanto (como já vimos) passavam lentamente do coletivismo público baseado na pólis para o mesmo egocentrismo individualista que sempre marcara a aristocracia macedônica, tinham tido que lidar com problemas muito diferentes, em especial a derrota e a marginalização aparente. Por outro lado, para aqueles que tinham originalidade e resiliência, o futuro era convidativo. O colonialismo trazia outro tipo de liberdade. As velhas regras não mais se aplicavam; o experimentalismo (nas artes como em outras áreas) mostrava-se tentador. O resultado foi um surto, principalmente na escultura, de emocionalismo quase barroco e trivialidades expressionistas, às vezes patológicas. Este foi o fenômeno que Plínio recusou-se a admitir que sequer fosse arte, e que (aliado à penetração de Roma em grande escala no mercado das artes) provocou um recuo nervoso, mas financeiramente lucrativo, para o neoclassicismo acadêmico.

Algumas das manifestações privadas deste rompimento com a tradição — a obsessão por sexo e violência, o peculiar interesse pelos destroços geriátricos de uma sociedade implacavelmente adepta do *laissez-faire* — nós já vimos de relance (p. 96). Aqueles que tinham dinheiro para comprar este tipo de arte, num mundo que carecia de qualquer espécie de seguro ou proteção social além da caridade aleatória, sem dúvida viam em suas coleções um lembrete em parte reconfortante, em parte admonitório, da sina que eles próprios haviam, por meios lícitos ou escusos, conseguido evitar. Isto era uma fuga real e não um mero escapismo, embora o escapismo também prosperasse: o mundo fantasiado da Nova Comédia (p. 93), as máscaras teatrais onipresentes (persona fundindo-se à personalidade), as utopias literárias de Evêmero ou Jâmblico, o pastoralismo higienizado de Teócrito, as adoráveis estatuetas de Tânagra.

A escultura e a arquitetura públicas, por mais que professassem emular a tradição clássica em sua técnica e seus temas, incorporavam algumas características nem um pouco clássicas. Eram marcadas, como vimos, pelo gigantismo: quanto maior, melhor — uma crença fundamental dos ptolomeus, que tinham como parâmetro as pirâmides e os grandes templos de Karnak. Os governantes que brincavam com a ideia de ser idolatrados como deuses não perdiam tempo ao mandar erguer construções grandiosas para demonstrar a grandiosa opinião que tinham de si mesmos. As coisas de fato haviam mudado desde 479, quando autoridades espartanas escandalizadas apagaram o nome de Pausânias, o comandante-chefe grego, do memorial da vitória sobre Xerxes, substituindo-o por uma simples frase lacônica — "Estes lutaram na guerra" — seguida de uma lista dos estados envolvidos. O culto à personalidade, por muito tempo rechaçado como anátema do ideal da pólis, voltou com uma força notável no período helenístico. O Colosso de Rodes era considerado uma das Sete Maravilhas do mundo antigo. O Partenon não era.

Um tipo de escapismo mais rarefeito também pode ser visto nas significativas — porém curiosamente limitadas — conquistas científicas do período helenístico. As limitações mais óbvias surgiam de uma ausência debilitante de métodos precisos de medição, experimentação ou contagem do tempo. Já que disciplinas como a matemática e a astronomia eram essencialmente atividades elitistas, exercidas por indivíduos de alta instrução, muitas vezes aristocratas, com rendas particulares seguras. As preferências dos monarcas helenísticos como patronos da pesquisa tinham menos influência nas direções que estas pesquisas tomavam do que às vezes se supõe. Além disso, os interesses dos reis tendiam a ser pragmáticos, e muitas vezes restritos à sua ocupação favorita: a busca da eficiência técnica na atividade bélica agressiva. Aqui eles se deparavam com o virulento preconceito antiutilitário que permeava a sociedade grega de todos os períodos. Os matemáticos puros, de Euclides a Arquimedes, nutriam o mais profundo desprezo pela ciência aplicada (algo em comum com os grandes luminares do século XX no Cavendish Laboratory, em Cambridge), e esta atitude social estava ligada a suas teorias cosmológicas, talvez tendo em parte dado forma a elas.

De Platão e Aristóteles aos estoicos, havia uma sólida crença — boa parte da qual foi transmitida intacta ao cristianismo e à Idade Média — num cosmo matematicamente lógico, regido por uma ordem divina, revolvendo em torno de uma Terra imóvel, seu ponto central. Além disso, este cosmo era visto como constituído de entidades vivas (sol, lua, planetas, estrelas), e em certo sentido sencientes, que através de um sistema de correspondências, do macrocosmo ao microcosmo, podiam afetar cada aspecto da vida e sociedade humana. Daí vinha a pseudociência popular da astrologia. Os movimentos regulares da maioria destes corpos celestes incentivavam a busca por sistemas hierárquicos e autoritários na Terra. No entanto, a regularidade perfeita deste sistema enfrentava o desafio da evidente irregularidade dos planetas (*planetai* = "errantes"). A anomalia levava a cálculos astronômicos cada vez mais sofisticados, num esforço frenético de preservar a regularidade (e circularidade) geral nas revoluções do macrocosmo: este esforço foi o que pela primeira vez evocou a famosa expressão "manter as aparências".[3]

Obviamente havia exceções, mas elas tendiam a ser poucas e dispersas, e (um ponto crucial) nunca eram socialmente aceitas de fato. As mais importantes foram a cosmologia heliocêntrica prefigurada por Aristarco de Samos (cuja aceitação total teve que esperar quase dois milênios) e as teorias atômicas de Demócrito que foram adotadas pelos epicuristas. A rejeição epicurista da noção reconfortante de um universo teleológico (a ideia de que há um Projeto Inteligente por trás da criação, de uma forma ou de outra, possui um longo histórico) em favor de um áspero materialismo atômico, e ainda mais seu gesto indiferente de pôr os deuses para escanteio, fizeram com que suas ideias jamais desbancassem as dos estoicos. Os princípios hierárquicos fixos, na terra como no céu, foram muito convenientes para os oligarcas gregos helenísticos, e depois ainda mais para os procônsules romanos. O preconceito antiutilitarista também pesou muito contra o desenvolvimento de áreas como a química. Estas áreas — já numa posição precária devida à falta de medições precisas, e associadas na mente dos intelectuais a atividades de artesãos, como tingir e minar — eram portanto consideradas ignóbeis.

A maior vítima geral deste virulento preconceito foi a tecnologia. As inovações atribuídas a cientistas helenísticos — que vão desde a roda dentada e o sistema composto de polias até a catapulta de torção, o órgão hidráulico e dispositivos de ilusionismo para impressionar os crédulos nos templos — parecem à primeira vista ter um grande escopo, mas na verdade são restritas às necessidades de uns poucos patronos ricos, principalmente os governantes que queriam poder erguer construções cada vez mais suntuosas, vencer a artilharia inimiga e se divertir com brinquedos sofisticados na corte. O tipo de conservadorismo hierárquico que preferia o *status quo* ao aumento da produção, somado ao medo inveterado de revoltas de escravos (ver p. 110-111), garantiu que nenhuma fonte eficiente de energia industrial que não fosse a força animal e humana jamais chegasse a sair do papel. De qualquer modo, noções primitivas de economia (e, mais importante, as tradições da realeza) também ditavam que a receita excedente de um governante não fosse direcionada a investimentos a longo prazo, mas sim esbanjada em generosas ostentações públicas, ou então acumulada para o caso de emergências.

Sendo assim, os avanços científicos mais impressionantes tendiam a acontecer mais nas ciências puras do que nas aplicadas, e em áreas que, aparentemente, eram menos suscetíveis a serem afetadas por considerações políticas, sociais ou religiosas. Foi preciso a intervenção pessoal de Ptolomeu II, contra uma forte oposição religiosa, para permitir que os pesquisa-

Problemas dinásticos, conquistas artísticas e científicas

dores médicos Herófilo e Erasístrato dissecassem cadáveres humanos; após a morte dele, o tabu foi prontamente restabelecido. Talvez o monumento intelectual mais extraordinário do período seja o de Apolônio de Perga (*fl.* por volta de 200 a.C.), cuja obra sobre seções cônicas ainda é admirada por matemáticos hoje em dia. Mas embora as seções cônicas possam fascinar os eruditos com sua lógica matemática refinada, elas não representam nenhum desafio perturbador para aqueles que Kipling certa vez chamou bondosamente de "os Deuses dos Provérbios Escolares". Destituir este mundo do centro do universo era toda uma outra questão.

★

O Dia de Elêusis e o desmembramento da Macedônia (168/7) evidenciaram brutalmente para o público aquilo que, já havia muito tempo, estava claro para qualquer governante helenístico: na hora dos acertos de contas, agora era Roma quem dava as cartas. A Macedônia antigônida já havia sucumbido. Os atálidas de Pérgamo, tendo perdido o apoio romano — quando, em 166, Eumenes II foi vitorioso sobre os celtas da Galácia, o Senado prontamente proclamou a autonomia gálata —, pereceram logo em seguida. Em 133, Átalo III, talvez inspirando-se na atitude de Ptolomeu VIII (ver p. 138), entregou seu reino para Roma. Em resposta, seu meio-irmão ilegítimo, Aristônico, proclamou-se rei como Eumenes III, recrutou os que não tinham terra e, em última instância, os escravos, e deu início a uma revolta que os romanos — já lidando com uma grande insurreição de escravos na Sicília — demoraram quase três anos para suprimir. Quando eles conseguiram (130), Pérgamo foi tratada como um protetorado, e formou o núcleo daquilo que, menos de uma década depois, se tornaria a província da Ásia: uma das fontes mais ricas de exploração sistemática em toda a história de Roma.

A política senatorial, alimentada por homens perseverantes como Catão, ainda continha um componente moral e isolacionista. Catão, em seu leito de morte, talvez tenha conseguido incitar a destruição de Cartago (146), mas ele e seus colegas conservadores do Senado tinham muito pouca paciência para a ideia de transformar províncias em máquinas de dinheiro para procônsules avarentos. Foi a comunidade comercial — seguida aos poucos por oficiais *in situ* que viam como eram grandes os lucros — que encabeçou a mudança. Mais tarde, a reforma senatorial de Sula, que inundou o Senado com novos integrantes indiferentes ao velho código dos *optimates* detentores de terras, concluiria o processo. Em 169, o Senado estava investigando os publicanos; antes do fim do século, estaria de mãos dadas com eles.

A relação entre os romanos e os (nominalmente independentes) governantes gregos ou macedônicos da Grécia e da Ásia passara a assemelhar-se à de um pai de família autoritário com seus filhos adolescentes irresponsáveis e briguentos. Porém as dimensões deste jogo eram rigidamente limitadas, e quando um jogador mais fraco passava dos limites — como fez a Liga Aqueia em 147/6, planejando um ataque a Esparta a despeito das advertências romanas — a retaliação era imediata e feroz. No mesmo ano da destruição de Cartago (146), a liga e seus aliados foram exterminados em Corinto; o comandante romano Lúcio Múmio, de modo semelhante, entregou a cidade para seus legionários saquearem e destruírem. Corinto ainda era uma ruína quando Cícero visitou o local, quase um século depois. Assim como Alexandre em Tebas, os romanos pretendiam que o tratamento dado a Corinto servisse de advertência; mas, como no caso de Alexandre, o que isto gerou acima de tudo — como deixou muito claro a participação grega na revolta mitridática de 88 (ver p. 146-147) — foi um violento ódio e ressentimento. Não é surpresa que os cultos escatológicos agora começassem a apregoar tormentos terríveis na outra vida para os que nesta oprimiam os escolhidos.

Isto não significa que a vida, assim como as transações políticas, não tenha prosseguido quase normalmente nos dois reinos helenísticos sobreviventes. Tratados, alianças, guerras locais, casamentos dinásticos, procedimentos burocráticos, beneficiamentos e ostentações públicas, decretos honoríficos — tudo isso continuou com a mesma força de sempre. As pessoas comuns, absortas em suas atividades cotidianas, tinham pouco tempo (e muito menos interesse) para pensar nas erupções da história, que eles costumavam ver no melhor dos casos como um incômodo persistente, e no mais das vezes uma pura calamidade. O Senado romano tornara-se apenas um novo jogador nas relações entre os estados gregos — embora fosse um jogador poderoso e imprevisível que podia mudar as regras do jogo sempre que bem entendesse. Porém, com um poder cada vez maior, a propensão romana para requisições, confiscos e, onde fosse necessário, destruição de cidades e venda em massa de seus habitantes como escravos — principalmente para garantir que as finanças da campanha não entrassem no vermelho — tornou-se cada vez mais visível.

Estas preocupações, na maior parte, eram limitadas à sua própria esfera imediata de interesses. Ironicamente, a indiferença dos romanos pelas províncias selêucidas do leste os levou a ignorar, ou pelo menos subestimar, o crescimento estável de uma nação cada vez mais poderosa que não só se revelaria o nêmesis da dinastia selêucida, como também, a longo prazo, representaria um sério desafio para os próprios romanos: a Pártia. Foi em parte para lidar com a ameaça dos partos que Antíoco IV (após suprimir, em estilo romano, uma insurreição de judeus) partiu para o leste. Ele não chegou além da Média, onde adoeceu e morreu, embora não antes de rescindir sua política linha-dura em relação aos judeus e restituir-lhes a liberdade de culto. Deixou um filho menor de idade, Antíoco V, e um regente: o tipo exato de regime fraco que Roma preferia. É provavelmente por isto que, quando Demétrio, o filho de Seleuco IV na época refém em Roma — belo, vigoroso, inteligente, e segundo alguns o herdeiro legítimo do trono sírio —, apresentou-se como possível sucessor diante do Senado, foi rejeitado de imediato.

O retorno dele, objetou-se, significaria uma guerra civil. Demétrio, nem um pouco desencorajado, organizou sua fuga — com a conivência de Políbio[4] e muito provavelmente de seus poderosos patronos cipiônicos — e foi direto para Antioquia. Foi recebido com uma aclamação delirante, o apoio ao jovem Antíoco e seu regente, Lísia, evaporou, e Demétrio tornou-se rei. Lísias, Antíoco e seus apoiadores foram executados. O Senado enviou Tibério Graco para investigar. Demétrio o cativou, agiu como o príncipe-cliente ideal. Tibério apresentou um relatório favorável. O Senado reconheceu Demétrio — condicionalmente, com a costumeira ressalva sobre conduta satisfatória. Ele também foi advertido a não mexer com os judeus (Roma em 161 fizera um tratado com Judas Macabeu). Esta advertência (tendo estudado bem a política externa romana durante seus anos como refém) ele ignorou. Demétrio esmagou a rebelião, em que o próprio Judas morreu. Roma, como ele havia previsto, não tomou nenhuma atitude para puni-lo.

Porém os romanos jamais confiaram em Demétrio e, quando ele mostrou indícios de querer restaurar o poder selêucida, deram seu apoio a um suposto filho bastardo de Antíoco IV — certo Alexandre Balas, quase certo de ser um impostor — promovido, para causar aborrecimentos, por Pérgamo e pelo Egito. Balas foi à Síria, em 151/0 derrotou e matou Demétrio (cujos hábitos solitários e cujo reinado autocrático haviam destruído sua popularidade inicial), e tornou-se rei. Esta usurpação deu início a um período de instabilidade dinástica crônica e rampante: o segundo grande fator (depois da Pártia) responsável pelo colapso final do regime selêucida. O resto do século presenciou uma sucessão de governantes transitórios (incluindo um, Demétrio II — que teve as duas metades de seu reinado separadas por uma década de cativeiro na Pártia — e um segundo impostor, Alexandre Zabinas). Quando não estavam enfrentando os possíveis usurpadores, os aspirantes da família atacavam uns aos outros. Conforme seus territórios diminuíam, seus títulos ficavam mais grandiloquentes e seus consortes reais, mais ambiciosos e menos escrupulosos (a mais notável foi Cleópatra Teia, filha de Ptolomeu VI e esposa de Balas, Demétrio II e Antíoco VII consecutivamente). "Decadência" não é um termo popular hoje em dia ao discutir a história helenística, mas se podemos sequer dizer que alguma dinastia já mostrou sintomas de decadência, os selêucidas e ptolomeus de cerca de 150 em diante são fortes candidatos.

Pode parecer, à primeira vista, que os ptolomeus estavam numa posição ainda mais perigosa que a de seus rivais. Antíoco IV tinha deixado muito claro que as tão alardeadas defesas naturais do Egito podiam ser rompidas rapidamente por um ataque bem planejado pela Síria. A insólita tríade reinante de Ptolomeu VI Filométor, sua irmã-esposa Cleópatra II, e seu irmão mais novo, o futuro Ptolomeu VIII, não era bem um modelo de harmonia familiar ou de unidade de propósito. O pai deles talvez tivesse estancado temporariamente a grande insurgência nacionalista no Alto Egito, mas os sacerdotes nativos, os felás ou *fellahin*, e acima de tudo a infantaria egípcia treinada, os *machimoi*, haviam sentido o gosto do sangue e alcançado um grau de êxito considerável: eles não ficariam em silêncio por muito tempo.

No entanto, contra estes fatores pesavam outras considerações ainda mais fortes. O tratamento dado a Antíoco por Popílio Lenate havia mostrado que Roma não toleraria uma tomada do Egito pelos selêucidas. Mais crucial ainda era a riqueza fabulosa que os ptolomeus controlavam. Os

Problemas dinásticos, conquistas artísticas e científicas

selêucidas nunca tinham conseguido equiparar-se a eles neste aspecto, e seus recursos agora estavam sendo escoados, além disso, pelas reparações que eles eram obrigados a pagar a Roma. Mesmo uma falta de prata nativa e consequentemente uma moeda desvalorizada não fazia diferença na capacidade dos ptolomeus de contratar todos os mercenários de que precisavam, por preços preferenciais. Como resultado, eles tinham condições de vencer pelo cansaço qualquer rebelião que não conseguissem erradicar em curto prazo com uma força esmagadora. A única necessidade essencial da dinastia era manter o controle do exército, do tesouro e da burocracia firmemente dentro da família. Daí a política do incesto fraterno. No entanto, exatamente quais membros da família detinham as rédeas do poder era às vezes algo muito contestado.

Após o Dia de Elêusis, os irmãos ptolomaicos, Físcon ("o Barrigudo") e Filométor, reconciliaram-se temporariamente. Mas em 164, Físcon, um intriguista consumado, conseguiu expulsar Filométor de Alexandria. Foi para Roma, se fez de coitado e esperou comiseração. Os romanos, impassíveis, apenas optaram pela reconciliação (163). Seus delegados chegaram a um plano de partilha: Filométor voltou como rei; Físcon, como herdeiro necessário, recebeu a Cirenaica. Esse, reclamando que a partilha lhe havia sido imposta, convenceu o Senado a endossar — embora, é claro, não a implementar — sua reivindicação do Chipre. Quando sua tentativa de conquistar a ilha fracassou, o Senado simplesmente cancelou sua aliança com Filométor e mandou os embaixadores dele de volta para casa (161).

Após vários anos de maquinações de Físcon, Filométor mandou que o assassinassem (156/5). A tentativa falhou. Físcon então (155) proclamou que, se morresse sem filhos, legaria a Cirenaica para Roma: uma aceitação derrotista, porém realista, dos bárbaros do oeste como herdeiros do mundo helenístico. Talvez em consequência disso, ele agora recebeu um apoio simbólico (cinco navios, conselheiros, o direito de recrutar tropas gregas a suas próprias custas) do Senado. A segunda tentativa de Físcon de capturar o Chipre foi um fiasco ainda maior que a primeira, e ele próprio foi capturado por Filométor. Sabiamente abrindo mão da vingança, Filométor apenas o enviou de volta a Cirene e lhe ofereceu sua filha Cleópatra Teia em casamento. Físcon recusou prontamente esta oferta — ele não tinha nada contra o incesto em si, mas a esta altura não estava disposto a correr o risco de invalidar as condições de sua legação para Roma. Filômetro então instaurou seu próprio filho como governador do Chipre.

Até a morte de Filométor em 145 — previsivelmente, numa campanha na Cele-Síria —, Físcon ficou preso num impasse, e o próprio Filométor — em parte cobrindo de presentes generosos aqueles cuja boa vontade ele procurava (ele construiu uma biblioteca para Atenas) e em parte reconquistando o apoio de Roma por manter a separação — consolidou sua autoridade. Mas quando ele morreu Físcon recuperou o tempo perdido. Cleópatra proclamou como rei Ptolomeu VII, seu filho adolescente com Filométor. Físcon pagou à população para que se rebelasse pelo seu retorno. O apoio a Cleópatra diminuiu. Uma anistia foi declarada. Físcon voltou, casou-se com a irmã e esposa de seu irmão, e (seguindo o exemplo de seu antepassado Cerauno, p. 75) mandou assassinar o novo herdeiro durante a celebração do matrimônio. Agora não havia nenhum aspirante viável ao trono além do próprio Físcon. Ele devidamente tornou-se rei, como Ptolomeu VIII Evérgeta II, e se fez consagrar faraó em Mênfis (144), principalmente para conquistar o apoio da poderosa classe sacerdotal.

Os satiristas alexandrinos não perderam tempo, passando a chamar Evérgeta ("Benfeitor") de Kakérgeta ("Malfeitor"), e com bons motivos. Assim como Hitler, Físcon revelou uma forte aversão a judeus e intelectuais não confiáveis: seus expurgos da comunidade judaica, e de estudiosos e artistas alexandrinos em geral, por meio de execuções e exílios, foram tão vastos que a rica herança cultural da cidade foi praticamente extinta por todo um século. Filósofos, matemáticos, médicos, filólogos, os refugiados — mais uma vez, como os da Alemanha de Hitler — criaram o que certa testemunha[5] chamou de "renascimento cultural" nas cidades gregas fora do Egito. O motivo principal de Físcon talvez tenha sido a segurança (a guarda palaciana de Cleópatra tinha oficiais judeus, e seu principal apoio vinha da comunidade intelectual), porém o excesso de força empregado por ele surtiu efeitos desastrosos. Este Ptolomeu tinha um enorme apetite pelo poder e por todo tipo de satisfação sexual, uma indiferença a qualquer restrição moral, uma mistura alarmante de astúcia política e fantasia megalomaníaca, e riqueza suficiente para satisfazer todos os seus caprichos. Ele era a completa paródia daquilo que todos os Sucessores de Alexandre haviam sonhado em se tornar.

Tendo gerado um filho com Cleópatra (144), ele então, um ano depois, seduziu e desposou a filha dela com Filométor: outra Cleópatra e (para confundir ainda mais) irmã de Cleópatra Teia. Talvez para esclarecer esta bagunça incestuosa, a viúva de Filométor, Cleópatra (II), agora é mencionada em inscrições como "Cleópatra, a Irmã", e a sobrinha de Físcon, Cleópatra (III) como "Cleópatra, a Esposa". O que Cipião Emiliano achou do regime — ou pelo menos de seu líder titular — quando chegou encabeçando uma comissão romana em 140/39 pode ser depreendido de seu comportamento. Ao ser recebido por Físcon no cais, Cipião insistiu que o rei obeso o acompanhasse a pé, suando e se arrastando em sua vasta túnica de linho, pelas ruas de Alexandria até o palácio. Os membros da comissão tomaram nota da riqueza, fertilidade e mão de obra baratas abundantes no Egito. Com governantes dignos, relataram eles, uma potência muito grande podia ser criada ali. Um século depois, tanto Marco Antônio quanto Otaviano chegaram à mesma conclusão.

Após oito anos de arbitrariedades de Físcon, a inquieta população alexandrina (provavelmente com a conivência de Cleópatra, a Irmã) incendiou o palácio, e Físcon fugiu para o Chipre com Cleópatra, a Esposa, e seus filhos. Cleópatra II — num gesto imprudente, considerando o destino de seu filho com Filométor — convenceu a população a proclamar rei o seu filho com Físcon, agora aos 12 anos de idade. Físcon, cujos instintos paternos parecem ter sido condizentes com suas noções morais, sequestrou o menino, esquartejou-o e enviou os pedaços de volta para a mãe — no dia do seu aniversário, segundo os relatos. A população ficou furiosa, mas não pôde fazer nada. Em 130, Físcon estava de volta, agora instalado em Mênfis: conquistar o apreço dos sacerdotes havia valido a pena. Uma guerra civil estourou, e Físcon, assim como Antíoco antes dele, sitiou Alexandria.

Cleópatra II, cuja filha Cleópatra Teia, neste meio-tempo, casara-se com o selêucida Demétrio II, recorreu a seu genro em busca de ajuda. Demétrio tentou, mas foi derrotado na fronteira pelos mercenários de Físcon e recuou para a Síria, seguido logo após por Cleópatra II com o tesouro real (127). Na Síria, ele enfrentou a rebelião de um impostor, Zabinas, que Físcon deliberadamente fornecera aos rebeldes (129/8). Vencido, ele buscou refúgio junto a sua esposa Cleópatra Teia, com quem tinha um relacionamento instável. Ela não só bateu a porta na cara dele, mas também parece ter sido responsável por seu subsequente assassinato em Tiro (126/5). Agora, não deve ser surpresa o fato de que, já em 124 (e provavelmente muito antes), Cleópatra, a Irmã, havia levado o tesouro do Egito de volta a Alexandria e — não obstante o parricídio e o incesto — estava oficialmente reconciliada não só com seu marido-irmão barrigudo e sanguinário, mas também com Cleópatra, a Esposa.

Cleópatra Teia, enquanto isso, tomou seu filho de 16 anos, Antíoco Grifo ("Nariz de Gancho"), como corregente (125) e sucessor, com o título de Antíoco VIII Filométor. Físcon prontamente lhe forneceu uma noiva: Cleópatra Trifena, filha de Cleópatra III. Antíoco livrou-se do impostor de Físcon, Zabinas (que vivera mais do que tinha sido útil, mas mostrara sinais de popularidade), e continuou exercendo a devida cautela em relação a sua própria mãe, que antes promovera seu irmão mais velho Seleuco V ao reinado (126/5), apenas para matá-lo quando mostrou sinais de independência. Em 121/0, Cleópatra Teia decidiu que era hora de livrar-se de Antíoco VIII do mesmo modo. Em vez disso (assim como Dario III com o eunuco Bagoas), o filho forçou a mãe a beber o vinho envenenado que ela preparara para ele. Isto fez de Grifo o governante — pelo menos até 114 — do que outrora tinha sido o enorme Império Selêucida, agora drasticamente reduzido ao que restava dele na Síria.

O novo monarca entretinha-se escrevendo poemas sobre cobras venenosas, dentre as quais a mais letal, talvez se pensasse, era seu terrível sogro em Alexandria, onde a vida doméstica continuava nem um pouco pacífica. Em 118, no entanto, Físcon, agora com mais de 60 anos e ansiando por um pouco de paz, promulgou um minucioso decreto de anistia, cancelando dívidas de impostos, fazendo sólidas concessões aos sacerdotes do templo, abolindo diversas penas muito severas e condenando os abusos mais flagrantes nos cargos oficiais. É muito duvidoso o quanto disso tudo chegou de fato a ser implementado, embora fosse uma boa propaganda na época. De qualquer modo, menos de dois anos depois, em junho de 116, Físcon — mais corretamente Ptolomeu VIII Evérgeta II — morreu, "após treze anos de posse ininterrupta das coisas desejáveis pelas quais armara intrigas e assassinatos".[6] Os tesouros do Egito agora eram o motivo subjacente de uma escandalosa, e contínua, novela dinástica.

6 A espada sobre a pena: a solução final de Roma (116-30)

Como governantes coloniais, os romanos nem se preocupavam muito em fazer benfeitorias, nem demonstravam nenhum verdadeiro interesse pela democracia. Os cidadãos com quem eles lidavam mais de bom grado eram aqueles que, na sua visão, mais se assemelhavam a seus próprios *optimates*, a classe senatorial abastada, defensora da ordem e dos privilégios de classe. O resultado foi que muitas cidades, como Atenas, que havia muito tempo vinham apoiando Roma como aliada contra os detestáveis macedônios, agora começaram a olhar em volta, na esperança de achar um patrono mais complacente. A dura lição de Pidna, de que nada despertava a fúria de Roma mais que um desafio militar direto ao Império Romano, ou passara despercebida a eles, ou foi suplantada pela coragem do desespero e do ódio; o patrono, quando encontrado, obteve alguns êxitos impressionantes; porém o resultado final, inevitavelmente, foi levar Roma a absorver por completo a região com a qual no começo lidara com tanto cuidado, mantendo uma certa distância.

As cidades que se libertavam do controle dinástico (e isso acontecia num número cada vez maior) queriam apenas ser deixadas em paz para manter algum tipo de estabilidade social e permitir que seus habitantes levassem vidas razoavelmente imperturbadas. Se isso significava tornar-se um cliente entusiasmado de Roma, então que assim fosse. Enquanto isso, selêucidas e ptolomeus davam prosseguimento a suas rixas internas, suas intermináveis altercações e intrigas, que pareciam ficar mais sórdidas e mais intensas quanto menor era o prêmio imperial em jogo. No Egito, acima de tudo, a sensação ilusória de poder absoluto gerou uma atmosfera de irrealidade, em boa medida isolada do mundo externo. A esta sensação somava-se a aparente indiferença dos romanos, embora a verdade fosse que, para alguns, Roma tinha problemas muito mais urgentes a enfrentar do que as brigas de duas monarquias macedônicas moribundas: a invasão de tribos germânicas (cimbros, teutões), insurreições de escravos na Grécia e na Sicília, rebelião na Espanha, tumultos em Roma, uma pirataria cada vez maior e, a partir de 91, a deflagração da Guerra Social, anunciando — com o conflito entre Sula e Mário — os primeiros rasgos fatais no tecido da República.

★

Ptolomeu VIII (Físcon) havia, maliciosamente, deixado em testamento a sucessão para Cleópatra III (a Esposa) e qualquer de seus filhos que ela preferisse, muito ciente de que o favorito dela não era o mais velho e herdeiro presuntivo, Ptolomeu IX, conhecido como Látiro ("Grão-de-Bico"), mas sim o mais novo, Ptolomeu X Alexandre I. O Ptolomeu barrigudo também gerara em sua sobrinha complacente pelo menos três filhas — Cleópatra IV, Cleópatra Trifena e Cleópatra Selene — para servirem de esposas a seus irmãos. A tentativa da Esposa, após a morte de Físcon (116), de promover o jovem Alexandre gerou uma revolta, incentivada pela mãe dela, Cleópatra II, a Irmã. Látiro foi trazido de volta do posto de governador do Chipre, e Alexandre foi enviado para substituí-lo. A Esposa — agora livre da interferência da mãe, que morreu antes do fim do ano — obrigou Látiro a trocar sua tão amada irmã-esposa, Cleópatra IV, pela irmã dela, Selene, que era (equivocadamente) considerada mais maleável. Cleópatra IV então, após não conseguir se casar com Alexandre no Chipre, reuniu um exército e o levou para a Síria, onde devidamente agarrou como marido Antíoco IX Cizíceno, filho de Antíoco VII e Cleópatra Teia, que na época estava desafiando seu primo e meio-irmão, Antíoco VIII Grifo ("Nariz de Gancho"), pelo trono selêucida.

Grifo era, é claro (ver p. 141), casado com Trifena, irmã de Cleópatra IV, e isto deu mais um toque de violência ao conflito. Quando Grifo capturou Cleópatra IV (112), Trifena mandou deceparem as mãos da infeliz enquanto ela estava agarrada a um altar num santuário. Isto não impediu que a mãe dela, a Esposa, apoiasse Grifo. Quando Antíoco IX retaliou raptando Trifena (111), queimou-a viva como oferenda a sua irmã falecida. Isto também não impediu seu irmão Látiro, que amava sua ex-esposa, de apoiar Cizíceno. Em 108, Grifo já detinha a maior parte da Síria, com Cizíceno restrito a algumas cidades costeiras. Em 107 a Esposa rechaçou Látiro com acusações de tentativa de matricídio. Alexandre voltou e assumiu a coroa. Látiro capturou o Chipre. A Cirenaica estava em posse de Ptolomeu Ápion, um filho bastardo de Físcon. Em 103/2, a Esposa decidiu que também já estava farta de Alexandre, e ele fugiu de Alexandria. No entanto, ele logo (101) voltou — supostamente procurando uma reconciliação com a mãe — e fez o que ela temera que Látiro faria: ou seja, ele a assassinou.

Isto, somado a seu casamento com Cleópatra Berenice, filha de seu irmão Látiro e da irmã-esposa deste, Cleópatra IV, deixou Ptolomeu Alexandre I como monarca titular do Egito até 88, com Látiro no Chipre e Ptolomeu Ápion em Cirene. (Em 100, uma lei romana sobre pirataria dirigia-se a todos os três como monarcas legítimos em pleno exercício.) Quando Ápion morreu em 96, fez o que seu pai, Físcon, uma vez ameaçara fazer: legou a Cirenaica para Roma. Em 90, mais uma revolta irrompeu no Alto Egito, o que levou a inquietações na capital. Alexandre, expulso do palácio (88), vendeu o famoso caixão de ouro de seu homônimo para contratar mercenários e, assim como Ápion, deixou em testamento seu reino (do qual ele não mais estava no controle) para Roma, que aceitou ambos os legados, mas não teve nenhuma pressa de descontar os cheques.

Alexandre (agora quase tão obeso quanto seu pai) morreu no mar, numa vã tentativa de recuperar o Chipre, de onde os alexandrinos então chamaram Látiro de volta para retomar o reinado interrompido de forma tão brusca duas décadas antes, e lhe atribuíram a alcunha de Potino, ou "o que muito fez falta" (até que ponto isto era irônico, não temos como saber). Ele suprimiu a revolta tebana, tomou como corregente sua filha Cleópatra Berenice, trouxe o Chipre de volta à órbita alexandrina, celebrou um jubileu de trinta anos do Egito (datado a partir de sua ascensão original ao trono), e reinou incontestado até sua morte em 80. Também manteve uma neutralidade altamente diplomática ao lidar com aquele perigoso procônsul romano, Lúcio Cornélio Sula (ver p. 148): um rebelde proscrito em Roma, cujo futuro como ditador ainda era imprevisível.

No mesmo ano em que a Cirenaica foi legada para Roma (96), Antíoco Grifo foi assassinado por um de seus próprios generais. Deixou não menos que cinco filhos homens legítimos, uma garantia de caos na dinastia. Eles tinham que competir não apenas uns com os outros, mas com um rival ainda muito ativo, Antíoco IX Ciziceno. Cabeças rolaram rapidamente. O filho mais velho de Grifo, Seleuco VI, derrotou e matou Ciziceno (95). O filho de Ciziceno, Antíoco X Eusebes ("o Pio") expulsou Seleuco VI da Síria para a Cilícia, onde ele foi queimado vivo em seu palácio pela multidão furiosa. Eusebes ainda teve que competir com quatro dos filhos de Grifo, incluindo um par de gêmeos. Um dos gêmeos foi afogado no Orontes. Outro irmão foi capturado pelos partos. Isto deixou Filipe Epifanes em Antioquia e Antíoco XII Dionísio mantendo Damasco. Antíoco XII foi derrotado e morto pelos árabes. Antíoco X Eusebes deu cabo de Filipe, mas obteve poucos benefícios de sua vitória: entre 90 e 88, os árabes tiraram sua vida também. Em 83, os cidadãos de Antioquia, cansados desta série de fratricídios e da anarquia que ela gerava, ofereceram o trono a Tigranes da Armênia, que o aceitou. Certa obra moderna[1] faz um contra-ataque inflamado contra noções bem estabelecidas da decadência selêucida. Com sensatez, seus autores evitam levar a história — e seu argumento — além da morte de Antíoco VII.

Enquanto os ptolomeus e os selêucidas, entre secessões e revoltas disseminadas, prosseguiam com suas rivalidades internas autodestrutivas, as cidades gregas da Ásia Menor estavam tendo um gostinho dos métodos *laissez-faire* da iniciativa privada romana. Aquele regime atroz, e em grande parte descontrolado, de exploração e abuso de poder — o cúmulo da atitude dos Sucessores em relação aos "territórios vencidos à lança" —, havia engendrado um violento e furioso (embora aparentemente impotente) impulso popular de ressentimento, que já fora responsável por duas grandes revoltas de escravos na Sicília. Ninguém (nem mesmo os escravos rebeldes) era contra a escravidão em si, porém um número perigosamente grande de pessoas cultas, vítimas de guerras e pirataria, achava que elas tinham sido alocadas erroneamente à categoria servil. Era um momento propício para um salvador (um milagreiro local surgira brevemente na revolta de escravos de 132), e a seu devido tempo apareceu um cujos formidáveis talentos só se comparavam à sua mera improbabilidade.

Mitrídates VI Eupator Dionísio (citando seu futuro título completo), um monarca semi-helenizado, relacionado aos aquemênidas; era também rei de Ponto, na Anatólia, no litoral sudeste do mar Negro, e teve a distinção de ser o primeiro rei, desde Perseu da Macedônia, a representar um desafio direto para Roma. Ele modelava sua aparência na de Alexandre, e era um comandante de cavalaria tão enérgico quanto, embora fatalmente carecesse do talento de Alexandre para a estratégia. Em diversos aspectos, ele imitava hábitos dinásticos helenísticos. Mas diferente de outros dinastas helenísticos, ele era abstêmio, um lutador indomável, e tinha o dom carismático de arrebanhar seguidores. Como Alexandre, também, Mitrídates estava almejando construir um império: primeiro cruzando a Cólquida até a Crimeia, depois em sentido oeste, entrando na Bitínia.

Aqui ele teve uma primeira noção do estrago extorsivo que estava sendo causado em toda a Ásia Menor por empreendedores romanos, e imediatamente (tendo um notável talento para a propaganda política criativa) viu como podia se beneficiar do ressentimento que isto gerava. A partir de 103, usando a já bem testada mistura romana de diplomacia, agressão, casamentos consanguíneos e assassinato, ele estendeu seu poder à Bitínia, Capadócia, Paflagônia e Galácia. Roma, após se livrar da ameaça de uma invasão teutônica, percebeu isso. Em 99/8, Caio Mário, numa missão ao leste, advertiu a Mitrídates, sem rodeios, que ele ou fosse mais forte que os romanos ou obedecesse às suas ordens. O rei de Ponto escolheu a segunda alternativa, enquanto se preparava metodicamente para a primeira. Em 89, os monarcas marionetes de Roma na Capadócia e na Bitínia, que ele havia deposto, vieram reclamar do tratamento que recebiam de Mitrídates. O Senado ordenou que eles fossem restituídos, impôs uma indenização a Mitrídates e enviou um comissário, Mânio Aquílio — filho do brutal supressor da revolta de Aristônico (p. 134), um dado que não fora esquecido —, para fazer cumprir suas ordens. Os reis-clientes foram restaurados ao trono, mas Mitrídates recusou-se a pagar, ignorou o ultimato de Aquílio, e então expulsou o pobre rei da Capadócia pela terceira vez. Isto significava que ele e Roma estavam em guerra.

Mitrídates de fato tinha muitos pontos a seu favor: um grande exército e frota, um terreno protetor, aliados úteis, a preocupação romana com a Guerra Social, a vantagem da surpresa — ninguém esperava que outro principelho helenístico fosse desafiar as legiões — e, acima de tudo, o ódio a Roma fomentado em toda a Ásia Menor pelas depredações descontroladas dos publicanos e magnatas comerciais. Pintando os romanos como os novos bárbaros por excelência, Mitrídates conseguiu o apoio tanto dos gregos, para quem ele se apresentava como o helenista com a missão de livrar a Ásia de invasores materialistas, quanto dos asiáticos, que o viam como o descendente de reis aquemênidas como Ciro, o Grande, e Dario. Circularam presságios sobre seu nascimento, assim como oráculos inflamatórios prevendo uma severa retaliação contra Roma por toda a sua exploração fiscal e comercial. Quando seus exércitos se espalharam pela Anatólia até o Egeu (89/88), desde o começo carregaram tudo o que viam pela frente. Segundo os relatos, Aquílio, capturado em Mitilene, foi executado com ouro fundido derramado em sua garganta.

A mensagem era inequívoca, e foi reforçada por um acontecimento que surtiu impacto em todo o Mediterrâneo. Em algum momento do verão de 88, Mitrídates enviou ordens secretas para todas as cidades na província da Ásia, convocando um massacre coordenado, na mesma noite, de todos os romanos e itálicos — homens, mulheres e crianças — residentes ali. Diz-se que pereceram não menos que 80 mil publicanos, agiotas e outros empreendedores, junto com suas famílias. À eficácia e sigilo deste *pogrom* só se compara o entusiasmo unânime — e frequente selvageria — com que foi realizado. Se, como muitos já sugeriram, Mitrídates estava tentando vincular os gregos asiáticos a ele numa espécie de culpa coletiva, achou colaboradores mais que dispostos. Isto é ainda mais notável porque os envolvidos comprometeram-se com uma guerra até a morte contra a maior potência militar ocidental existente na época, e com a perspectiva de punições mortais, no caso muito provável de uma derrota. Para estes rebeldes desesperados, estes riscos claramente não eram tão medonhos se comparados com os sofrimentos já infligidos sobre eles.

O enorme apoio a Mitrídates durante os dois primeiros anos (muito bem-sucedidos) desta campanha que é realmente significativo. O indício mais marcante disto é o fato de que, quando ele avançou para a Grécia continental, Atenas aderiu a ele. Agora já fazia muito tempo que a cidade vinha sendo governada por um grupo misto de oligarcas, selecionados tanto entre a aristocracia quanto entre o mundo comercial. O motivo original da hostilidade arraigada contra a Macedônia fora perdido após a batalha de Pidna; o que restava era um ambição comercial e um elitismo social, com base na inabalável subserviência a Roma. Quando democratas atenienses frustrados demonstraram simpatia por Mitrídates, seus líderes fecharam os ginásios, proibiram assembleias públicas, e suspenderam as aulas na universidade. O resultado foi um golpe de estado que expulsou os oligarcas, restaurou algum tipo de democracia e fez uma abordagem direta a Mitrídates, que ficou mais que contente em ter o Pireu à disposição para suas frotas. Teve início algo semelhante a um reinado de terror contra o velho regime (agora denunciado como uma "anarquia"). Os ricos fugiram em busca da proteção de Roma; alguns foram perseguidos e mortos. Atenas entrou em um de seus recorrentes surtos de histeria política.

As expectativas de que Roma estaria preocupada demais com a Guerra Social para lidar com Mitrídates receberam um choque brutal na primavera de 87, com a chegada à Grécia de não menos que cinco legiões sob o comando daquele temível general, Lúcio Cornélio Sula. Ele seguiu direto para Atenas. Já famoso por ter marchado sobre Roma, e ali considerado um rebelde, Sula sabia bem que seu futuro dependia inteiramente de seus êxitos militares, e não estava disposto a ser conciliativo. A madeira que ainda restava na Ática (incluindo as árvores da Academia e do Liceu) foi derrubada em massa para a construção de máquinas de cerco. Comboios foram interceptados. Os atenienses famintos cozinharam couro para comer. Bolas de catapultas romanas atingiram alvos na Ágora. Em março de 86, as tropas de Sula escalaram as muralhas de Atenas e saquearam a cidade. No bairro Cerâmico [Kerameikos], notoriamente, correram rios de sangue. O grande porto do Pireu, incluindo seu arsenal, foi completamente incendiado. Líderes democráticos foram executados, seus apoiadores perderam a cidadania. Os oligarcas foram recolocados no poder, porém numa cidade destituída de todos os seus privilégios políticos. Obras de arte valiosas foram despachadas em massa para Roma. Sula saqueou o pouco que restava do tesouro. A insolvência de Atenas resultante disso foi tão grave que o governo foi obrigado a vender a ilha de Salamina. Nada podia obliterar o antigo prestígio da cidade; mas da grandeza ateniense não sobreviveu muito mais que isso. Aquele era de fato o fim de uma era.

★

Mesmo assim, Atenas no fim das contas continuou sendo durante séculos, apesar de todas as vicissitudes, o centro reconhecido da vida intelectual greco-romana e acima de tudo a base de todas as escolas filosóficas. Que impacto surtiram todos os abalos sísmicos de poder, as perturbações culturais e econômicas e as noções de exploração colonial como meio de vida estabelecido numa elite intelectual dividida entre a resistência velada e — num grau cada vez maior com o passar do tempo — a colaboração lucrativa com o regime em vigor? Até que ponto — conforme seus ideais esvaneciam com o estranhamento cada vez maior da democracia vigente na pólis, baseada no poder — estes pensadores e escritores, atenienses e outros, acostumaram-se a ter a última palavra apenas no debate filosófico, nos problemas matemáticos e na glorificação histórica de um passado perdido? O que os levou, de diversas maneiras, a divinizar governantes (ou, por extensão, a ver os deuses como governantes já divinizados), a sonhar com utopias no oceano Índico, a acreditar em astrologia e numa alma do mundo, a buscar ideais puramente negativos — *ausência* de dor, tristeza, sofrimento —, a pôr para escanteio o panteão divino em prol de uma dança aleatória de átomos, a aspirar a ser *cosmopolitae*, cidadãos de um vasto mundo que estava mudando radicalmente?

Paradoxalmente, foi a pólis em suas manifestações externas — teatros, ginásios, ofícios cívicos, o ciclo religioso do ano, cultos tradicionais, decretos honoríficos, intermináveis litígios e debates públicos — que sobreviveu em meio a todo o *Sturm und Drang* da política de poder helenística para dar aos gregos deste novo mundo uma noção nostálgica, apesar da perda da independência e do controle reais, de que as coisas não haviam mudado de fato, de que a estrutura fundamental de suas vidas permanecia a mesma. Em certo sentido, é claro, isto era verdade. A pólis sempre tinha sido, em essência, um fenômeno local — para não dizer paroquiano — e assim continuou sendo; o que ela perdera era o mundo de limites estreitos regido por ela. Uma das novidades não intencionais que Alexandre e os Sucessores tinham introduzido era o verdadeiro internacionalismo: as proporções da vida política tinham simplesmente sido dilatadas num grau até agora inconcebível, e os sistemas de comunicação — física, verbal, mental — necessários para estes horizontes mais vastos vieram logo em seguida. A difusão do grego ático como língua franca, o desenvolvimento do tráfego marítimo entre a Índia e o Ocidente com base nas monções, mesmo o conceito da *cosmopolités*: tudo surgiu naturalmente das conquistas de Alexandre.

A mudança de ênfase da vida pública para a privada que vimos manifestar-se de diversas maneiras ao longo deste estudo foi, do ponto de vista político, uma resignação formal da ambição pública no velho sentido de Péricles, um abandono das pretensões imperiais. Isso não foi fácil de aceitar, e as panaceias filosóficas produzidas durante o período helenístico tendem a confirmar o que Hesíodo aprendera a duras penas no século VIII: que aqueles que carecem de força superior precisam convencer a si mesmos — e talvez estejam certos pelo menos o suficiente para manter viva esta crença — de que a pena é de fato mais forte que a espada. Mesmo assim, num grau notável, todos os credos helenísticos, do estoicismo à contracultura dos cínicos, estavam de acordo que, como escreveu Xenócrates (diretor da Academia de 339-314), no período imediatamente após a Queroneia e o colapso do Império Aquemênida, "[o] motivo para descobrir a filosofia é aliviar aquilo que causa perturbação na vida".[2] As plenas implicações desta atitude nem sempre são reconhecidas. O que tais afirmações — e elas acabaram sendo um lugar-comum — implicam é uma espécie de tsunami intelectual, um desastre universal do qual a filosofia deve tentar salvar o que puder, e para cujos sobreviventes ela busca proporcionar algum tipo de conforto improvisado.

Como sempre, as testemunhas articuladas deste fenômeno são da elite instruída, e geralmente endinheirada, e são as reações dela que sobreviveram. Mesmo os cínicos, com sua pobreza ostensiva, sua rejeição da pólis com todas as suas restrições sociais e convenções cívicas (incluindo propriedade, capital e o sistema de classes), eram em sua maioria intelectuais de classe alta fantasiando-se de mendigos itinerantes, ainda numa dependência parasitária da sociedade que eles passavam o tempo todo injuriando. As massas invisíveis, tanto rurais quanto urbanas, labutavam sem ser vistas nem ouvidas, exceto quando (como acontecia com uma frequência cada vez maior, principalmente nas cidades superpovoadas) elas se revoltavam. Os registros que temos, embora limitados a uma minoria intelectual, ainda falam com alguma eloquência sobre os dilemas enfrentados por um homem pensante num mundo onde, não mais senhor de seu destino, ele tinha que se contentar em ser, de um jeito ou de outro, capitão de sua alma.

Sendo assim, não é surpresa que, de longe, o ramo mais popular da filosofia em todo o período helenístico tenha sido a ética. As diretrizes morais tornaram-se cruciais, e podiam muito facilmente ser mascaradas como conselhos para governantes (uma forma literária cada vez mais popular): se não mais era possível controlar um autocrata por força maior, pelo menos havia uma chance de fazê-lo concordar pelo uso da razão. E os governantes em si não eram de modo algum avessos a adquirir prestígio cultural através da presença, em sua corte, de poetas e filósofos distintos. Aqueles cujo objetivo principal era a *ataraxia*, a ausência de perturbação, não tendiam a perturbar seus patronos. E de fato, mesmo antes de Aristóteles, um tratado como a *Rhetorica ad Alexandrum* (geralmente atribuído a Anaximandro de Lâmpsaco) já está promovendo com entusiasmo a oligarquia de livre iniciativa e atacando qualquer tipo de radicalismo democrático.

Quando os Sucessores declararam-se reis, portanto, não houve falta de intelectuais ansiosos para lhes fornecer uma base teórica para seu reinado. Na verdade, durante os séculos que vieram em seguida, a hierarquia de classes endureceu, o abismo entre ricos e pobres ficou mais largo, a indiferença aos escravos e à miséria aumentou. Num grau considerável, esta atitude foi apoiada e incentivada pelos princípios do estoicismo, que promovia um universo geocêntrico, uma perfeita harmonia cosmológica de movimento (*sympatheia*) entre os corpos celestes e este mundo, uma crença no Design Inteligente teleológico com Zeus como primeiro motor, e a capacidade de qualquer homem de planejar sua vida tanto de acordo com a vontade divina quanto com a natureza. Tudo que acontecia estava predestinado a acontecer. A natureza estava providencialmente bem-disposta para com a humanidade: assim, o que quer que acontecesse tinha que ser o certo. A astrologia foi justificada. Esta ordem fixa das coisas poderia ter sido criada para reforçar a eterna ratificação de uma classe governante. Posidônio equiparou Roma ao microcosmo cósmico. O estoicismo tornou-se o baluarte intelectual do império.

Era talvez inevitável, portanto, que o estoicismo, antes do fim da República, tivesse desenvolvido um credo moral flexível que permitisse que comerciantes e governadores provincianos conservassem princípios elevados e ainda assim tivessem carreiras extremamente lucrativas. Um exemplo clássico é Marco Bruto, o assassino de Júlio César, cuja célebre pureza moral não impedia que ele cobrasse 48% de juros anuais sobre empréstimos. Esse persistente desprezo da classe alta, no mundo antigo, por tudo o que fosse "banáusico" (p. 87) deve ter incentivado esta duplicidade de parâmetros no pensamento. Para aqueles, por outro lado, sem ambições políticas, o impulso de se retirar inteiramente da vida pública deve ter sido forte, e ainda mais forte conforme o controle de Roma sobre o mundo grego tornava-se absoluto. Daí então a popularidade do epicurismo, a coisa mais próxima de uma comuna moderna, mesmo de uma espécie de monasticismo secular, que o período tem a oferecer. Ele também possuía muitas das características de um culto sectário, incluindo veneração ao líder, dogma ideológico e o apoio financeiro regular dos fiéis.

Adotada por indivíduos progressistas, esta doutrina era — por todos os mesmos motivos — anátema para os tradicionalistas de mentalidade cívica. O epicurismo punha os deuses de lado, num bem-aventurado Elísio irrelevante para este mundo. Afirmava o prazer como princípio central da vida; e embora — caracteristicamente para um credo helenístico — equiparasse o prazer à ausência de dor, nada poderia ter sido mais bem calculado para provocar as diatribes estridentes de moralistas puritanos. E pior de tudo, do ponto de vista deles, o epicurismo questionava a reconfortante visão teleológica do universo adotada pelos estoicos, afirmando que a criação era uma dança aleatória de átomos, e negando qualquer tipo de vida após a morte. Sendo assim, boa parte do discurso epicurista (a julgar por Lucrécio) dedicava-se a reconciliar o fiel com esta vida como uma chance única, cujo término era a morte. Aqui há paralelos interessantes com o existencialismo moderno.

Isso tudo soa um pouco lúgubre. No entanto, a vida comunitária primeiro desenvolvida em Atenas pelo próprio Epicuro (341-270 a.C.), e vastamente praticada depois dele, encontrou um fluxo constante de adeptos dedicados. Era uma doutrina igualitária, aceitando todas as classes, incluindo mulheres e escravos, sem distinção: os pobres eram sustentados pelas subscrições dos ricos. Isto chegava mais perto do que qualquer outra coisa da sociedade alternativa buscada por líderes de escravos como Espártaco, e em parte explica sua forte atração. O objetivo intelectual do epicurismo era alcançar a verdadeira paz de espírito, mas neste ponto (como tantos credos) ele fracassava por simplesmente desconstruir com argumentos ou negar dogmaticamente qualquer coisa que interferisse, dos mitos religiosos ao Destino (*Tyche*). Era uma doutrina antissocial, antiprovidencial, antiescatológica e, em última instância (apesar de seu atomismo), anti-intelectual. Se ela oferecia, em grau limitado, o perene ideal de lazer abastado das classes altas gregas (os escravos faziam todo o trabalho comunitário), ainda era — nisto como o cinismo — no fim das contas dependente, em termos de segurança e bem-estar cívico, da sociedade da qual havia se retirado. Sendo assim, na sua essência, a filosofia helenística tendia a ser ou politicamente colaborativa, ou economicamente irreal. Como comentário sobre o legado alexandrino de exploração justificada, isto tem toda uma perversa lógica própria.

★

Após as vitórias de Sula, Mitrídates recuou para Ponto. Seu prestígio fora abalado, mas ele ainda não estava derrotado de modo algum. Seus aliados gregos, principalmente Atenas, não tiveram tanta sorte. À parte a destruição sistemática praticada pelas legiões, as cidades gregas da Ásia estavam em boa medida insolventes. Tiveram que pegar dinheiro emprestado para pagar a indenização de 20 mil talentos a Sula, mas as taxas de juros sobre os empréstimos eram tão extorsivas que, dez anos depois, embora o dobro da dívida já tivesse sido pago, o total pendente ainda era de seis vezes o valor original. O pogrom do ano 88 claramente não mudara os hábitos dos agiotas romanos. Além das outras represálias, as legiões aboletaram-se nas cidades (85/4). O grosso da população da Macedônia, da Grécia continental e da Ásia Menor agora tornou-se tributário. O imperialismo romano numa região especialmente lucrativa tinha sido seriamente questionado por Mitrídates. Os interesses comerciais e oficiais agora aliavam-se para garantir que tal questionamento jamais voltasse a acontecer. Neste processo, Roma tornou-se firmemente comprometida com a absorção permanente do leste da Grécia.

Os cinquenta anos (80 – 30 a.C.) que viram a dominação política final de Roma sobre o mundo helenístico também presenciaram os estertores convulsivos da República Romana, e sua substituição por um autocrata imperial que se professava benevolente: Otávio, o herdeiro adotado de César, que assumiu o título de Augusto. Neste aspecto, como em tantos outros, o novo governante ecoava as lições políticas do mundo pós-alexandrino que agora fazia parte de seu império. Augusto também aprendera com as omissões de seus predecessores. Espantava-se com a indiferença de Alexandre, que deixara de organizar o império conquistado por ele: esse foi um erro que ele próprio jamais cometeu. O que brotou, paradoxalmente, das prolongadas guerras civis em que Otaviano obteve a vitória final foi um reino em estilo helenístico, porém maior, mais bem administrado e, em última instância, menos explorador. Seu centro era o Tibre, não o Nilo, e isso deixava contentes os tradicionalistas romanos; mas tirando isso, havia pouco na *Pax Augusta* — e ainda menos no pão e circo — que teria surpreendido Ptolomeu Filadelfo ou Antíoco, o Grande.

As insurreições internas e os envolvimentos ultramarinos de Roma durante esta tensa metade de século afetaram inevitavelmente o mundo grego. Ditador a partir de 81 (após uma sangrenta guerra civil e proscrições ainda mais sangrentas), e de posse do testamento de Ptolomeu X legando seu reino a Roma, Sula engrossou a confusão em Alexandria, dando uma de coroador de reis. Com a morte de Látiro em 81/0, enviou o filho de Ptolomeu X como sucessor. Exigiu que o jovem (Ptolomeu XI) se casasse com a filha de Látiro, Cleópatra Berenice, sua madrasta ou, possivelmente, sua mãe. Após a lua de mel, ele a assassinou e foi devidamente linchado pela população alexandrina. Sula (numa atitude tipicamente romana) não tomou mais nenhuma providência para implementar o testamento, lavando suas mãos e furtando-se à questão toda. A sucessão foi para um filho ilegítimo de Látiro, um jovem esbanjador e debochado, conhecido diversamente como o Bastardo ou como o Flautista (só os historiadores modernos o chamam de Ptolomeu XII), cujo feito mais notório foi gerar, em 69, com sua irmã-esposa, Cleópatra V Trifena, uma filha que depois seria a mais famosa de todas as Cleópatras.

Em 76, Quinto Sertório — rebelde e traidor ou legítimo procônsul anti-Sula, dependendo de que lado se estivesse — enquanto fazia uma bem-sucedida campanha na Espanha contra Pompeu ratificou um tratado com Mitrídates. (Ninguém deixou de perceber a ironia de que este republicano obstinado tenha sido forçado a assumir exatamente a mesma posição que seu arqui-inimigo Sula enfrentara na Ásia Menor.) Dois anos depois, Nicomedes IV, rei da Bitínia, morreu e (seguindo uma tradição que agora era moda) deixou seu reino para Roma. Mitrídates, com o incentivo de Sertório e ainda muito resoluto a conquistar a Bitínia para si mesmo, declarou guerra a Roma pela segunda vez, ainda não tendo aprendido a lição de que nenhum exército que ele pudesse colocar em campo seria páreo para as legiões. Apesar de alguns êxitos navais, o velho leão de Ponto foi derrotado, primeiro por Lúculo, estrategista e epicurista, numa esporádica campanha de cinco anos e depois (quando Lúculo foi sabotado por inimigos políticos em Roma) de 66 a 63 por Pompeu. Pompeu disse que Lúculo era um Xerxes de toga. Lúculo retrucou que Pompeu era um abutre, fartando-se de carniça que outros haviam matado. Mitrídates, diante da perspectiva de ser extraditado para Roma, e imune a veneno, mandou que um oficial gálata o apunhalasse.

Pompeu chegou a esta tarefa específica com uma alta reputação, tendo empreendido, no ano 67, uma campanha notavelmente rápida e bem-sucedida contra os piratas do Mediterrâneo. Desde a metade do século II, e em especial desde a abertura da província da Ásia, a pirataria vinha, cada vez mais, saindo de controle. O segredo do enorme e crescente sucesso dos corsários era, é claro, o tráfico de escravos. O resultado disso era que os piratas recebiam o apoio explícito de comerciantes e empreendedores, e o incentivo velado de uma série de governos, inclusive o de Roma (cf. p. 111). Porém a mera acumulação irrefreada de riquezas transformou esta vaca leiteira num monstro. Os piratas aleijaram o comércio legítimo em todo o Mediterrâneo. Atravancaram o fornecimento de grãos. Saqueavam áreas costeiras e sequestravam indivíduos endinheirados (incluindo o jovem Júlio César), pedindo resgate. E, o que era ainda mais alarmante, começaram a dar indícios de ambição política, convencidos de que "unindo-se, seriam invencíveis".[3] Possuíam mais de mil navios de guerra. Eram ferozmente hostis à autoridade romana. Não é grande surpresa que, em 74, um *imperium infinitum*, um comando sem limites, tenha sido instaurado para lidar com eles. Um ano depois, irrompeu a grande revolta de escravos liderada por Espártaco. A noção de uma sociedade alternativa estava muito no ar. Nem é preciso dizer que os piratas e Mitrídates apoiavam-se plenamente.

Esta crise perigosamente subversiva exigia medidas especiais, e elas foram tomadas. Pela *Lex Gabinia* de 67, Pompeu obteve um comando especial de três anos para acabar com aquela bagunça. Apesar de uma violenta oposição senatorial, ele finalmente teve à sua disposição 24 legados, quinhentos navios, e 125 mil tropas. Dividindo o Mediterrâneo em 13 subcomandos separados, eliminou os redutos dos piratas de leste a oeste, começando pela Sicília, a Sardenha e o norte da África, pois garantir o fornecimento de grãos para Roma era uma grande prioridade. O serviço foi concluído em três meses, e não três anos. Foi sem dúvida uma ação eficiente, porém é inevitável suspeitar que tenha havido um acordo. Piratas eram normalmente executados na hora, e esses piratas tinham raptado oficiais romanos de alto escalão, abrigado escravos fugidos e lutado ao lado de Mitrídates. No entanto, receberam uma anistia coletiva e foram mesmo reabilitados, sendo reinstalados em cidades Cilicianas e incentivados a tornarem-se fazendeiros.

Esta brandura não foi uma medida bem aceita pelos cidadãos abastados, e os métodos de Pompeu formam um interessante contraste com os de Crasso, que ao finalmente (71) derrotar Espártaco — após vários anos de difíceis batalhas — crucificou 6 mil escravos rebeldes ao longo da Via Ápia entre Cápua e Roma, como lição e advertência. Não houve outras grandes revoltas de escravos, mas a pirataria (embora jamais tenha sido erradicada por completo) deixou de ser um grande problema também. A conclusão — de que a mão de ferro ou a luva de veludo faziam pouca diferença no resultado — é deprimente, mas provavelmente inevitável.

Sob o mandato que lhe dera o comando contra Mitrídates e Tigranes da Armênia (ambos já enfraquecidos por Lúculo, a ponto de não poder se recuperar de fato), Pompeu foi também autorizado, após sua vitória, a realizar um assentamento geral do Oriente. Isto significava, na prática, livrar-se do velho Império Selêucida. Ao chegar à Síria (64), ele deparou-se com um fantasma do passado. Em 69, quando Lúculo expulsou Tigranes, os cidadãos de Antioquia — monarquistas até o fim — haviam aclamado Antíoco XIII Asiático, filho de Antíoco X, como seu soberano legítimo. Lúculo aprovou, e Asiático foi coroado rei. Pompeu, cheio de desprezo, insistiu que ele abdicasse, e Asiático voltou para seu patrono árabe, que (com igual desprezo) o assassinou. Assim morreu o último pretendente obscuro ao império outrora grande de Selêuco Nicator. Pompeu criou três novas províncias: a Síria, a Cilícia e a Bitínia/Ponto. Além delas jazia um círculo externo de reinos-clientes, incluindo a Galácia, a Capadócia, a Comagena e a Judeia. Das dinastias helenísticas originais, agora só restava o Egito ptolomaico.

★

As maquinações dos últimos ptolomeus para manter uma precária soberania diante da interferência romana jamais perderam de vista o fato de que um governante legítimo, Ptolomeu X, formalmente legara seu reino em testamento para Roma. Era portanto essencial convencer o Senado de que Roma estaria melhor com um regime ptolomaico fraco, porém independente, do que com uma nova província. Seu melhor argumento psicológico (como episódios posteriores deixaram claro) era que o Egito, com sua riqueza e suas defesas naturais, oferecia um trampolim tentador demais para qualquer procônsul romano que buscasse o poder supremo. Sendo assim, quando em 65 o ambicioso milionário Crasso se propôs a implementar o testamento e assumir o Egito, a sugestão foi vetada imediatamente.

Mas a existência desse testamento também ditou a velocidade com que os alexandrinos tinham levado ao trono o Flautista, filho de Látiro com uma concubina, fazendo-o coroar faraó pelos sacerdotes egípcios em Mênfis. Isto também explica por que, ao mesmo tempo, eles abriram um novo precedente, proclamando o seu irmão rei de um Chipre independente: sentia-se que Roma iria achar tranquilizadora esta divisão de autoridade. Os intermináveis subornos de oficiais romanos (cujos valores os próprios oficiais elevaram até alturas vertiginosas) eram uma consequência natural desta política. O que o Flautista queria era o reconhecimento oficial de Roma, e isso acabou saindo caro. O testamento sempre podia ser usado como meio de extorquir do tesouro alexandrino um dinheiro a mais em troca de proteção. Surpreendentemente, este arranjo dúbio manteve a situação relativamente estável por alguns anos, até que, com a intervenção de Crasso, o valioso prêmio do Egito tornou-se o pomo da discórdia entre os rivais romanos que aspiravam à liderança.

Enquanto o Flautista dilapidava as finanças de seu reino para pagar enormes somas a Pompeu (que não fez nada em troca, não sendo ingênuo de arruinar sua reputação em Roma intervindo no Egito naquele momento), os políticos travavam a disputa nas tribunas e no Senado. Um projeto de lei para facilitar a venda de terras públicas nas províncias foi alimentado pela esperança de incluir o Egito sob o legado de Ptolomeu X. Cícero e seus apoiadores viam, como os alexandrinos tinham visto, o risco iminente de que algum aristocrata ambicioso tomasse o Egito como base de poder para dali atacar, e talvez destruir, a República. Esta tática do terror funcionou, e o projeto foi retirado. Mas César, Crasso e os *populares** estavam decididos a pôr as mãos no Egito, e no ano 60 a formação do primeiro triunvirato incitou o Flautista a tomar uma atitude desesperada. Ele ofereceu a César e Pompeu a grande soma de 6 mil talentos, em troca de ser reconhecido como o dinasta ptolomaico legítimo. Isto funcionou. Em 59, César, então cônsul, garantiu a confirmação de Ptolomeu pelo Senado e sua nomeação como Amigo e Aliado do Povo Romano (*Amicus et Sociis Populi Romani*).

O caro investimento do Flautista (consumiu sua receita de um ano inteiro) não lhe trouxe nenhum benefício imediato. Nenhuma menção fora feita ao Chipre no acordo, e os romanos fizeram uma alusão perfunctória ao testamento de Ptolomeu X, enviando Catão para anexar a ilha como parte da província da Cilícia. O irmão do Flautista cometeu suicídio. Os conselheiros alexandrinos de Ptolomeu, furiosos tanto com isto quanto com seus gastos exorbitantes e inúteis com propinas, forçaram-no a sair do trono (58). Já que Roma o reconhecera, para Roma ele foi. Só voltaria dali a três anos. Durante sua ausência, a esposa negligenciada do Flautista, Cleópatra V Trifena, e sua filha mais velha, Berenice (IV), assumiram o controle com mão de ferro. Trifena morreu em 57; Berenice, com ambições próprias e ciente de que Roma não gostava de mulheres governantes, procurou desesperada à sua volta um marido passável. Um homem que se alegava selêucida, apelidado, por seus modos tacanhos, de Cibiosates ("o Gavião de Peixe Salgado") mostrou-se tão repulsivo que, após uns poucos dias de intimidade conjugal, ela mandou estrangulá-lo. Então, tendo chegado ao fundo do poço, ela recorreu a um certo Arquelau, filho do general homônimo de Mitrídates.

Enquanto isso, seu detestado pai, como ela bem sabia, estava dificultando as coisas para ela em Roma. Certo possível marido selêucida já tinha sido impedido de entrar no Egito pelo homem do triunvirato na Síria, Aulo Gabínio. Ela e seus conselheiros agora enviaram uma grande delegação para pleitear seu caso diante do Senado. O Flautista contratou capangas para assassinar a maioria deles e intimidar os sobreviventes para que ficassem em silêncio. Os opositores à intervenção no Egito viram-se redu-

---

* Facção progressista do Senado romano, em oposição aos *optimates*, mais conservadores. (N. T.)

zidos ao recurso de forjar um oráculo. Isto, surpreendentemente, funcionou. O Flautista recuou para Éfeso, mas nem ele nem Pompeu tinham desistido. Assim como não tinham os banqueiros, sobretudo Rabírio Póstumo, que desembolsara vastas quantias em empréstimos para o Flautista, e agora precisava recuperar seu investimento para evitar a falência. Cartas forjadas circularam. O Flautista prometeu mais dinheiro. Durante seu exercício como cônsul (55), Pompeu chamou Aulo Gabínio para restaurar o rei legítimo ao trono dos ptolomeus, e pela primeira vez na história, legiões romanas entraram no Egito. Arquelau morreu na batalha. O primeiro ato do Flautista após a restauração foi executar Berenice, sua filha ambiciosa demais.

Tudo isto foi observado com grande interesse pela irmã mais nova de Berenice, a brilhante e ainda mais ambiciosa Cleópatra (VII), na época com 14 anos de idade. A tradição, inevitavelmente, diz que ela também foi notada — por Marco Antônio, o comandante da cavalaria de Gabínio —, mas se foi este o caso, naquele momento isso ainda não deu em nada: ambos tinham objetivos mais elevados em vista. Enquanto isso, o Flautista fora obrigado a aceitar Rabírio Póstumo como seu ministro das Finanças. A campanha de extorsão resultante desse ato gerou uma reação tão violenta do povo que Rabírio precisou ser retirado do país às escondidas. De volta a Roma, tanto ele quanto Gabínio foram levados a julgamento pela oposição por especulação ilegal. O Flautista, protegido por tropas germânicas e gaulesas, pôs em seu testamento uma cláusula que tornava Roma responsável pela manutenção de sua dinastia. Em 52, nomeou Cleópatra, agora com 17 anos (e que claramente usara um tanto de finesse para atravessar este campo minado durante sua adolescência), como sua corregente e sucessora, embora também casando-a, obrigatoriamente, com seu irmão mais novo Ptolomeu XIII, que mal chegara à puberdade. No começo de 51, ele morreu.

Cleópatra não perdeu tempo e logo assegurou sua independência. Em agosto, já tinha contestado as prioridades titulares masculinas, tirando o nome do irmão dos documentos públicos e estampando seu próprio retrato e nome — sem o dele — nas moedas ptolomaicas. Por mais de um ano, ela reinou sozinha. Mas então (no outono de 50, um ou dois meses antes de César cruzar o Rubicão) um conluio da corte, liderado pelo inevitável eunuco intrigista, um certo Potino, conseguiu restaurar Ptolomeu

XIII como líder da dinastia, com Cleópatra relegada ao segundo plano. No verão de 49 (quando César e Pompeu já estavam em rota de colisão na Grécia), Potino, com a ajuda de Teódoto, tutor de Ptolomeu, e um general meio-grego de nome Áquilas, forçara Cleópatra e sua irmã Arsínoe a fugirem de Alexandria, primeiro para a Tebaida, depois (48) para a Síria. A corte ptolomaica forneceu navios a Pompeu (ele tinha, afinal, sido hóspede e amigo do Flautista); Pompeu, em troca, ignorando a vontade do Flautista, reconheceu Ptolomeu XIII.

Então veio a vitória de César em Farsalos (junho de 48). Pompeu recuou para o Egito, confiante de que seria bem recebido como hóspede e amigo. O conluio lhe deu as devidas garantias e o assassinou logo na chegada, enquanto o menino-rei assistia em plenos trajes reais. A cabeça de Pompeu, conservada em salmoura, foi enviada para César, que verteu lágrimas, mas deve ter sentido alívio.[4] Dois dias depois, ele chegou a Alexandria com uma pequena força e precedido por seus lictores. Os oficiais da corte, cuja única meta era preservar a independência do Egito e manter-se fora da guerra civil de Roma, não acharam graça. Seguiram-se tumultos populares. Cleópatra, que recrutara tropas na Síria e estava confrontando a força de defesa de seu irmão na cidade fronteiriça de Pelúsio, mandou que seus soldados a entregassem para César, atravessando as linhas de batalha escondida em seu famoso tapete, e acabou indo parar na cama dele. O jovem Ptolomeu gritou que tinha sido traído. César fez discursos conciliatórios. Irmão e irmã foram proclamados governantes conjuntos outra vez. A ópera bufa da chamada Guerra Alexandrina estava prestes a começar.

Quer tenham sido as atrações do Egito ou a pessoa da rainha egípcia o que mais afetou seu julgamento, não pode haver dúvida de que César julgara muito mal a situação. Potino trouxe as tropas de volta de Pelúsio, e César, em inferioridade numérica, viu-se sitiado na área do porto e do palácio. Uma vez precisou escapar nadando para não ser capturado, abandonando seu manto púrpura de general. Parte do acervo da grande Biblioteca foi consumida num incêndio. Arsínoe fugiu do palácio e foi proclamada rainha pela turba. Por fim (março de 47), César foi resgatado por um exército sob o comando de Mitrídates de Pérgamo. As forças de Ptolomeu XIII foram derrotadas, o próprio menino-rei foi afogado no Nilo, Potino foi executado, e Arsínoe foi posta sob prisão domiciliar. Cleópatra, agora grávida de seis meses, foi levada num cruzeiro pelos pontos de interesse do Nilo. Para apaziguar a opinião pública, casou-se com seu irmão mais novo, Ptolomeu XIV. Seu filho com César, Cesário, nasceu em 23 de junho de 47.

Antes dessa data, César já tinha partido numa campanha furiosa. Aniquilou Fárnaces, filho de Mitrídates, em Zela (ocasião de seu célebre comentário "*Veni, vidi, vici*"), reorganizou as províncias orientais, suprimiu um motim do exército na Itália (setembro de 47), derrotou as forças republicanas em Tapso no norte da África dois meses depois, e celebrou quatro triunfos no outono de 46, época em que trouxe Cleópatra, Cesário e seu séquito para Roma, e os domiciliou em sua suntuosa casa do outro lado do Tibre. O luxo desta minicorte despertou a reprovação do público. A rainha se intitulava a Nova Ísis, e César mandou erguer uma estátua de ouro dela no templo de Vênus Genetrix. Cícero a achava tanto odiosa quanto arrogante. Rumores de deificação e da instauração de Alexandria como segunda capital estavam no ar: Marco Antônio depois pôde explorar estes precedentes. Quando César caiu sob as adagas dos assassinos nos Idos de Março de 44, não há dúvida de que seu relacionamento com Cleópatra contribuíra muito para acelerar sua morte.

Quando o testamento de César foi lido e Cesário não era mencionado nele, Cleópatra e seu séquito partiram imediatamente para Alexandria: a "serpente do velho Nilo", como diria Shakespeare, agora estava correndo um grande risco em Roma. Encontrou o Egito devastado por pragas, fome e agitação social, resultado de vários anos de inundações baixas e colheitas ruins. A turba alexandrina foi apaziguada com uma distribuição de grãos do armazém real: a rainha tinha outras coisas em mente. Sendo uma dinasta helenística até o âmago, mandou assassinarem seu irmão adolescente e governante conjunto, Ptolomeu XIV, e o substituiu por Cesário, agora com 3 anos de idade. Pelo menos ela garantiria a sucessão egípcia. Na nova guerra civil em Roma entre cesarianos e republicanos, ela não tinha opção senão apoiar os primeiros. Isto nem sempre foi um sucesso. Ela enviou as quatro legiões que César lhe deixara para seu fiel lugar-tenente Dolabela: eles prontamente desertaram em massa para o republicano Cássio. Mas, depois que a batalha de Filipos (42) eliminara tanto Cássio quanto Bruto e levara ao triunvirato cesariano formado por Otaviano (o herdeiro adotado de César),

Lépido e Marco Antônio — que obteve uma comissão para colonizar o Oriente —, ela viu muito claramente onde estava seu futuro como rainha.

A história da ligação ambiciosa, e em última instância trágica, de Cleópatra com Marco Antônio tornou-se célebre por justos motivos. No entanto, como agora já deve estar claro, não foi o caso de um amor mais forte que o mundo. O general romano precisava de uma base de poder e de financiamento para sua campanha na Pártia e, mais que isso, para suas aspirações imperiais. A rainha macedônica sonhava em restaurar as glórias perdidas de sua dinastia. O que eles tinham em comum, além e acima destas esperanças, era a visão de um império unificado maior do que qualquer governante helenístico já imaginara. Antíoco IV, antes do Dia de Elêusis, tinha visto uma chance de combinar os reinos selêucida e ptolomaico. Seleuco I brevemente confirmara todas as conquistas orientais de Alexandre. Aquilo que Marco Antônio e Cleópatra vislumbraram foi um império que acrescentava, a tudo isso, a própria Roma e as novas conquistas romanas no oeste do Mediterrâneo. Quando Cleópatra fez seu juramento público: "Tão certamente quanto ainda exercerei justiça no Capitólio Romano" (Dião Cáss. 50.5.4), era sobre este vasto domínio mediterrâneo que ela se via entronizada. Nem mesmo Alexandre havia sonhado numa escala maior.

Ela seduzira o abstêmio César com seu intelecto; chamada por Marco Antônio, o *bon vivant*, para vir a Tarso em 41, ela o fisgou, igualmente depressa, com uma estonteante (e um tanto vulgar) demonstração de luxo, que depois seria imortalizada por Shakespeare. Ninguém a superava na arte de adaptar seu estilo à plateia. Ela também não demorou para engravidar de seu amante e gerar um par de gêmeos, mais ou menos na mesma época do casamento politicamente necessário entre ele e Otávia, a irmã de Otaviano. Otávia permaneceu leal a seu marido debochado; o irmão dela voltou-se contra ele. Infelizmente para Otávia, ela só gerou filhas para Marco Antônio, que a esta altura já estava tomado pela mentalidade dinástica. Com Cleópatra, teve herdeiros homens. Em 37/6, Marco Antônio começou a romper seus laços com Roma e desenvolver o sonho dele e de Cleópatra de uma nova ordem birracial, um Império Romano-Helenístico.

Em 34, estas aspirações foram tornadas públicas numa extraordinária cerimônia em Alexandria, em que os filhos dos dois, em plenos trajes reais, foram proclamados governantes de territórios que ainda estavam fora do controle deles: o velho Império Selêucida (incluindo a Pártia), a Cirenaica, Creta, a Síria e a Ásia Menor. Cesário, o filho de César, seria Rei dos Reis, e governante do Egito em conjunto com sua mãe. Continua sendo uma questão aberta que lugar Marco Antônio ocuparia neste esquema. Assim como Pérdicas, como Antígono Monoftalmo, como Seleuco, como Lisímaco, ele fora seduzido pelo sonho de um império mundial. Em 32/1, divorciou-se de Otávia e estampou a cabeça de Cleópatra, junto com a sua, em suas moedas oficiais romanas. Otaviano declarou guerra a Cleópatra — nenhuma menção a Marco Antônio — e as engrenagens da propaganda política começaram a funcionar: a *femme fatale* dos cineastas é, em essência, Cleópatra como Horácio e Propércio a pintaram. Em Áccio, no dia 2 de setembro de 31, Agripa, almirante de Otaviano, com uma vitória naval esmagadora, pôs fim às ambições grandiosas dela e de Marco Antônio. Menos de um ano depois, ambos cometeram suicídio, como bem se sabe. (Certo cínico da corte, parodiando Homero [*Il*. 2.204], comentou: "Vários césares não é uma boa coisa: que haja apenas um César.") Cesário foi executado. Em 29 de agosto de 30 a.C., Otaviano, herdeiro adotado de César, em Alexandria, proclamou o fim da dinastia ptolomaica. A notícia de que os tesouros do Egito estavam em mãos romanas fez cair as taxas de juros em Roma de 12% para 4%.

Os reinos helenísticos foram o legado das conquistas de Alexandre. Ao morrer, ele previu corretamente que seus espólios iriam "para o mais forte". Os três séculos que estudamos revelam uma política constante de exploração competitiva, possibilitada e justificada pelo poderio militar. No fim, estes governantes gregos e macedônicos sucumbiram a um poder mais forte: a falange não era páreo para as legiões. A vitória final de Otaviano deu um fim não apenas à independência greco-macedônica, mas também aos conflitos internos das guerras civis romanas. Seu ato de impor a *Pax Augusta* levou os sobreviventes agradecidos a vê-lo, no melhor estilo helenístico, como um deus. Ele refreou a extorsão privada, regularizou as relações entre cidades e autoridades proconsulares, e deu prosseguimento à enorme expansão de horizontes, a internacionalização do comércio e da cultura que Alexandre, nada intencionalmente, havia criado.

O que talvez seja mais notável é que o grego ático, como língua franca, facilitou a disseminação de ideias, literaturas e crenças num grau sem precedentes. Novamente, isto não fora planejado. Porém no fim — e se é possível extrair uma moral do período helenístico, com certeza é esta — a condição essencial da população comum, dos montanheses tribais aos felás e, *a fortiori*, os escravos, pouco mudara entre a chegada de Alexandre e a morte de Cleópatra; nem mudaria, até que o advento da Revolução Industrial significasse que eles não eram mais a fonte quase exclusiva e rigidamente controlada da energia mundial, e podiam finalmente se libertar desse ciclo aprisionante e repetitivo.

Tabela cronológica seletiva

359 Filipe II da Macedônia ascende ao trono, derrota os ilírios.
356 Alexandre, filho de Filipe com Olímpia, nasce em Pela (junho).
346 Paz de Filócrates ratificada entre Atenas e a Macedônia.
343/2 Aristóteles é convidado a ir à Macedônia como tutor de Alexandre.
342/1 Irmão de Olímpia, Alexandre, ascende ao trono do Épiro com a ajuda de Filipe.
340 Alexandre é regente aos 16 anos de idade: fundação de Alexandrópolis.
338 Macedônia derrota estados gregos aliados em Queroneia (agosto).
Alexandre é embaixador em Atenas.
Repúdio de Olímpia; Filipe casa-se com Cleópatra, sobrinha de Átalo.
Olímpia e Alexandre no exílio.
337 Alexandre chamado de volta a Pela.
Liga Helênica endossa cruzada contra a Pérsia.
336 Expedição de avanço sob comando de Parmênio, e Átalo faz travessia para a Ásia Menor.
Ascensão de Dario III ao trono aquemênida (junho).
Nasce filho de Cleópatra, esposa de Filipe.
Alexandre do Épiro casa-se com a filha de Filipe; assassinato de Filipe.
Alexandre, filho de Filipe, sobe ao trono como Alexandre III, confirmado como líder de cruzada contra a Pérsia.
335 Campanhas de Alexandre na Trácia e na Ilíria.
Revolta e destruição de Tebas.
334 Alexandre e seu exército fazem travessia para a Ásia Menor (março-abril).
Batalha do Grânico (maio).
333 Episódio do Nó Górdio.
Batalha de Isso (outono).
332 Cerco a Tiro, captura de Gaza.
Alexandre entra no Egito, é entronado (?) como faraó em Mênfis.
331 Alexandre visita oráculo de Zeus-Amon em Siwa.
Fundação de Alexandria (primavera).
Batalha de Gaugamelos (outono).

Revolta do rei espartano Ágis III, derrotado em Megalópolis por Antípatro.
330 Saque a Persépole (? janeiro).
Incêndio dos templos de Persépole (primavera).
Aliados gregos dispensados em Ecbátana.
Dario III assassinado por Besso, que se autoproclama "Grande Rei".
Suposta conspiração de Filotas: execução de Parmênio.
329 Alexandre cruza o Hindu Kush, alcança o rio Oxo.
Veteranos e tessálios dispensados.
Rendição de Besso, revolta de Espitamenes.
328 Assassinato de Cleito, o Negro, por Alexandre.
Derrota de Espitamenes.
327 Alexandre casa-se com Roxana.
Recrutamento dos "Sucessores" persas.
Conspiração dos pajens, execução de Calístenes.
Alexandre volta a cruzar o Hindu Kush, entrando na Índia.
326 Batalha do rio Hídaspes/Jhelum, contra o rajá indiano Poro.
Morte do cavalo de Alexandre, Bucéfalo.
Motim de tropas de Alexandre no rio Hífase (Beas).
325 Alexandre seriamente ferido enquanto ataca cidade indiana.
Revolta de mercenários em Báctria.
Marcha pelo deserto da Gedrósia.
Começa expurgo dos sátrapas.
324 Alexandre se muda para Persépole, depois para Susa: os casamentos em massa de Susa.
Decretos dos Exílios e de Deificação.
Alexandre se muda para Ectábana: morte de Heféstion.
323 Alexandre volta à Babilônia (primavera), adoece após uma festa, e morre em 11 de junho.
Pérdicas assume o controle; partilha das satrapias (Ptolomeu fica com o Egito).
Deflagração da Guerra Lamiaca; Antípatro cercado em Lamia.
Roxana dá à luz Alexandre IV.
322 Antípatro vence a Guerra Lamiaca; morte de Leônato.
Frota ateniense derrotada em Amorgos.
Batalha de Crânon (agosto); guarnição macedônica imposta a Atenas.
Mortes de Aristóteles, Demóstenes e Hipérides.
321 Ptolomeu intercepta cortejo fúnebre de Alexandre: seu corpo é levado para Mênfis.
Adeia-Eurídice casa-se com Filipe Arrideu.
Antígono Monoftalmo e Antípatro em coalizão contra Pérdicas.
320 Eumenes derrota Crátero e Neoptólemo (maio).
Pérdicas invade o Egito, é assassinado por seus próprios oficiais (junho).

Conferência em Triparadeisus (? julho)
Seleuco entra na Babilônia (? novembro)

319 Antígono derrota Eumenes, faz cerco a ele em Nora (primavera).
Ptolomeu anexa a Síria e a Palestina.
Morte de Antípatro; Poliperconte é regente.
Nascimento de Pirro.

318 Revolução democrática em Atenas; "Decreto de Liberdade" de Poliperconte.
Eumenes libertado por Antígono, junta-se a Poliperconte.

317 Revolução ateniense cai por terra; Cassandro aponta Demétrio de Falero governador de Atenas.
Eurídice apoia Cassandro, que invade a Macedônia, captura Roxana e Alexandre IV.
Filipe Arrideu assassinado por Olímpia; Eurídice comete suicídio.

316 Batalha de Paraitacene (outono), Pidna sitiada.

315 Eumenes derrotado em Gabiene, executado; Antígono reorganiza satrapias do norte.
Queda de Pidna; execução de Olímpia.
Cassandro casa-se com Tessalônica, funda novamente Tebas.
Seleuco foge da Babilônia, junta-se a Ptolomeu no Egito.

315/4 Coalizão de sátrapas contra Antígono; Antígono marcha sobre a Síria, rejeita exigências da coalizão, começa cerco a Tiro.
"Manifesto da Velha Tiro" de Antígono (outono).

314 Antígono organiza Liga de Ilhéus.
Ptolomeu proclama "liberdade" grega.

313 Tiro cai sob domínio de Antígono.
Ptolomeu desloca a capital (e o corpo de Alexandre) de Mênfis para Alexandria.

312 Seleuco recupera a Babilônia, a Susiana e a Média: primeiro ano de reinado dos selêucidas.
Ptolomeu derrota Demétrio Poliorcetes em Gaza, toma a Cele-Síria.

311 Selêucia do Tigre capital do Império Selêucida.
Antígono recaptura a Cele-Síria; Ptolomeu retira-se.
Coalizão sela paz com Antígono: a todas as cidades gregas é concedida "liberdade e autonomia".

310 Cassandro executa Alexandre IV e Roxana: fim da dinastia argéada.

309 Nasce Ptolomeu II Filadelfo.
Execução de Héracles, filho ilegítimo de Alexandre.

308 Execução de Cleópatra, irmã de Alexandre, em Sárdis.
Seleuco nas satrapias orientais, embate com Chandragupta.
Ptolomeu "liberta" Corinto e Sícion, captura Cirene.

307 Demétrio Poliorcetes "liberta" Atenas, Demétrio de Falero exilado, torna-se conselheiro de Ptolomeu sobre Museu e Biblioteca (junho).

Tabela cronológica seletiva

      Fundação de Antigoneia.
      Lei restritiva em Atenas sobre escolas de filosofia; Teofrasto e outros partem.
306 Vitória naval de Demétrio Poliorcetes sobre Ptolomeu, captura do Chipre.
      Antígono e Demétrio assumem o reinado (nova dinastia).
      Atenas: lei da filosofia é revogada; Teofrasto retorna; Epicuro funda seu Jardim; *ephebeia* ateniense agora é voluntária.
305 Lisímaco, Seleuco, Ptolomeu e Cassandro todos proclamam-se reis.
      Demétrio Poliorcetes começa cerco a Rodes.
304 Demétrio levanta cerco a Rodes, marca vitórias sobre Cassandro na Grécia, volta para Atenas (aquartelado no Partenon).
303 Renovada coalizão contra Antígono Monoftalmo.
      Seleuco faz pacto com Chandragupta, cede satrapias orientais em troca de elefantes de guerra.
302 Antígono e Demétrio restauram a Liga de Corinto; Liga aponta Demétrio como comandante-chefe. Trégua com Cassandro.
      Antígono chama Demétrio de volta à Ásia.
301 Batalha de Ipso, morte de Antígono; Ptolomeu ocupa a Cele-Síria.
      Demétrio recua para Éfeso.
      Liga de Corinto dissolvida; governo neutralista em Atenas.
300 Demétrio enfrenta Lisímaco.
      Lisímaco casa-se com filha de Ptolomeu, Arsínoe (II).
      Fundação de Selêucia-Piéria e Antioquia.
      Magas governador de Cirene.
299 Pirro em Alexandria como enviado/refém.
      Alianças de Ptolomeu e Lisímaco, Seleuco e Demétrio Poliorcetes.
298 ? Lácares agora captura Atenas.
298/7 Morte de Cassandro; Pirro retorna para o Épiro.
      Fundado o reino de Ponto.
      ? Fundação de Museu e Biblioteca em Alexandria.
296 Demétrio Poliorcetes faz cerco a Atenas.
295 Atenas levada pela fome a render-se; guarnição macedônica em Pireu.
      Demétrio perde o Chipre (para Ptolomeu), a Cilícia (para Seleuco) e a Jônia (para Lisímaco).
294 Demétrio captura a Macedônia, torna-se rei.
      Regime oligárquico em Atenas.
      Seleuco I designa Antíoco I como seu corregente.
      Plínio alega que "a arte parou neste ponto".
293 Demétrio reconquista a Tessália, funda Demétria (atual Vólos).
292 Morte de Menandro, Filetas de Cós tutor do futuro Ptolomeu II.
      Rebelião etólia e boécia contra Demétrio.
291 Demétrio recaptura Tebas.

290 Demétrio, voltando a Atenas com sua nova noiva Lanassa, é aclamado como um deus.
Etólios capturam a Fócida, excluem Demétrio dos Jogos Píticos em Delfos.
289 Demétrio invade o Épiro; Pirro anula tratado com ele.
288 Pirro e Lisímaco invadem e partilham a Macedônia (primavera).
Demétrio foge para Cassandreia; suicídio de sua esposa, Fila.
287 Atenienses rebelam-se contra Demétrio, que faz cerco a Atenas, levanta o cerco em troca do controle de Pireu.
Demétrio faz travessia para a Ásia Menor, faz campanha ali.
Ptolomeu I repudia Eurídice I e seu filho Ptolomeu Cerauno.
286 Antígono Gônatas, filho de Demétrio, assume o reinado.
285 Demétrio Poliorcetes é capturado por Seleuco.
Ptolomeu II torna-se corregente.
Pirro faz tratado secreto com Antígono Gônatas.
Farol de Alexandria é construído.
283 Mortes de Demétrio Poliorcetes e Ptolomeu I; Antígono Gônatas ascende ao trono macedônio.
282 Lisímaco executa seu filho Agátocles: Ptolomeu Cerauno foge.
Fileteto de Pérgamo deserta e une-se a Seleuco.
281 Morte de Lisímaco na batalha de Corupédio (fevereiro): Arsínoe escapa para a Macedônia.
Ptolomeu Cerauno assassina Seleuco I (setembro), assume coroa macedônica; Antíoco I sucede a Seleuco.
280 Celtas invadem a Trácia e a Ilíria; Liga Aqueia é fundada novamente.
Pirro faz campanha na Itália.
Ptolomeu Cerauno casa-se com sua meia-irmã Arsínoe II.
279 Guerra entre Antíoco I e Ptolomeu II.
Celtas invadem a Macedônia, matam Ptolomeu Cerauno, são rechaçados da Grécia pelos etólios.
278 Celtas invadem a Ásia Menor; Arsínoe II volta para o Egito.
Pirro faz campanha na Sicília.
Tratado de delimitação entre Antíoco I e Antígono Gônatas.
277 Anarquia na Macedônia; celtas ocupam a Galácia (Frígia Oriental).
Antígono Gônatas derrota gauleses em Lisimaqueia, recupera a Tessália.
Ptolomeu II agora se casa com Arsínoe II (?), que se torna corregente.
276 Antígono Gônatas restabelece-se como rei da Macedônia, casa-se com Fila, filha de Seleuco I; Arato e Zenão em sua corte.
Ptolomeu II derrotado por Antíoco I na Síria; Pirro retorna para a Itália.
275 Pirro derrotado por romanos em Benevento, volta para o Épiro.
274 Pirro invade a Macedônia e a Tessália: Gônatas foge.
Começo da Primeira Guerra Síria (–271) entre Ptolomeu II e Antíoco I.

Tabela cronológica seletiva

273 Breve restauração de Pirro como rei da Macedônia.
Ptolomeu II faz tratado de amizade com Roma.
272 Pirro invade o Peloponeso; Gônatas reconquista a Macedônia.
Pirro é morto em Argos.
271 Gônatas reinstituído permanentemente como rei da Macedônia.
Ptolomeu II recupera a costa da Síria, fim da Primeira Guerra Síria; ele e Arsínoe recebem honras divinas; sua "Grande Procissão".
270 Antíoco I derrota gauleses na Ásia Menor.
Morte e deificação de Arsínoe II (julho).
Coalizão de Atenas, Esparta, e Ptolomeu II contra Gônatas: começo da Guerra de Cremônides (–263/2?).
266/5 Gônatas derrota espartanos em Corinto, faz cerco a Atenas (–262).
264 Começo da Primeira Guerra Púnica.
263 Ascensão de Eumenes I de Pérgamo; ele declara independência.
262 Eumenes I derrota Antíoco I em Sárdis.
Atenas capitula para Gônatas.
261 Paz entre Ptolomeu II e Antíoco I.
Morte de Antíoco I (junho): Antíoco II sucede a ele.
259 Segunda Guerra Síria (–253) entre Ptolomeu II e Antíoco II.
Leis tributárias no Egito; aliança macedônica-selêucida.
257 Demétrio II reina em conjunto com Gônatas.
255 Capadócia separa-se do Império Selêucida.
253 Fim da Segunda Guerra Síria.
252 Antíoco II repudia Laódice, casa-se com Berenice, filha de Ptolomeu II.
251 Arato liberta Sícion do controle macedônico, junta-se à Liga Aqueia.
Ptolomeu II fornece subsídio para a Liga Aqueia.
250 Morte de Magas de Cirene; Gônatas envia Demétrio, o Belo, como seu sucessor; tradução da Septuaginta iniciada em Alexandria.
? Báctria e Sogdiana agora se separam do Império Selêucida.
249 Alexandre, sobrinho de Gônatas, rebela-se, forma base em Corinto.
246 Gônatas recupera Corinto; morte de Antíoco II, ascensão de Seleuco II.
Morte de Ptolomeu II, ascensão de Ptolomeu III Evérgeta.
Terceira Guerra Síria/de Laodícea entre Ptolomeu III e Seleuco II (–241).
245 Arato é nomeado general da Liga Aqueia.
Ptolomeu III retoma Antioquia e Selêucia-Piéria.
244/3 Ágis IV rei de Esparta (–241).
243 Segundo generalato (*strategia*) de Arato; ele retoma Acrocorinto.
Reformas sociais de Ágis IV em Esparta.
242 Antíoco Híerax soberano em conjunto com Seleuco II.
Ptolomeu III almirante honorário da Liga Aqueia.
241 Fim da Terceira Guerra Síria: Ptolomeu mantém Selêucia-Piéria.

Execução de Ágis IV de Esparta.
Morte de Eumenes I de Pérgamo; ascensão de Átalo I.
Antígono Gônatas sela paz com Liga Aqueia.
Fim da Primeira Guerra Púnica.

239 Morte de Arato (?); morte de Antígono Gônatas; ascensão de Demétrio II (–229); guerra entre Seleuco II e Antíoco Híerax (–236).

238 Ligas Aqueia e Etólia lutam contra a Macedônia (–229).
Decreto de Cânopo; nasce Filipe V da Macedônia.

237 Átalo I derrota os gauleses, assume título real.

236 Seleuco II sela paz com Antíoco Híerax, cede-lhe área ao norte dos montes Tauro.

235 Cleômenes III rei de Esparta (–222); Arato ataca Argos.
Megalópolis junta-se a Liga Aqueia.

233 Arato ataca Atenas, alcança a Academia.

231 Campanha de Átalo I contra Antíoco Híerax (–228).
Seleuco II inicia campanha contra a Pártia (–227).

230 Ataques piratas ilírios no Adriático, sob o comando da rainha Teuta.

229 Primeira Guerra Ilíria (Roma contra os ilírios).
Morte de Demétrio II, ascensão de Antígono Dóson (–221).
Argos e Egina juntam-se a Liga Aqueia.
Guarnição macedônica é retirada de Atenas.

228 Cleômenes III em guerra com a Liga Aqueia.
Átalo I expande fronteiras na Ásia Menor.

227 Antíoco Híerax assassinado por gauleses na Trácia.
Terremoto em Rodes derruba o Colosso.
Reformas de Cleômenes III em Esparta.

226 Vitórias espartanas sobre a Liga Aqueia: Ptolomeu III passa a apoiar Cleômenes.
Morte de Seleuco II, ascensão de Seleuco III (–223).

225 Arato general da Liga Aqueia, forma aliança com Antígono Dóson contra Cleômenes.

223 Antígono e Arato em campanha contra Cleômenes no Peloponeso.
Seleuco III é assassinado; ascensão de Antíoco III (o Grande) (–187).

222 Cleômenes III derrotado por Antígono Dóson na Selásia (julho).
Dóson entra em Esparta, Cleômenes foge para o Egito.

221 Morte de Ptolomeu III (fevereiro), ascensão de Ptolomeu IV Filopátor.
Morte de Antígono Dóson (julho), ascensão de Filipe V (–179).
Filipe luta contra a Etólia (–217).

220 Revolta de Aqueu contra Antíoco III (–213).
Antíoco suprime revoltas na Pérsia, Média e Babilônia.
Data inicial da *História* de Políbio.

Tabela cronológica seletiva

219 Segunda Guerra Ilíria, contra Demétrio de Faros (–217).
Filipe V invade o Épiro e a Acarnânia.
Quarta Guerra Síria, entre Antíoco III e Ptolomeu IV (–217).
Antíoco captura Selêucia-Piéria e Tiro.
Dardânios invadem a Macedônia; Cleômenes III morre no Egito.

218 Filipe V invade a Etólia e a Lacônia, saqueia Térmon.
Antíoco na Cele-Síria, Aníbal atravessa os Alpes e entra na Itália.
Começo da Segunda Guerra Púnica (–202).

217 Aníbal vence Batalha do Lago Trasimeno (primavera).
Ptolomeu IV vence Batalha de Ráfia contra Antígono III (junho), casa-se com sua irmã Arsínoe (III) (outubro); paz de Lepanto (agosto).

216 Campanha de Antíoco III contra Aqueu (–213).
Aníbal vence Batalha de Canas; rebelião no Alto Egito.

215 Filipe V faz tratado com Aníbal, Primeira Guerra Macedônica (–205).

214 Filipe recua do Adriático por terra.

213 Filipe assola a Messênia, captura Lissos; morte de Arato de Sícion.
Aqueu é capturado e executado por Antíoco III.
Começa cerco romano a Siracusa.

212 Aliança romana-etólia (–221); queda de Siracusa, morte de Arquimedes.
Começo da campanha de Antíoco III no Oriente para recuperar satrapias perdidas (–205).

211 Aníbal marcha sobre Roma; Etólios atacam a Tessália e a Acarnânia.

207 Nábis no poder em Esparta; Filipe invade a Etólia.
Disseminação da rebelião no Alto Egito.

206 Etólios selam paz independente com Filipe.

205 Acordo de paz selado em Fenice entre Roma e Filipe.
Antíoco III retorna à Selêucia do Tigre, assume título de "Grande Rei".
Alto Egito sob reis independentes (–185).

204 Morte de Ptolomeu IV, governo regencial em nome de Ptolomeu V, menor de idade.

202 Campanha naval de Filipe V no Egeu (–201).
Antíoco III invade a Cele-Síria, começo da Quinta Guerra Síria.
Cipião Africano derrota Aníbal em Zama.

201 Cartago torna-se estado-cliente de Roma; Filipe derrota os ródios.
Rodes e Átalo I fazem apelo a Roma; Antíoco captura Gaza.

200 Antíoco derrota forças de Ptolomeu V em Pânion.
Atenas (com apoio de Átalo I e Roma) declara guerra a Filipe.
Filipe assola Ática, ataca Atenas.
Enviados romanos advertem tanto Filipe quanto Antíoco.
Roma declara guerra a Filipe (Segunda Guerra Macedônica) (–197).

198 T. Quíncio Flaminino assume comando das forças romanas na Grécia.

Antíoco III consolida posição na Cele-Síria.
- **197** Flaminino derrota Filipe V nos montes Cinocéfalos (junho).
Morte de Átalo I, ascensão de Eumenes II (–160/59).
- **196** Filipe evacua "Grilhões da Grécia"; Flaminino proclama "Liberdade dos Gregos" nos Jogos Ístmicos; Decreto da "Pedra de Roseta" em Mênfis.
Antíoco cruza o Helesponto, reconstrói Lisimaqueia, advertido por Roma.
Ptolomeu V consagrado faraó em Mênfis (novembro).
- **195** Nábis de Esparta submete-se a Flaminino.
Ptolomeu V e Antíoco III ratificam tratado de paz.
Exilado, Aníbal junta-se a Antíoco em Éfeso.
- **194** Forças romanas são evacuadas da Grécia, levando grande quantidade de obras de arte como butim.
Antíoco III negocia com Roma.
Ptolomeu V casa-se com Cleópatra I em Ráfia (? com a Cele-Síria como dote?).
- **192** Nábis assassinado por etólios; Esparta derrotada por Filopêmen, une-se à Liga Aqueia; a convite dos etólios, Antíoco III desembarca na Grécia; Roma declara guerra a ele (–188).
- **191** Antíoco derrotado nas Termópilas, expulso da Grécia para Éfeso.
- **189** Antíoco finalmente derrotado em Magnésia do Sípilo (? janeiro); seu filho Antíoco IV é mantido refém em Roma.
- **188** Tratado de Apameia; Eumenes II e ródios partilham espólios selêucidas.
Liga Aqueia derrota Esparta, abole sua antiga constituição.
- **187** Morte de Antíoco III; ascensão de Seleuco IV.
- **186** Tebas recapturada, (?) fim da secessão no Alto Egito.
- **184** Demétrio, filho de Filipe V, enviado a Roma (–183).
- **183** Mortes de Cipião Africano, Aníbal e Filopêmen.
- **180** Ptolomeu V é assassinado. Cleópatra I regente em nome de Ptolomeu VI Filométor.
Calícrates lidera embaixada aqueia a Roma.
Filipe V, com base em provas falsas, executa seu filho Demétrio.
- **179** Morte de Filipe V; ascensão de Perseu.
- **178** Antíoco (IV) libertado de Roma em troca de Demétrio (I), filho de Seleuco IV; Perseu casa-se com Laódice, filha de Seleuco IV.
- **176** Morte de Cleópatra (primavera); ascensão de Ptolomeu VI, ainda menor de idade.
- **175** Seleuco IV é assassinado (setembro); Antíoco IV regente (–170) em nome de Antíoco, filho de Seleuco.
- **173** Perseu recusa audiência a embaixada romana.
Antíoco IV renova aliança selêucida com Roma.
- **172** Eumenes denuncia Perseu em Roma.
Roma declara guerra a Perseu (Terceira Guerra Macedônica, –168/7).

Tabela cronológica seletiva

170 Ptolomeu VI casa-se com Cleópatra II, toma futuro Ptolomeu VIII Evérgeta II (Físcon) como corregente; Políbio é comandante de cavalaria na Liga Aqueia.
Antíoco, filho de Seleuco IV, é assassinado; Antíoco IV sobe ao trono (–164).
169 Antíoco IV ataca o Egito (Sexta Guerra Síria), retira-se de Alexandria.
168 Perseu é derrotado em Pidna por Emílio Paulo, depois rende-se (junho).
Invasão do Egito por Antíoco IV interrompida pelo Dia de Elêusis (julho).
167 Macedônia dividida em quatro repúblicas; triunfo ostentoso de Emílio Paulo.
Mil reféns aqueus (incluindo Políbio) deportados para Roma.
150 mil são escravizados no Épiro; Eumenes é banido de Roma.
Delos é declarada porto livre sob controle ateniense.
Minas macedônicas são fechadas (–158).
166 Eumenes derrota gauleses; Roma declara Galácia "livre" e Roma território interdito para reis.
165 Antíoco IV parte em campanha no Oriente; Lísias é deixado como guardião de Antíoco V, é derrotado por Judas Macabeu em revolta judia.
Morte de Perseu no cativeiro (ou ? em 162).
164 Antíoco IV oferece anistia judaica, morre na Média.
Demétrio I (filho de Seleuco IV) rejeitado pelo Senado como sucessor.
163 Ptolomeu VI (Filométor) volta a Alexandria; Ptolomeu VIII (Físcon) recebe Cirene.
Ascensão de Antíoco V Eupátor como menor de idade (Lísias regente).
162 Demétrio I escapa de Roma, alcança Antioquia, é aclamado rei.
161 Demétrio I Sóter executa Lísias e Antíoco V.
Roma repudia tratado com Ptolomeu VI.
160 Roma reconhece Demétrio I Sóter.
158 Morte de Eumenes II, ascensão de Átalo II; minas macedônicas são reabertas.
156 Data de Plínio para a "recuperação" inicial da arte.
Conflito entre Filométor e Físcon no Egito.
155 Físcon supostamente lega Cirene para Roma.
152 Roma apoia Alexandre Balas como pretendente legítimo contra Demétrio I.
150 Demétrio I derrotado e morto por Balas, que se torna rei.
Volta à Grécia dos exilados aqueus sobreviventes, Políbio entre eles.
Alexandre Balas casa-se com Cleópatra Teia.
Começo da infiltração parta na Média.
149 Revolta de Andrisco (Quarta Guerra Macedônica, –148).
Roma inicia cerco a Cartago (Terceira Guerra Púnica, –146).
Morte de Catão, o Censor.
148 Morte de Andrisco em Pidna; Macedônia torna-se província romana.
Partos ocupam a Média.
146 Revolta aqueia; Múmio saqueia e destrói Corinto.
Saque e destruição de Cartago; África torna-se província romana.

Políbio no norte da África com Cipião Emiliano.
- **145** Ptolomeu VI intervém na Síria, junta-se a Demétrio II contra Balas. Balas derrotado e morto, Ptolomeu também morre.
Ascensão de Demétrio II (–140/39, 129-125).
Cleópatra Teia, filha de Ptolomeu, casa-se com Demétrio II.
Volta de Físcon a Alexandria, reinado conjunto com Cleópatra II.
Filho de Balas é proclamado rei em Antioquia como Antíoco VI por Diódoto Trífon. Demétrio II foge para Selêucia.
- **144** Ptolomeu VIII (Físcon) assassina Ptolomeu VII, é entronizado faraó.
Expurgo dos intelectuais alexandrinos.
- **142** Diódoto Trífon assassina Antíoco VI, autoproclama-se rei.
- **141** Partos anexam a Babilônia; Roma reconhece independência da Judeia.
- **140/39** Cipião Emiliano lidera missão para Alexandria.
- **138** Antíoco Sideta (segundo filho de Demétrio I) é proclamado rei como Antíoco VII, derrota Dídoto Trífon, que comete suicídio.
Morte de Átalo II de Pérgamo, ascensão de Átalo III.
- **136** Deflagração da Primeira Guerra Servil Siciliana (–132).
- **134** Revoltas de escravos em Delos e nas minas de Láurion.
Antíoco VII restaura poder Selêucida na Judeia.
- **133** Morte de Átalo III, que lega para Roma o reino de Pérgamo.
- **132** Revolta de Aristônico (? Eumenes III) em Pérgamo (–130).
Supressão da revolta servil siciliana.
Conflito dinástico entre Cleópatra II e Ptolomeu VIII (Físcon), que assassina Ptolomeu Menfita.
- **131** Ptolomeu VIII retira-se para o Chipre. Cleópatra II é a única soberana do Egito.
Demétrio II é libertado pelos partos, retorna à Síria.
Antíoco VII começa campanha no Oriente, recupera a Babilônia e a Média.
- **130** Derrota de Aristônico.
Ptolomeu VIII retorna a Mênfis; guerra civil contra Cleópatra II.
Campanha de Antíoco VII contra os partos.
- **129** Marco Perperna e Mânio Aquílio organizam a Ásia Menor (–126).
Antíoco VII derrotado e morto pelos partos.
- **128** Ptolomeu VIII fornece Alexandre Zabinas como aspirante ao trono.
Cleópatra II foge de Alexandria rumo à Síria.
- **127** Ptolomeu VIII restabelecido como único soberano do Egito.
Zabinas expulsa Demétrio II de Antioquia.
- **126** Demétrio II é capturado e executado em Tiro.
- **125** Cleópatra Teia executa seu filho Seleuco V, toma filho Antíoco Grifo como corregente.
- **124** Reconciliação dinástica e anistia no Egito.

Tabela cronológica seletiva

	Antíoco VIII Grifo casa-se com Cleópatra Trifena.
123	Antíoco VIII derrota e executa Zabinas.
121	Antíoco VIII força Cleópatra Teia a cometer suicídio.
118	Segundo decreto de reconciliação e anistia no Egito (abril).
117	Antíoco VIII é expulso de Antioquia por Antíoco IX Ciziceno.
116	Morte de Ptolomeu VIII (Físcon) (junho); reinado conjunto de Cleópatra III e Ptolomeu IV (Látiro) (–107); Ptolomeu X para o Chipre, Ptolomeu Ápion para Cirene.
115/4	Ptolomeu IX repudia sua esposa, Cleópatra IV, casa-se com Cleópatra Selene.
113	Cleópatra IV casa-se com Antíoco IX Ciziceno.
	Mitrídates VI de Ponto estabelecido em Sinope.
112	Antíoco VIII derrota Antíoco IX; Cleópatra Trifena arma morte de Cleópatra IV; Roma declara guerra a Jugurta.
111	Antíoco IX captura e executa Cleópatra Trifena.
110	Ptolomeu X nomeado "rei" do Chipre.
108	Antíoco VIII detém maior parte da Síria; Mitrídates VI divide Paflagônia com Nicomedes da Bitínia.
107	Cleópatra III força Ptolomeu IX Látiro a fugir para o Chipre, traz Ptolomeu X de volta a Alexandria como rei.
105/4	Rendição de Jugurta; legiões romanas derrotadas na Gália pelos cimbros e teutões; deflagração da Segunda Guerra Servil Siciliana (–100).
103/2	Cleópatra III força Ptolomeu X a deixar Alexandria.
	Antíoco VIII casa-se com Cleópatra Selene.
	Roma em guerra com piratas (–100); Mário derrota teutões.
101	Ptolomeu X retorna à Alexandria, assassina Cleópatra III, casa-se com sua sobrinha Cleópatra Berenice.
	Mário e Catulo derrotam os cimbros.
98	Mário na Ásia Menor; encontra Mitrídates VI.
96	Ptolomeu Ápion morre, lega Cirene para Roma (assumida em 75).
	Antíoco VIII Grifo assassinado.
	Antíoco IX Ciziceno casa-se com Cleópatra Selene.
	Sula propretor da Cilícia, força Mitrídates a ceder territórios conquistados.
95	Antíoco IX é morto por Seleuco VI.
	Cleópatra Selene casa-se com Antíoco X Eusebes.
92/1	Sula restitui Ariobarzanes à Capadócia e Nicomedes IV à Bitínia (ambos expulsos por Mitrídates e Tigranes da Armênia).
	Rutílio Rufo condenado por extorsão.
	Governo oligárquico em Atenas.
	Deflagração da Guerra dos Aliados (Guerra Social) na Itália.
89	Roma em guerra com Mitrídates VI (Primeira Guerra Mitridática).
	Antíoco X Eusébio é morto lutando com os partos.

88 Democracia restaurada em Atenas junta-se a Mitrídates contra Roma. Massacre de 80 mil romanos e itálicos na Ásia Menor organizada por Mitrídates.
   Sula marcha sobre Roma; fuga de Mário.
87 Sula desembarca na Grécia, faz bloqueio a Atenas e Pireu.
   Ptolomeu X é expulso de Alexandria, lega reino a Roma, é morto em batalha naval perto do Chipre.
   Cleópatra Berenice volta do exílio, junta-se a Ptolomeu IX (Látiro) como corregente no Egito; revolta irrompe no Alto Egito (–86).
86 Atenas cai sob Sula, Pireu devastada por incêndio; morte de Mário.
85 Tratado de Dardânia entre Sula e Mitrídates (não ratificado em Roma).
83 Segunda campanha romana contra Mitrídates (–82).
   Tigranes da Armênia aceita oferta de trono selêucida.
   Sula retira de Atenas obras de Aristóteles e Teofrasto.
82 Sula vence guerra civil na Itália; Sertório cria base independente na Espanha.
81 Sula ditador; morte de Ptolomeu IX (Látiro); Cleópatra Berenice é deixada como única soberana em Alexandria; Sula nomeia Ptolomeu XI (filho do X) como rei.
80 Ptolomeu XI casa-se com Cleópatra Berenice, mata-a, é linchado por multidão. Ptolomeu XII, filho bastardo de Ptolomeu IX, conhecido como o Flautista (Aulete), toma o trono, casa-se com sua irmã Cleópatra V Trifena.
78 Morte de Sula.
76 Sertório na Espanha faz tratado com Mitrídates VI.
75 Cirene é tornada província romana.
   Morte de Nicomedes IV da Bitínia; lega em testamento seu reino para Roma.
   Mitrídates VI declara guerra a Roma (Terceira Guerra Mitridática).
74 Lúcio Lúculo é enviado contra Mitrídates; comando especial é estabelecido para lidar com piratas.
73 Revolta servil de Espártaco é deflagrada em Cápua (–71).
72 Morte de Sertório na Espanha.
   Lúculo obtém vitórias sobre Mitrídates.
71 Lúculo derrota Mitrídates.
   Crasso derrota Espártaco, crucifica 20 mil escravos ao longo da Via Ápia.
69 Tigranes rende-se a Lúculo; Antíoco XIII Asiático sobe ao trono selêucida em Antioquia; esquadrões piratas saqueiam Delos.
68 Destruição política de Lúculo em Roma.
67 Comando especial de Pompeu para erradicar a pirataria.
   Vitória de Mitrídates sobre romanos em Zela.
66 Lúculo suplantado por Pompeu no comando da Ásia.
   Pompeu derrota Mitrídates.
65/4 Pompeu reorganizando o Oriente; Síria torna-se província romana.

Tabela cronológica seletiva

        Deposição e morte de Antíoco XIII.
63 Morte de Mitrídates VI; Lúculo celebra triunfo.
        Cícero, como cônsul, suprime conspiração catilinária.
        Nasce Caio Otávio, o futuro Augusto.
62 "Assentamento Oriental" de Pompeu (províncias da Bitínia e da Cilícia, reis-clientes instituídos).
        Pompeu retorna à Itália, debanda exército (dezembro).
60 "Primeiro Triunvirato" de César, Pompeu e Crasso.
59 Ptolomeu XII (o Flautista) expulso de Alexandria, visita Catão em Rodes.
        César convence o Senado a reconhecer Ptolomeu XII.
58/7 Catão anexa o Chipre à província da Cilícia.
        Ptolomeu XII em Roma; morte de Cleópatra V Trifena.
        Berenice IV (filha de Ptolomeu XII) ascende ao trono do Egito, casa-se com (i) Seleuco Cibiosates (assassinado), (ii) Arquelau.
55 Aulo Gabínio restaura Ptolomeu XII ao trono do Egito.
        Ptolomeu XII executa Berenice IV.
        Báctria é perdida para invasores do leste.
54 Caio Rabírio Póstumo como ministro das Finanças de Ptolomeu XII; Aulo Gabínio é chamado de volta, julgado, e condenado por aceitar propinas de Ptolomeu XII.
53 Crasso é derrotado e morto pelos partos em Carras (maio).
        Caio Rabírio Póstumo é forçado a deixar o Egito devido a práticas extorsivas.
51 Morte de Ptolomeu XII (o Flautista); Ptolomeu XIII casa-se com sua irmã Cleópatra VII; eles passam a governar em conjunto.
        Seca no Egito (–49); partos invadem a Síria.
50 Cleópatra VII em guerra com Ptolomeu XIII.
        Proibição de transporte de cereais no Egito, exceto para Alexandria (outubro).
        Cleópatra e Arsínoe partem do Egito para a Tebaida e a Síria.
        Pompeu é chamado para "salvar o estado".
49 César cruza o Rubicão (janeiro); deflagração da guerra civil romana.
48 Pompeu derrotado por César na Farsália; foge para Lesbos, depois para Alexandria, assassinado ao chegar, cabeça enviada para César (setembro).
        César chega à Alexandria (outubro), relação amorosa com Cleópatra VII.
        Começo da "Guerra Alexandrina".
47 César resgatado por Mitrídates de Pérgamo (março).
        Morte de Ptolomeu XIII; Cleópatra e Ptolomeu XIV instaurados em reinado conjunto.
        César derrota Farnace em Zela (primavera), retorna a Roma (outubro).
        Nasce Cesário, filho de César e Cleópatra (junho).
46 Vitória de César em Tapso; suicídio de Catão (abril).
        Ditadura de César e triunfo quádruplo (setembro/outubro).

Cleópatra e seu séquito em Roma (−44).

45 Vitória de César em Munda na Espanha (março); partos invadem a Síria.
César retorna a Roma, triunfo (outubro).

44 Assassinato de César nos Idos de Março.
Cleópatra retorna a Alexandria, manda matar Ptolomeu XIV, toma Cesário como corregente.
Arsínoe é designada soberana do Chipre por Marco Antônio.

43 Primeiro consulado de Otaviano; Segundo Triunvirato (Antônio, Otaviano, Lépido).
Cleópatra envia quatro legiões a Dolabela; elas debandam para Cássio.
Cleópatra recupera o Chipre; Arsínoe foge para Éfeso; fome no Egito.
As proscrições; assassinato de Cícero (7 de dezembro).

42 Deificação de César (janeiro).
Batalhas de Filipos, suicídios de Bruto e Cássio (outubro).
Antônio governa províncias romanas no Oriente.

41 Encontro de Cleópatra e Antônio em Tarso.
Antônio executa Arsínoe, toma o Chipre, passa inverno em Alexandria com Cleópatra (−40).

40 Antônio na Grécia; Cleópatra gera seus filhos gêmeos.
Tratado de Brundísio; Antônio casa-se com Otávia.
Partos atacam a Síria.

39 Acordo em Miseno entre Antônio, Otaviano e Sexto Pompeu.

38 Vitórias romanas sobre os partos; Otaviano casa-se com Lívia (janeiro).
Otávia gera uma filha de Antônio.

37 Cleópatra promulga a "Nova Era", Antônio reconhece seus filhos.

36 Desastrosa campanha de Antônio na Pártia; Cleópatra gera seu terceiro filho, resgata seu exército.
Lépido é retirado do Segundo Triunvirato.

34 Campanha de Antônio na Armênia; as Doações de Alexandria.

32 Antônio divorcia-se de Otávia; Otaviano publica testamento de Antônio em Roma.
Roma declara guerra apenas contra Cleópatra.
Antônio e Cleópatra passam inverno na Grécia (−31).

31 Batalha de Áccio (setembro); Antônio e Cleópatra, derrotados, retiram-se para Alexandria.

30 Suicídio de Antônio; Otaviano entra em Alexandria; suicídio de Cleópatra.
Otaviano declara o fim do Império Ptolomaico (29 de agosto).

Genealogia 1
AS DINASTIAS MACEDÓNICA E TRÁCIA

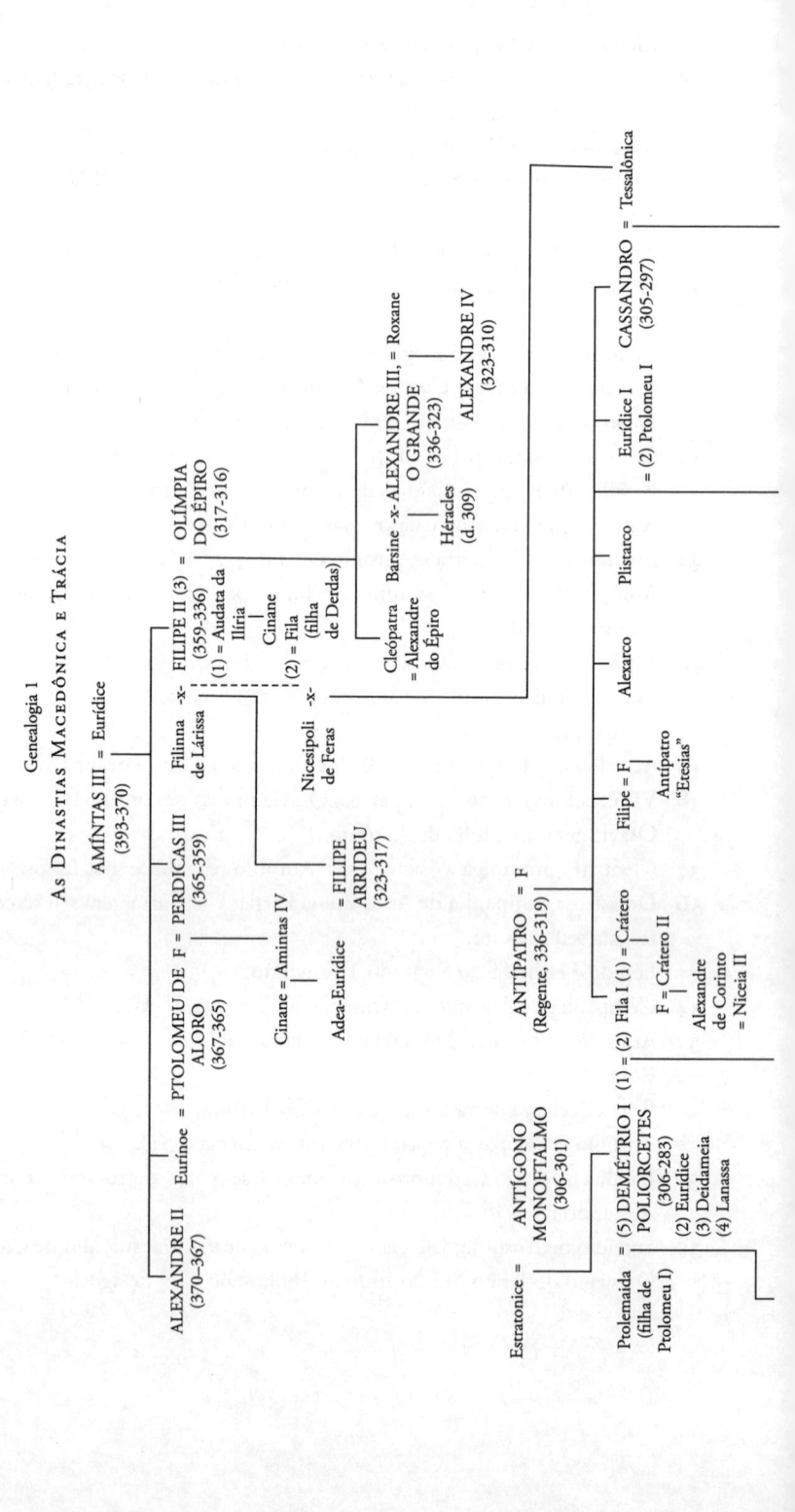

AMÍNTAS III = Eurídice
(393-370)

ALEXANDRE II — Eurínoe = PTOLOMEU DE F = PERDICAS III — Filinna -x- FILIPE II (3) = OLÍMPIA
(370-367)   ALORO   (365-359)   de Lárissa   (359-336)   DO ÉPIRO
                          (367-365)   (1) = Audata da   (317-316)
                                                                          Ilíria
                                                                          |
                                                                          Cinane
                                      Cinane = Amintas IV
                                                                      (2) = Fila
                                                                          (filha
                                      Adea-Eurídice = FILIPE   de Derdas)
                                                     ARRIDEU
                                                     (323-317)

                                      Nicesípoli
                                      de Feras -x-

                                                        Cleópatra   Barsine -x- ALEXANDRE III, = Roxane
                                                        = Alexandre   O GRANDE
                                                          do Épiro   (336-323)
                                                                     Héracles   ALEXANDRE IV
                                                                     (d. 309)   (323-310)

ANTÍGONO   ANTÍPATRO = F
MONOFTALMO   (Regente, 336-319)
(306-301)
                                      |
Estratonice =   Filipe = F   Alexarco   Plistarco   Eurídice I   CASSANDRO = Tessalónica
                                                                            = (2) Ptolomeu I   (305-297)
                                      Antípatro
                                      "Etesias"

Ptolemaida = (5) DEMÉTRIO I (1) = (2) Fila I (1) = Crátero
(filha de   POLIORCETES
Ptolomeu I) (306-283)   F = Crátero II
             (2) Eurídice
             (3) Deidameia   Alexandre
             (4) Lanassa   de Corinto
                                    = Nicéia II

Genealogia

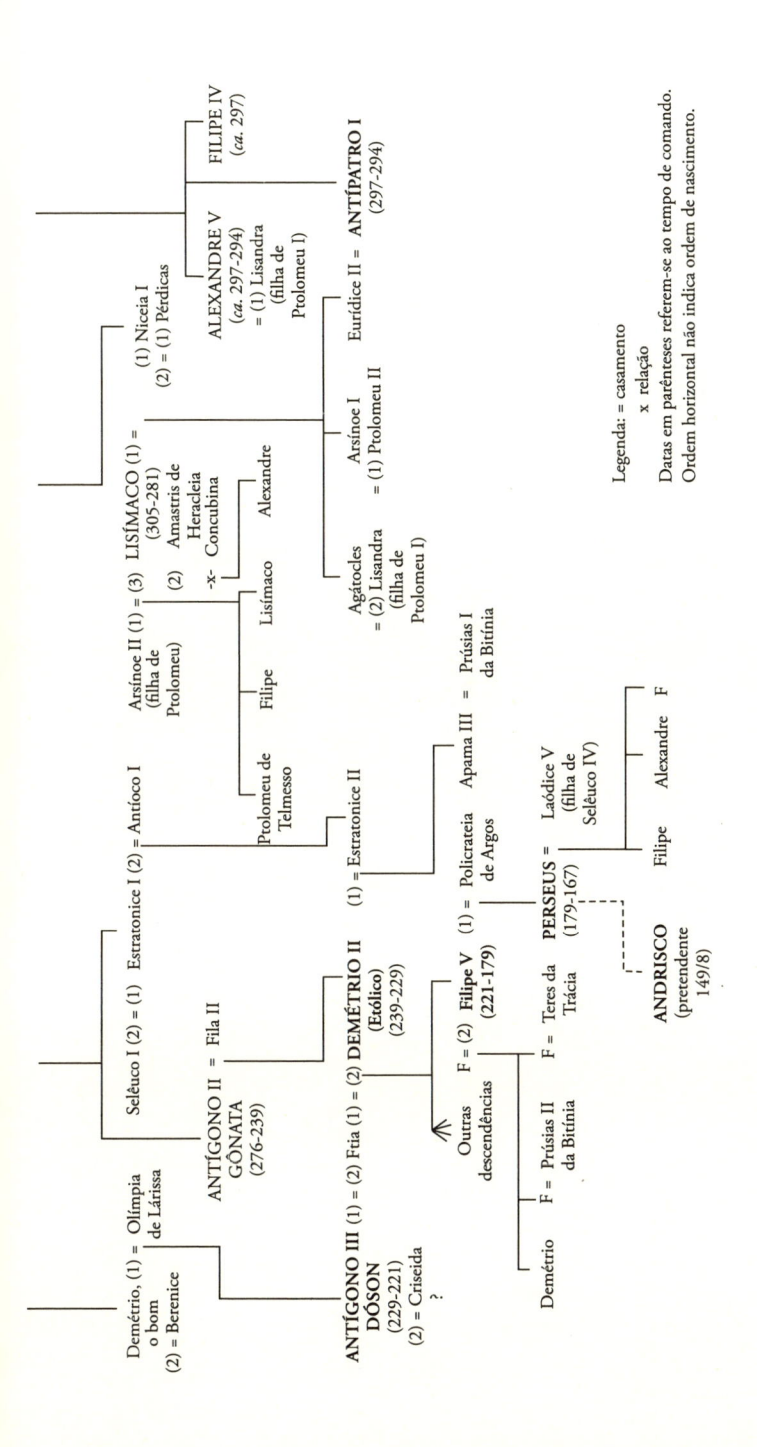

- Demétrio, (1) = Olímpia de Lárissa
  (2) = Berenice
  - Seleuco I (2) = (1) Estratonice I (2) = Antíoco I
    - ANTÍGONO II = Fila II
      GÓNATAS
      (276-239)
  - Estratonice I (2) = Antíoco I
    - Arsínoe II (1) = (3) LISÍMACO (1) = (1) Nicéia I
      (filha de   (305-281)   (2) = (1) Pérdicas
      Ptolomeu)   (2) Amastris de
                   Heracleia
                  -x- Concubina
      - Ptolomeu de Telmesso
      - Filipe
      - Lisímaco
      - Alexandre
      - Agátocles
        = (2) Lisandra
        (filha de
        Ptolomeu I)
      - Arsínoe I
        = (1) Ptolomeu II
      - Eurídice II = ANTÍPATRO I
        (297-294)
      - ALEXANDRE V
        (ca. 297-294)
        = (1) Lisandra
        (filha de
        Ptolomeu I)
      - FILIPE IV
        (ca. 297)

- ANTÍGONO II = Fila II
  GÓNATAS
  (276-239)
  - ANTÍGONO III (1) = (2) Ftia (1) = (2) DEMÉTRIO II
    DÓSON   (Etólico)
    (229-221)   (239-229)
    (2) = Criseida
    ?
    - Outras descendências
    - F = (2) Filipe V (1) = Policrateia
              (221-179)   de Argos
      - F = Teres da Trácia
      - PERSEUS = Laódice V
        (179-167)   (filha de
                    Seleuco IV)
        - Filipe
        - Alexandre
        - F
      - ANDRISCO
        (pretendente
        149/8)
      - Apama III = Prúsias I
                    da Bitínia
        - F = Prúsias II
              da Bitínia
          - Demétrio

Legenda: = casamento
x relação
Datas em parênteses referem-se ao tempo de comando.
Ordem horizontal não indica ordem de nascimento.

Genealogia 2
OS SELÊUCIDAS

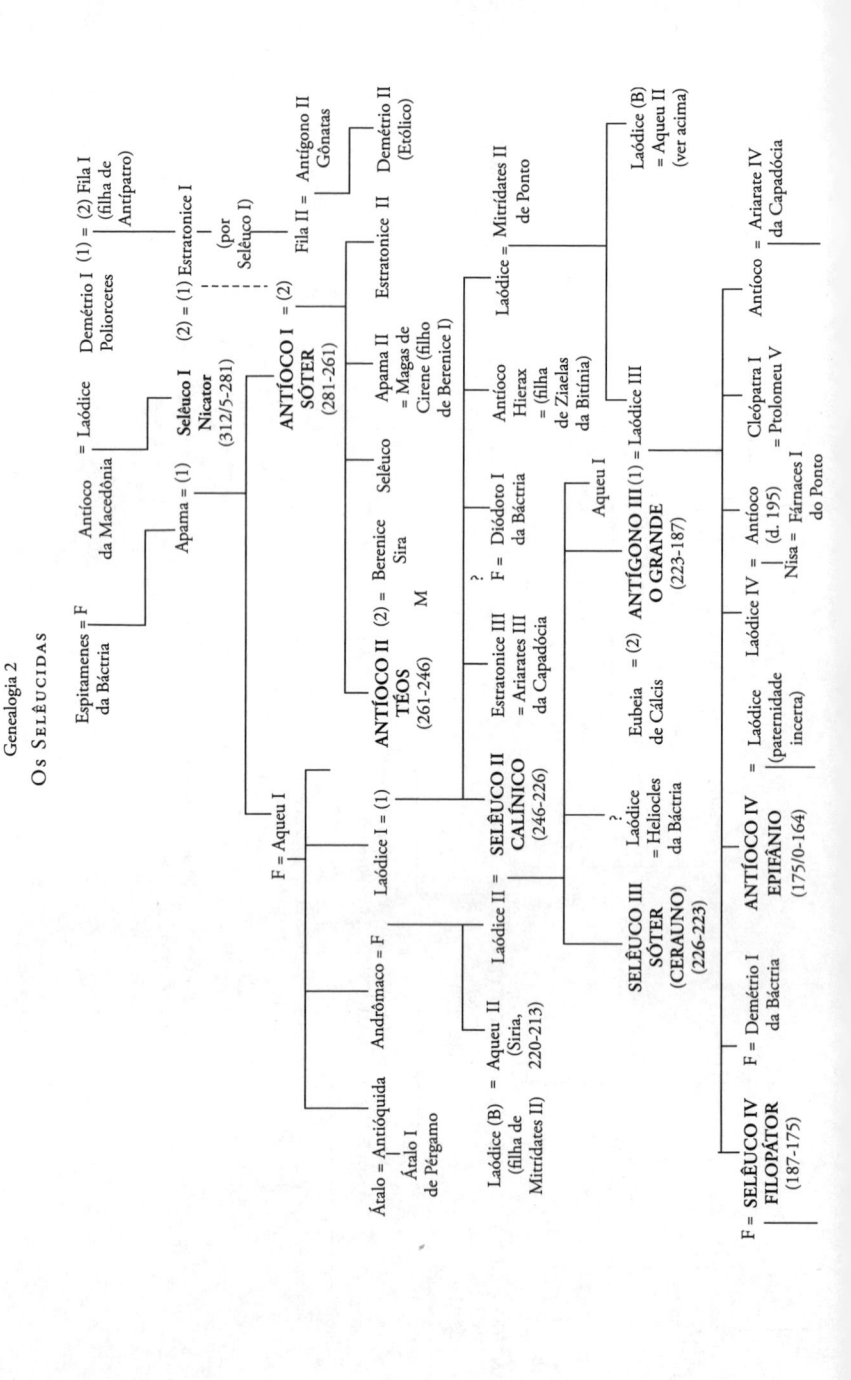

```
                                                    Espitamenes = F           Antíoco = Laódice    Demétrio I (1) = (2) Fila I
                                                    da Báctria                da Macedônia         Poliorcetes         (filha de
                                                                                         |                             Antípatro)
                                                          Apama = (1)    Seleuco I
                                                                         Nicator
                                                                         (312/5-281)
                                                                              |
                                                                         (2) = (1) Estratonice I
                                                                              |          (por
                                                                              |          Seleuco I)
                                                              ANTÍOCO I = (2)
                                                              SÓTER                      Fila II = Antigono II
                                                              (281-261)                            Gônatas
                                                                    |                    Demétrio II
                                                                    |                    (Etólico)
        ┌──────────────────────────────┬──────────────────────┬─────────┬──────────┐
                                                Seleuco      Apama II         Estratonice II
                                ANTÍOCO II (2) = Berenice    = Magas de
                                TÉOS             Sira        Cirene (filho
                                (261-246)        M           de Berenice I)
                                                             Antíoco        Laódice = Mitridates II
                                                             Hierax                  de Ponto
                                                             = (filha
                                                             de Ziaelas
                                                             da Bitínia)
                                Estratonice III
                                = Ariarates III
                                da Capadócia
                                                   ? F = Diódoto I
                                                         da Báctria
                                                         Aqueu I
        F = Aqueu I                                                                      Laódice (B)
                                                                                         = Aqueu II
                                                Eubeia = (2) ANTÍGONO III (1) = Laódice III (ver acima)
                                                de Cálcis    O GRANDE
                                                             (223-187)
        SELÊUCO II
        CALÍNICO                                                         Laódice IV = Antíoco                Cleópatra I = Ptolomeu V
        (246-226)                                                                    (d. 195)
                                                                                     Nisa = Fárnaces I
                                                                                             do Ponto
                                                                                                             Antíoco = Ariarate IV
                                                                                                                       da Capadócia
   Andrômaco = F             Laódice I = (1)
   Átalo = Antióquida
   Átalo I                Laódice II = SELÊUCO III
   de Pérgamo                          SÓTER
                                       (CERAUNO)
                          Aqueu II     (226-223)
                          (Síria,
                          220-213)
   Laódice (B)                          ANTÍOCO IV  = Laódice
   (filha de                            EPIFÂNIO     (paternidade
   Mitridates II)                       (175/0-164)  incerta)

   F = Demétrio I
       da Báctria

F = SELÊUCO IV
    FILOPÁTOR
    (187-175)
```

Genealogia dos Selêucidas (continuação)

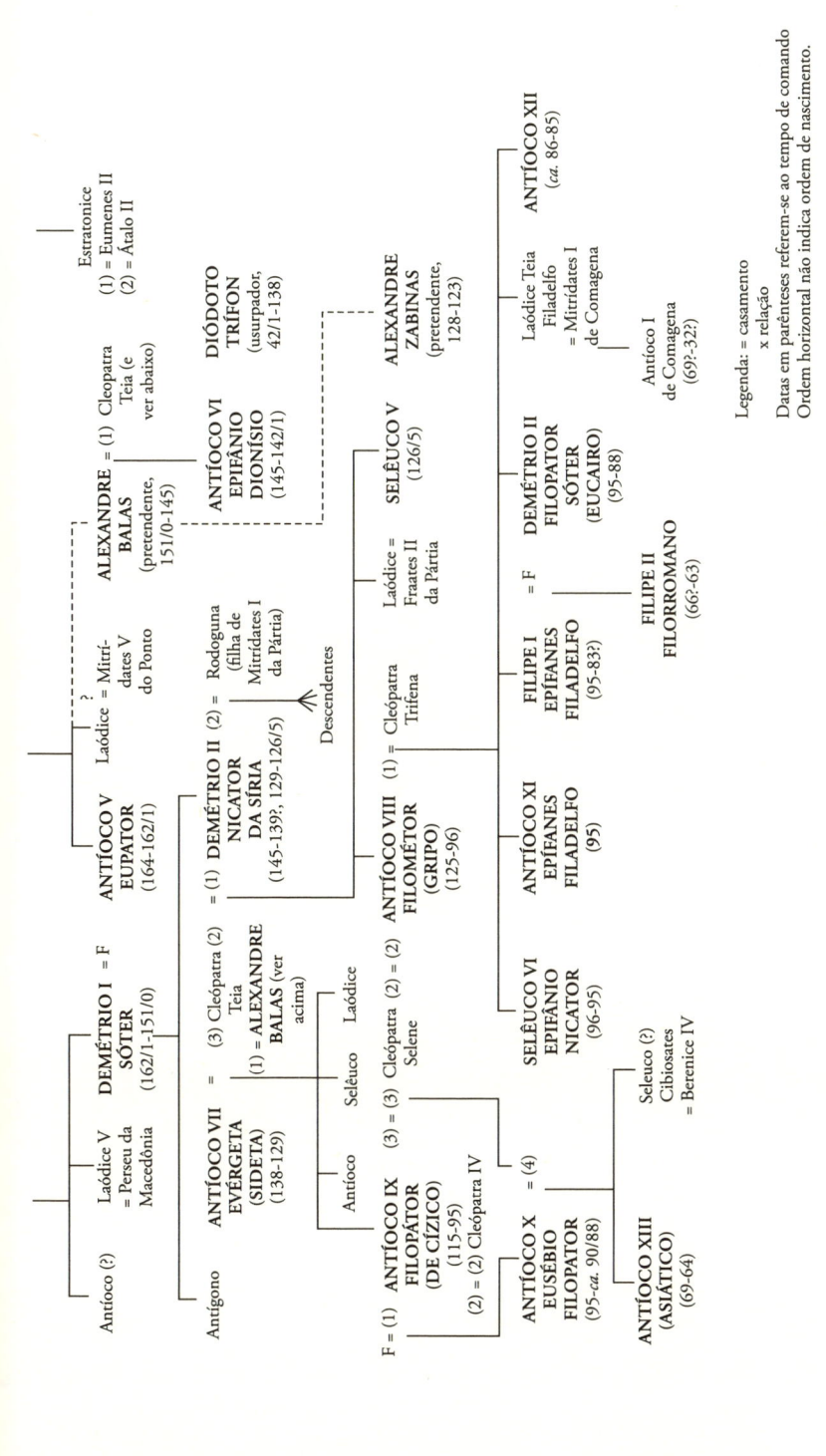

- Antíoco (?)
- Laódice V = Perseu da Macedônia
- **DEMÉTRIO I SÓTER** (162/1-151/0) = F
- Antígono
- **ANTÍOCO VII EVÉRGETA (SIDETA)** (138-129) = (3) Cleópatra (2) Teia / (1) = **ALEXANDRE BALAS** (ver acima)
  - Antíoco
  - Selêuco
  - Laódice
- **ANTÍOCO V EUPÁTOR** (164-162/1)
- Laódice = Mitridates V do Ponto
- Estratonice
  - (1) = Eumenes II
  - (2) = Átalo II
- **ALEXANDRE BALAS** (pretendente, 151/0-145) = (1) Cleópatra Teia (e ver abaixo)
- **ANTÍOCO VI EPIFÂNIO DIONÍSIO** (145-142/1)
- **DIÓDOTO TRÍFON** (usurpador, 42/1-138)
- = (1) **DEMÉTRIO II NICATOR DA SÍRIA** (145-139?, 129-126/5) (2) = Rodoguna (filha de Mitridates I da Pártia)
  - Descendentes
- (3) = (3) Cleópatra (2) Selene
- F = (1) **ANTÍOCO IX FILOPÁTOR (DE CÍZICO)** (115-95)
  - (2) = (2) Cleópatra IV
- **ANTÍOCO VIII FILOMÉTOR (GRIPO)** (125-96) (1) = Cleópatra Trífena
- Laódice = Fraates II da Pártia
- **SELÊUCO V** (126/5)
- **ALEXANDRE ZABINAS** (pretendente, 128-123)
- **ANTÍOCO X EUSÉBIO FILOPATOR** (95-ca. 90/88)
- **ANTÍOCO XIII (ASIÁTICO)** (69-64)
- Seleuco (?) Cibiosates = Berenice IV
- **SELÊUCO VI EPIFÂNES NICATOR** (96-95)
- **ANTÍOCO XI EPÍFANES FILADELFO** (95)
- **FILIPE I EPÍFANES FILADELFO** (95-83?)
- **DEMÉTRIO II FILOPATOR SÓTER (EUCAIRO)** (95-88) = F
- **ANTÍOCO XII** (ca. 86-85)
- **FILIPE II FILORROMANO** (66?-63)
- Laódice Teia Filadelfo = Mitridates I de Comagena
- Antíoco I de Comagena (69?-32?)

Legenda: = casamento
x relação
Datas em parênteses referem-se ao tempo de comando
Ordem horizontal não indica ordem de nascimento.

Genealogia 3
OS PTOLOMEUS

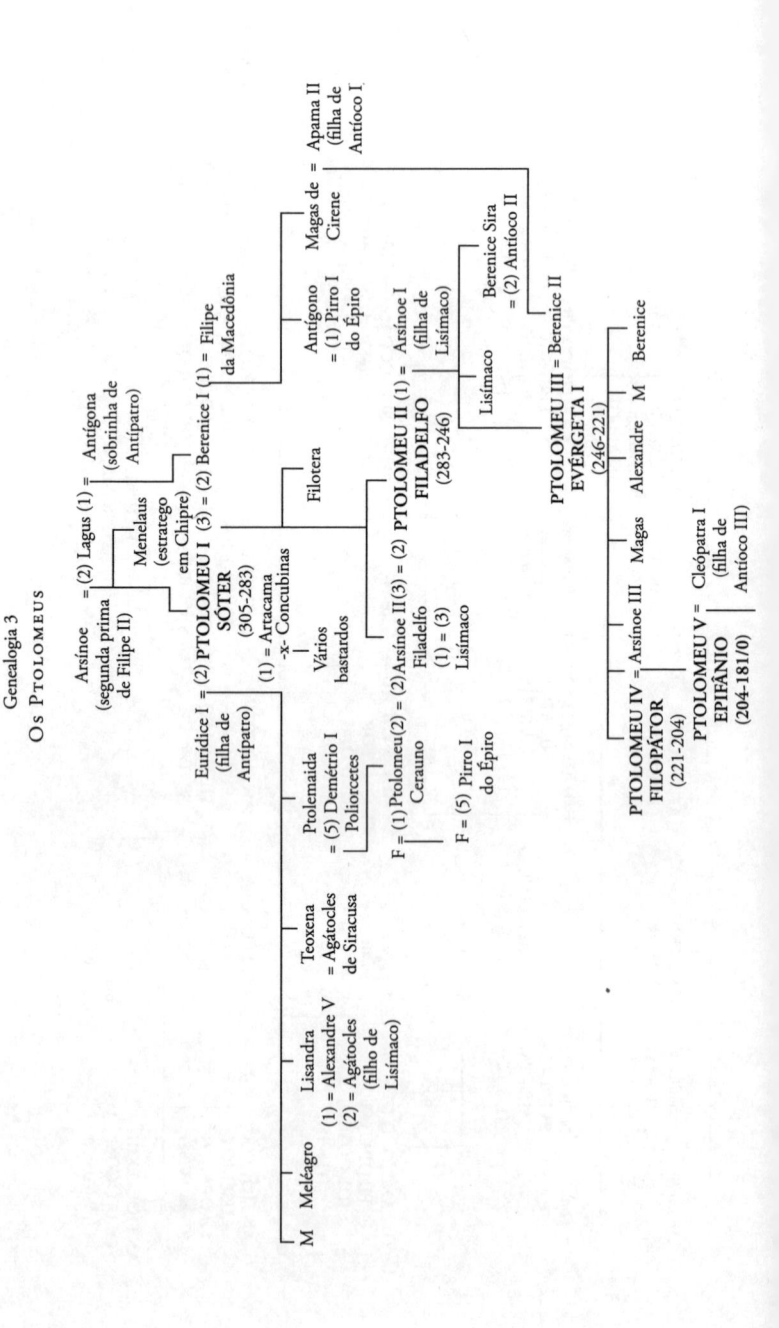

```
                                                                    Arsínoe   = (2) Lagus (1) =  Antígona
                                                                    (segunda prima            (sobrinha de
                                                                    de Filipe II)              Antípatro)
                                                                              │
                                                    ┌─────────────────────────┼─────────────────────────────┐
                                                 Menelaus                                           Magas de = Apama II
                                                 (estratego                                         Cirene     (filha de
                                                 em Chipre)                                                    Antíoco I)
                                                                                                                │
                           Eurídice I = (2) PTOLOMEU I (3) = (2) Berenice I (1) = Filipe                        │
                           (filha de         SÓTER                                da Macedônia                  │
                           Antípatro)       (305-283)                                                           │
                                       (1) = Artacama                                                           │
                                           -x- Concubinas                                                       │
        ┌──────────┬──────────┬────────┼────────────┬──────────┐           ┌──────────┬──────────┐              │
    M Meléagro  Lisandra   Teoxena  Ptolemaida   Vários      Filotera   Antígono  PTOLOMEU II (1) = Arsínoe I
              (1)=Alexandre V =Agátocles =(5) Demétrio I  bastardos              =(1)Pirro I    FILADELFO       (filha de
              (2)=Agátocles  de Siracusa  Poliorcetes                             do Épiro      (283-246)       Lisímaco)
                 (filho de                                                                                      │
                 Lisímaco)                                                                                      │
                                   F= (1) Ptolomeu (2) = (2) Arsínoe II (3) = (2) Filadelfo                     │
                                         Cerauno                         (1) = (3)                              │
                                                                              Lisímaco                          │
                                       F= (5) Pirro I                                                           │
                                              do Épiro                                                          │
                                                                                                        ┌───────┴────────┐
                                                                                                     Lisímaco    Berenice Sira
                                                                                                              = (2) Antíoco II
                                                                                                                │
                                                                        PTOLOMEU III = Berenice II
                                                                        EVÉRGETA I
                                                                        (246-221)
                                                    ┌──────────┬──────────┬──────────┬──────────┐
                                         PTOLOMEU IV = Arsínoe III   Magas   Alexandre M   Berenice
                                         FILOPÁTOR
                                         (221-204)
                                              │
                                         PTOLOMEU V = Cleópatra I
                                         EPIFÂNIO    (filha de
                                         (204-181/0) Antíoco III)
```

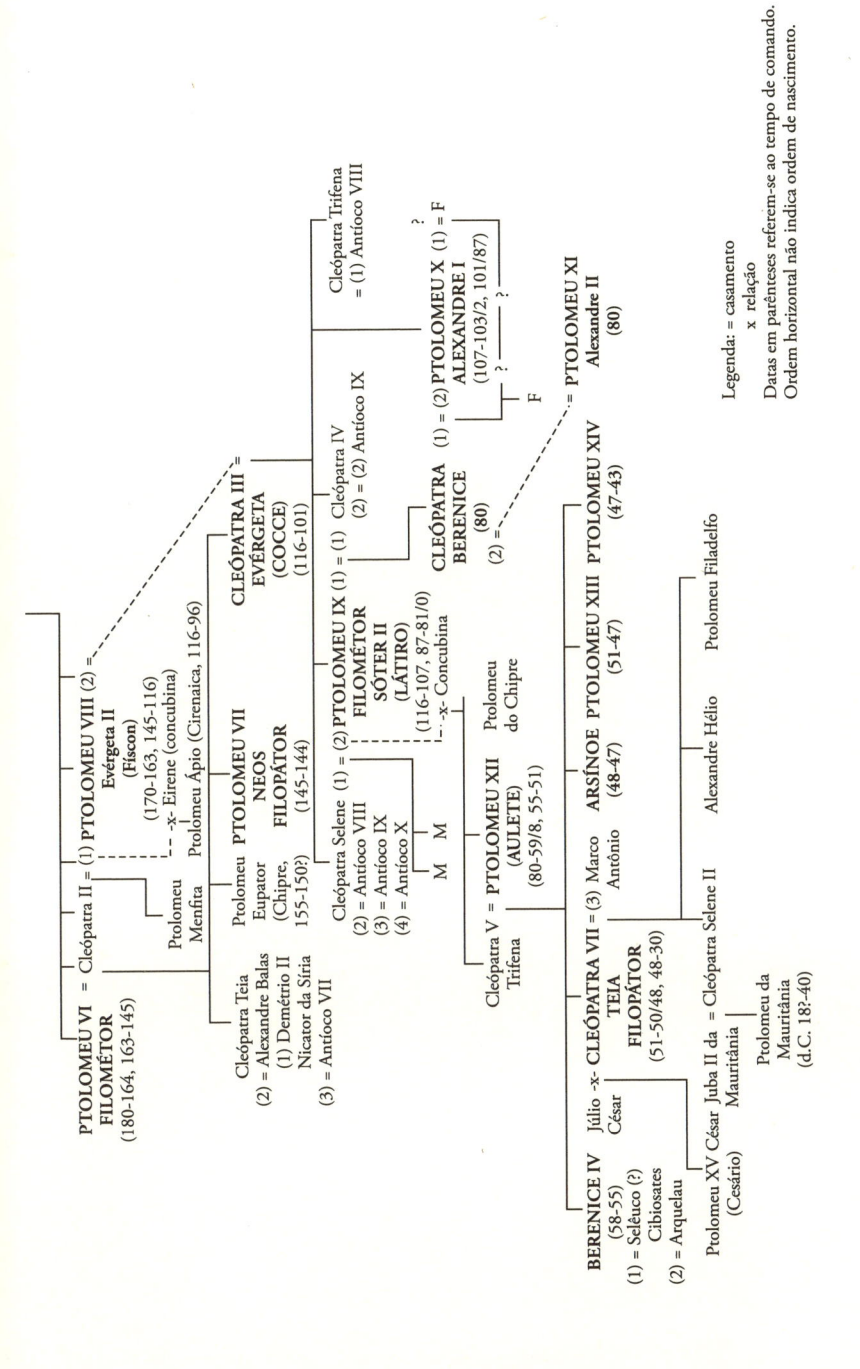

PTOLOMEU VI FILOMÉTOR (180-164, 163-145) = Cleópatra II = (1) **PTOLOMEU VIII** (2) = **Evérgeta II (Físcon)** (170-163, 145-116) - -x- Eirene (concubina)

- Ptolomeu Menfita
- Ptolomeu Ápio (Cirenaica, 116-96)

Filhos de Ptolomeu VIII e Cleópatra III:

- Cleópatra Teia
  - (2) = Alexandre Balas
  - (1) Demétrio II Nicator da Síria
  - (3) = Antíoco VII
- Ptolomeu Eupator
- **PTOLOMEU VII NEOS FILOPÁTOR** (145-144)
- **CLEÓPATRA III EVÉRGETA (COCCE)** (116-101) =

Filhos:
- Ptolomeu (Chipre, 155-150?)
- Cleópatra Selene (1) = (2) **PTOLOMEU IX FILOMÉTOR SÓTER II (LÁTIRO)** (116-107, 87-81/0) (1) = Cleópatra IV
  - (2) = Antíoco VIII
  - (3) = Antíoco IX
  - (4) = Antíoco X
  - -x- Concubina
  - (2) = (2) Antíoco IX
- Cleópatra Trifena = (1) Antíoco VIII
- **CLEÓPATRA BERENICE** (80) (1) = (2) **PTOLOMEU X ALEXANDRE I** (107-103/2, 101/87)
  - F ?
  - ? ?
- F = **PTOLOMEU XI Alexandre II** (80)

M M
- Ptolomeu do Chipre
- Cleópatra V = **PTOLOMEU XII (AULETE)** (80-59/8, 55-51) Trifena

BERENICE IV (58-55)
- (1) = Seléuco (?) Cibiosates
- (2) = Arquelau

Júlio -x- **CLEÓPATRA VII TEIA FILOPÁTOR** (51-50/48, 48-30) = (3) Marco Antônio

ARSÍNOE (48-47) **PTOLOMEU XIII** (51-47) **PTOLOMEU XIV** (47-43)

- Ptolomeu XV César (Cesário)
- Cleópatra Selene II = Juba II da Mauritânia
  - Ptolomeu da Mauritânia (d.C. 18?-40)
- Alexandre Hélio
- Ptolomeu Filadelfo

Legenda: = casamento
x relação
Datas em parênteses referem-se ao tempo de comando.
Ordem horizontal não indica ordem de nascimento.

Guia para leituras adicionais

Nas referências seguintes, deve-se sempre ter em mente que estas são apenas recomendações básicas, restritas a obras fundamentais em inglês. Para maiores explorações, os leitores devem consultar as bibliografias (muitas delas bastante abrangentes) que os títulos recomendados oferecem. Minhas escolhas são pessoais e altamente seletivas: estudos que achei valiosos e estimulantes, às vezes em face de grandes divergências. Nem todos os tópicos são listados aqui, mas a maioria dos assuntos omitidos podem ser encontrados nas pesquisas gerais.

CAPÍTULO 1

Sobre a história e o contexto geral da Macedônia: Adams e Borza (1982), Borza (1990) e (1995), Errington (1990), Hammond (1989), Hammond e Griffith (1979). Hammond acredita numa constituição organizada e legalmente vinculativa; outros (de maneira mais plausível) veem a Macedônia como um lugar de líderes militares primitivos e competitivos, onde o poder ia para o mais forte. Sobre Filipe II: Cawkwell (1978), Ellis (1976), Griffith (1979), Hammond (1994), Hatzopoulos e Koukopoulos (1980). Griffith é magnífico, Cawkwell é uma boa introdução curta. Ellis requer conhecimento prévio para ser totalmente apreciado. Hammond, embora seja o mais recente, é excessivamente lisonjeiro e muitas vezes desatualizado. Hatzopoulos e Loukopoulos oferecem um vasto escopo de artigos informativos.

As obras sobre Alexandre são inúmeras, e sua qualidade varia imensamente. Os seguintes textos são recomendados. Gerais e biográficos: Adams (2005), Bosworth (1988a), Cartledge (2004), Green (1991), Hammond

Guia para leituras adicionais

(1981), Mossé (2004), O'Brien (1992), Stoneman (2004), Tarn (1948), Wilcken (1967), Worthington (2004). Tarn e Hammond representam a velha visão de Alexandre como um idealista sem igual, buscando a Irmandade entre os Homens; Bosworth e Green enfatizam mais a busca de glória através da conquista e matança. Os outros ocupam diversos pontos entre estes extremos. Adams e Stoneman ambos oferecem excelentes biografias curtas para iniciantes. O'Brien atribui todos os problemas de Alexandre ao alcoolismo, mas tem a vantagem de uma bibliografia extremamente inteligível. Websites úteis são www.living.org/aj-al/alexander/alexanderoo.html e www.isidore-of-seville.com/alexanderama.html. Para os leitores de alemão que querem explorar as origens da teoria moderna sobre Alexandre, Droysen (2004), uma reimpressão bem editada do volume um de sua *Geschichte des Hellenismus*, Gotha 1877, é altamente recomendada.

Outras obras úteis incluem Roisman (2003), e Bosworth e Baynham (2000), abrangentes coleções de artigos sobre o pano de fundo da carreira de Alexandre; Bosworth (1988b) sobre a interpretação das fontes; Cohen (1997) sobre o grande mosaico de Isso; Bosworth (1996) comparando as campanhas de Alexandre na Índia com as dos conquistadores da América Central; Eddy (1961) sobre a violenta resistência ideológica à invasão macedônica; Engels (1978) faz um estudo pioneiro da logística militar de Alexandre; Fraser (1996) sobre a fundação de cidades por Alexandre; Holt (todos os títulos) nos oferece um fascinante vislumbre de Alexandre no que hoje é o Afeganistão, e uma lição de como se podem extrair evidências históricas de moedas antigas; Stewart (1993) sobre a interseção entre arte e política na propaganda de Alexandre; Wood (1997) nos dá uma vívida introdução à topografia das campanhas; e Heckel (2006) faz um brilhante "quem é quem" dos principais personagens da época.

CAPÍTULOS 2 – 6

O mundo helenístico é um campo de estudos vasto e, a princípio, intimidador. Felizmente, há hoje diversas introduções gerais úteis e razoavelmente atualizadas. Uma breve pesquisa inicial é fornecida por Burstein (1996). O texto mais fácil para o iniciante (embora careça de uma narrativa clara) é

Walbank (1993), naturalmente seguido de Walbank et al. (1984). Esta última obra, combinada com ensaios em Erskine (2003) e Green (1993), é a melhor opção (até hoje) para o leitor que quer uma narrativa completa em inglês dos acontecimentos políticos, algo de que ainda há uma necessidade premente. Os leitores de francês são enfaticamente recomendados a ler Will (1979-1982). Erskine, Green, Shipley (2000), Cartledge et al. (1997), e Ogden (2002) juntos cobrem a maioria dos assuntos principais. Os ensaios em Ogden (2000) exploram as práticas sanguinolentas da política dinástica (mais seriamente do que seu título chamativo talvez sugira). Outras obras mais antigas às vezes fornecem conhecimentos úteis: Chamoux (2003, tradução de um original de 1981) sobre Cirene e a monarquia helenística, Tarn e Griffith (1952) sobre comércio e exploração, Ferguson (1973) sobre utopias. Muitas áreas podem ser exploradas através do website www.livius.org.

A história dos primeiros Sucessores agora foi coberta com maestria por Bosworth (2002), que deve ser lido em conjunto com Heckel (1992), um tratamento completo e maravilhosamente bem documentado sobre todos os altos comandantes de Alexandre, muitos dos quais desempenharam papéis cruciais após sua morte. Ver também Adams e Borza (1982) e Adams *in* Bugh (2006) 28-51. Estudos individuais sobre Antígono Monoftalmo (Billows 1990), Ptolomeu I (Ellis 1994), Seleuco I (Grainger 1990), Eumenes (Anson 2004) e Lisímaco (Lund 1992) ajudam a completar o quadro com retratos de líderes e reis imponentes que, enquanto Alexandre era vivo, não passavam de leais oficiais de estado-maior, administrando sua formidável máquina militar.

Sobre o Egito ptolomaico, os leitores devem começar com Turner *in* Walbank et al. (1984), 118-174, Thompson *in* Crook et al. (1994), 310-326, Erskine (2003), 105-120, e Shipley (2000), 192-234. Isto os preparará para o tratamento completo e avançado em Hölbl (2001) e os ensaios discursivos de Bowman (1986) e Chauveau (2000). Embora um tanto desatualizado, Bevan (1927) ainda oferece muito material útil que não está disponível em nenhum outro lugar. Todos têm amplas bibliografias para maiores estudos. Sobre a helenização do Egito, ver Vasunia (2001); e sobre a mescla de culturas, Lewis (1986) e Thompson (1988), um estudo brilhante e fascinante. Sobre o grande arquivo de Zenão: Pestman et al. (1981). Sobre as mulheres no Egito helenístico: Pomeroy (1984), Rowlandswon (1998).

Guia para leituras adicionais

Sobre Cleópatra VII: Volkmann (1958), ainda o tratamento mais sensato, Whitehorne (1994), Walker e Higgs (2001), e Kleiner (2005). Sobre Alexandria (e muito mais), os três volumes monumentais de Fraser (1972) e "Alexander's Alexandria" *in* Green (2004), 172-196.

Não há um estudo geral completo e atualizado sobre os selêucidas. O melhor disponível é Habicht *in* Austin et al. (1989), 324-387. Ver também Shipley (2000), 271-325. A introdução curta mais acessível é a de Austin *in* Erskine (2003), 121-133. Bevan (1902) continua sendo uma narrativa muito legível, mas gravemente desatualizada. Sherwin-White e Kuhrt (1993) requerem alguns conhecimentos prévios e enfatizam mais a perspectiva persa do que a ocidental, às vezes em detrimento desta última. Musti *in* Walbank et al. (1984), 175-220, contém material interessante, mas também é para leitores avançados. Sobre o período mais antigo, Grainger (1990) é um texto valioso. Sobre a Fenícia, ver Grainger (1991). Shipley (ver anteriormente) também discute os atálidas, sobre os quais a melhor introdução é a de Kosmetatou *in* Erskine (2003), 159-174. Ver também Allen (1983) e Hansen (1971), um tratamento completo e legível, mas agora desatualizado. Um grupo de e-mail de discussão e pesquisa muito ativo e de alto nível é o *seleukids* do yahoogroups.com, com um link para www.seleukids.org.

Sobre a Macedônia e a Grécia continental, além das obras citadas no começo do capítulo 1, há três estudos introdutórios disponíveis: Walbank *in* Walbank et al. (1984), 446-481, Shipley (2000), 108-152, e Scholten *in* Erskine (2003), 134-158, todos com bibliografias completas. Antígono Gônatas: Tarn (1913) e Gabbert (1997). Filipe V: Walbank (1940). Arato de Sícion: Walbank (1933). As mulheres da realeza argéada: Carney (2000), um estudo brilhante e imensamente legível. Sobre as ligas aqueia e etólia, Larsen (1968) continua sendo uma introdução útil. Sobre a Etólia, ver agora também Scholten (2000). Esparta helenística: Shimron (1972), Africa (1961), Piper (1986), e a excelente pesquisa de Cartledge e Spawforth (2002). Atenas helenística, como era de se esperar, é um assunto bem documentado: ver Ferguson (1911), ainda valioso apesar de novas descobertas epigráficas, Mossé (1973), Frösén (1997), Green (2003b) e, acima de tudo, Habicht (1997), um tratamento completo, atualizado e perspicaz.

O impacto de Roma no mundo greco-macedônico é um tópico que gerou visões altamente contrastantes: ver em especial Badian (1958), Harris (1979) e Gruen (1984). Este último fornece uma excelente narrativa política completa sobre os últimos dois séculos do período helenístico. Ver também as contribuições para Astin et al. (1989) de R. M. Errington, 81-106, 244-289 e P. E. Derow, 290-323, e para Crook et al. (1994), de J. G. F. Hind, 130-164, e A. N. Sherwin-White, 229-273. Sobre o reinado de Roma na Ásia Menor, o volume um de Magie (1950) ainda é um recurso essencial.

Muitos trabalhos excelentes já foram feitos sobre cidades helenísticas. Uma boa introdução recente é Billows em Erskine (2003), 196-215, com uma boa bibliografia de estudos avançados recentes sobre áreas especializadas (por exemplo, a Síria e o oeste da Ásia Menor). Shipley e Hansen *in* Bugh (2006) 52-72, embora sejam excessivamente melioristas, oferecem muitas ideias úteis, e também discutem o assunto crucial do federalismo. O estudo fundamental ainda é Jones (1940). Ver também Wycherley (1962) e Green (1993), 155-170. Sobre Rodes helenística e sua marinha, ver Berthold (1984) e Gabrielsen (1997). Sobre monarquia e seu conceito geral no período, duas introduções contrastantes, Walbank *in* Walbank et al. (1984) e Ma *in* Erskine (2003), 177-195, mostram o quão veloz pode ser o desenvolvimento das ideias em vinte anos: cf. Shipley (2000), 59-85. Sobre o elemento religioso na realeza helenística: Green (2003a), com uma bibliografia de estudos recentes. Sobre evidências visuais de conceitos de monarquia: Smith (1988) e Stewart (1993).

O texto básico sobre a economia helenística ainda é Rostovtzeff (1941), embora grandes avanços tenham sido feitos desde então: para uma boa introdução a estes avanços, ver Reger *in* Erskine (2003), 331-353, também Davies *in* Walbank et. al. (1984), 237-320, *in* Archibald et al. (2001), 11-62, com uma bibliografia completa, e mais recente em Bugh (2006), 73-92. Outros ensaios em Archibald et al. são valiosos, mas em geral altamente especializados. Um livro de fontes útil: Meijer e van Nijf (1992). Sobre a relação entre pirataria e escravagismo, Gabrielsen *in* Erskine (2003), 389-404, é fundamental. Sobre pirataria em geral, Ormerod (1924) ainda é útil, mas foi em grande medida superado por de Souza (1999). Sobre escravidão e utopias helenísticas: Green (1993), 382-395. O estudo da atividade bélica helenística agora é analisado em profundidade por Chaniotis (2005), um estudo abrangente e exaustivamente documentado. Introdução curta: Baker *in* Erskine (2003), 373-388. Desdobramentos militares: Shipley (2000), 334-341. Geografia: Geus *in* Erskine (2003), 232-245, Fraser (1972), 1.520-553, 2.750-790, Dilke (1985) sobre mapas, Romm (1992), e especialmente Clarke (1999). Ciência e tecnologia: pesquisas curtas, Green (1993), 453-496, Keyser e Irby-Massie *in* Bugh (2006), 241-264. Introduções gerais: Hodges (1970), Lloyd (1973), Rihll (1999). Livros de fontes: Cohen e Drabkin (1948), Irby-Massie e Keyser (2002).

A religião helenística pode ser abordada de maneira mais fácil numa primeira instância através de Mikalson (2005), 198-219, e em Bugh (2006), 208-222, Chamoux (2003), 323-352, Green (1993), 396-413, 568-601, e Shipley (2000), 153-176. Tanto Mikalson (1998) quanto Parker (1996), 218-281, concentram-se especificamente em cultos e crenças atenienses. Sobre a deificação de governantes helenísticos, ver Chaniotis *in* Erskine (2003), 430-445, e Green (2003a). Magia: Dickie (2001), 96-123. Visões gerais da filosofia helenística: Long (1974), Shipley (2000), 176-191, Green (1993), 602-646. Para outras leituras, Algra et al. (1999). Medicina: Flemming *in* Erskine (2003), 449-463, Green (1993), 480-496, e Nutton (2004). Von Staden (1989) sobre Herófilo é uma cornucópia de informações médicas abrangentes sobre o período helenístico. Sobre sexualidade, Skinner (2005) — não ideológico, exaustivo em seu exame de fontes, sensato em seus julgamentos, e equipado com uma bibliografia formidável — substitui todas as obras anteriores sobre este assunto para aqueles que buscam conhecimento e não uma confirmação de seus preconceitos.

As publicações sobre literatura helenística são incontáveis e de qualidade muito desigual. Uma boa introdução, enfatizando o contexto social, é fornecida por Shipley (2000), 235-270. Hutchinson (1988) aborda toda a poesia exceto Menandro, que agora é melhor examinado no capítulo de Hunter sobre ele *in* Fantuzzi e Hunter (2004), 404-443. De um modo geral, Fantuzzi e Hunter é o estudo mais abrangente e mais atualizado hoje disponível; a introdução de Hunter *in* Erskine (2003), 477-493, oferece uma hábil condensação dele, com uma documentação completa dos trabalhos sobre autores individuais. Gutzwiller (1998) sobre o epigrama é especialmente recompensante. Sobre literatura, ver também a abordagem de textos originais na minha introdução, p. 20-33 ss. Green (1993), 92-118, 336-361, e 566-585 fornece uma breve introdução às artes visuais helenísticas, assunto sobre o qual a melhor pesquisa geral é Pollitt (1986). Ver também Stewart (1996) e o mesmo autor *in* Erskine (2003), 494-514, fazendo um tratamento ao mesmo tempo hilário e assustador dos estudos pós-renascimento sobre o Laocoonte e outros ícones famosos do período.

Bibliografia

ADAMS (2005): W. L. Adams, *Alexander the Great: Legacy of a Conqueror.* Nova York.
ADAMS E BORZA (1982): W. L. Adams, E. N. Borza (eds.), *Philip II, Alexander the Great, and the Macedonian Heritage.* Washington, D.C.
AFRICA (1961): T. W. Africa, *Phylarchos and the Spartan Revolution.* Berkeley.
ALCOCK (1994): S. E. Alcock, 'Breaking Up the Hellenistic World: Survey and Society,' *in* Morris (1994), 171-190.
ALGRA ET AL. (1999): K. Algra et al. (eds.), *The Cambridge History of Hellenistic Philosophy.* Cambridge.
ALLEN (1983): R. E. Allen, *The Attalid Kingdom: A Constitutional History.* Oxford.
ANSON (2004): E. M. Anson, *Eumenes of Cardia: A Greek among Macedonians.* Boston e Leiden.
ARAFAT (1996): K. W. Arafat, *Pausanias' Greece: Ancient Artists and Roman Rulers.* Cambridge.
ARCHIBALD ET AL. (2001): Z. H. Archibald, J. Davies, V. Gabrielsen, G. J. Oliver [eds.], *Hellenistic Economies.* Nova York.
ASTIN ET AL. (1989): A. E. Astin et al. (eds.), *The Cambridge Ancient History.* 2ª ed. Vol. VIII, *Rome and the Mediterranean to 133 B.C.* Cambridge.
AUSTIN (2006): M. M. Austin, *The Hellenistic World from Alexander to the Roman Conquest.* Cambridge.
BABBITT ET AL. (1927-2004): F. C. Babbitt et al., *Plutarch's Moralia.* 15 vols. Cambridge, Mass.
BADIAN (1958): E. Badian, *Foreign Clientelae.* Oxford.
BADIAN (1966): E. Badian (ed.), *Ancient Society and Institutions.* Oxford.
BAGNALL (1995): R. S. Bagnall, *Reading Papyri, Writing Ancient History.* Londres e Nova York.
BAGNALL E DEROW (2004): R. S. Bagnall e P. Derow, *The Hellenistic Period: Historical Sources in Translation.* 2ª ed. Oxford.
BARNES (1984): J. Barnes (ed.), *The Complete Works of Aristotle.* Rev. Oxford Trad. Princeton.
BAYNHAM (1998): E. Baynham, *Alexander the Great: The Unique History of Quintus Curtius.* Ann Arbor, Mich.

Bibliografia

BELLINGER (1963): A. R. Bellinger, *Essays on the Coinage of Alexander the Great*. Nova York.

BERTHOLD (1984): R. M. Berthold, *Rhodes in the Hellenistic Age*. Ithaca, NY.

BETTENSON (1976): H. Bettenson, *Livy: Rome and the Mediterranean*. Introdução de A. H. McDonald. Harmondsworth.

BEVAN (1902): E. R. Bevan, *The House of Seleucus*. 2 vols. Londres.

BEVAN (1927): E. R. Bevan, *The House of Ptolemy: A History of Egypt Under the Ptolemaic Dynasty*. Londres.

BICHLER (1983): R. Bichler, *'Hellenismus': Geschichte und Problematik eines Epochenbegriffs*. Darmstadt.

BILLOWS (1990): R. A. Billows, *Antigonos the One-Eyed and the Creation of the Hellenistic State*. Berkeley.

BIZIÈRE (1975): F. Bizière, *Diodore de Sicile, Bibliothèque Historique*. Livre XIX. Paris.

BORZA (1990): E. N. Borza, *In the Shadow of Olympus: The Emergence of Macedon*. Princeton.

BORZA (1995): E. N. Borza, *Makedonika*. Claremont, Calif.

BOSWORTH (1980): A. B. Bosworth, *A Historical Commentary* on *Arrian's History of Alexander*. Vol. I, Comentário sobre Livros I-III. Oxford.

BOSWORTH (1988a): A. B. Bosworth, *Conquest and Empire: The Reign of Alexander the Great*. Cambridge.

BOSWORTH (1988b): A. B. Bosworth, *From Arrian to Alexander: Studies in Historical Interpretation*. Oxford.

BOSWORTH (1995): A. B. Bosworth, *A Historical Commentary* on *Arrian's History of Alexander*. Vol. II, Comentário sobre Livros IV-V. Oxford.

BOSWORTH (1996): A. B. Bosworth, *Alexander and the East: The Tragedy of Triumph*. Oxford.

BOSWORTH (2002): A. B. Bosworth, *The Legacy of Alexander: Politics, Warfare, and Propaganda Under the Successors*. Oxford.

BOSWORTH E BAYNHAM (2000): A. B. Bosworth e E. J. Baynham, *Alexander the Great in Fact and Fiction*. Oxford.

BOWMAN (1986): A. K. Bowman, *Egypt After the Pharaohs: 332 BC–AD 642*. Cambridge.

BRAUND E WILKINS (2000): D. Braund e J. Wilkins [eds.], *Athenaeus and His World: Reading Greek Culture in the Roman Empire*. Exeter.

BRIANT (2002): P. Briant, *From Cyrus to Alexander: A History of the Persian Empire*. Trad. P. T. Daniels. Winona Lake, Ind.

BROWN (1958): T. S. Brown, *Timaeus of Tauromenium*. Berkeley.

BRUNT (1976): P. A. Brunt, *Arrian: Anabasis Alexandri*. Vol. I, Livros I-IV. Cambridge, Mass.

BRUNT (1983): P. A. Brunt, *Arrian: Anabasis Alexandri*. Vol. II, Livros V-VII. Cambridge, Mass.

BUCKLER (2003): J. Buckler, *Aegean Greece in the Fourth Century BC*. Leiden.
BUGH (2006): G. R. Bugh [ed.], *The Cambridge Companion to the Hellenistic World*. Cambridge.
BURN (1962): A. R. Burn, *Alexander the Great and the Hellenistic World*. 2ª ed. Nova York.
BURSTEIN (1985): S. M. Burstein, *Translated Documents of Greece and Rome 3: The Hellenistic Age from the Battle of Ipsos to the Death of Kleopatra VII*. Cambridge.
BURSTEIN (1996): S. M. Burstein, *The Hellenistic Period in World History*. Washington, D.C.
CARNEY (2000): E. D. Carney, *Women and Monarchy in Macedonia*. Norman, Okla.
CARNEY (2003): E. D. Carney, 'Women in Alexander's Court' *in* Roisman (2003), 227-252.
CARTLEDGE (2004): P. A. Cartledge, *Alexander the Great*. Woodstock e Nova York.
CARTLEDGE ET AL. (1997): P. A. Cartledge, P. Garnsey, E.. Gruen [eds.], *Hellenistic Constructs: Essays in Culture, History, and Historiography*. Berkeley.
CARTLEDGE E SPAWFORTH (2002): P. A. Cartledge e A. J. Spawforth, *Hellenistic and Roman Sparta: A Tale of Two Cities*. 2ª ed. Londres e Nova York.
CARY (1914-27): E. Cary, *Dio Cassius: Roman History*. 9 vols. Cambridge, Mass.
CAWKWELL (1978): G. Cawkwell, *Philip of Macedon*. Londres.
CHAMOUX (2003): F. Chamoux [ed.], *Hellenistic Civilization*. Trad. M. Roussel. Oxford.
CHANIOTIS (2005): A. Chaniotis, *War in the Hellenistic World: A Social and Cultural History*. Londres e Nova York.
CHAUVEAU (2000): M. Chauveau, *Egypt in the Age of Cleopatra: History and Society Under the Ptolemies*. Ithaca e Londres.
CLARKE (1997): K. Clarke, 'In Search of the Author of Strabo's *Geography*,' *JRS* 87 (1997): 92-110.
CLARKE (1999): K. Clarke, *Between Geography and History: Hellenistic Constructions of the Roman World*, esp. caps. iv-vi. Oxford.
COHEN (1997): A. Cohen, *The Alexander Mosaic: Stories of Victory and Defeat*. Cambridge.
COHEN E DRABKIN (1948): M. R. Cohen e I. E. Drabkin, *A Source Book in Greek Science*. Cambridge, Mass.
CRAWFORD (1983): M. Crawford (ed.), *Sources for Ancient History*. Cambridge.
CROOK ET AL. (1994): J. A. Crook et al. (eds.), *The Cambridge Ancient History*. 2ª ed. Vol: 9, *The Last Age of the Roman Republic, 146-43 B.C.* Cambridge.
DEPUYDT (1997): L. Depuydt, 'The Time of Death of Alexander the Great: 11 June 323 BC, ca. 4.00-5.00 PM', *Die Welt des Orients* 28 (1997): 117-135.
DE SÉLINCOURT (1971): A. de Sélincourt, *Arrian: The Campaigns of Alexander*. Introdução de J. R. Hamilton. Harmondsworth.
DE SOUZA (1999): P. de Souza, *Piracy in the Graeco-Roman World*. Cambridge.
DICKIE (2001): M. Dickie, *Magic and Magicians in the Greco-Roman World*. Londres.
DIGGLE (2004): J. Diggle, *Theophrastus: Characters*. Cambridge.

Bibliografia

DILKE (1985): O. A. W. Dilke, *Greek and Roman Maps*. Londres.
DROYSEN (1878): J. G. Droysen, *Geschichte des Hellenismus*. 2 vols. Gotha.
DROYSEN (2004): J. G. Droysen, *Geschichte Alexanders des Grossen*. Ed. Rev. A. Hohlweg. Neuried.
DRYDEN ET AL. (2001): J. Dryden et al. *Plutarch's Lives*. 2 vols. Nova York.
DUECK (2000): D. Dueck, *Strabo of Amasia: A Greek Man of Letters in Augustan Rome*. Nova York.
EASTERLING E KNOX (1985): P. E. Easterling e B. M. W. Knox (eds.), *The Cambridge History of Classical Literature I: Greek Literature*. Cambridge.
EDDY (1961): S. K. Eddy, *The King Is Dead: Studies in the Near Eastern Resistance to Hellenism, 334-31 B.C.* Lincoln, Nebr.
EDELSTEIN E KIDD (1989): L. Edelstein e I. G. Kidd, *Posidonius*. Vol. I, *The Fragments*. 2ª ed: Cambridge.
ELLIS (1976): J. R. Ellis, *Philip II and Macedonian Imperialism*. Londres, 1976.
ELLIS (1994): W. M. Ellis, *Ptolemy of Egypt*. Londres e Nova York.
ENGELS (1978): D. W. Engels, *Alexander the Great and the Logistics of the Macedonian Army*. Berkeley.
ERRINGTON (1990): R. M. Errington, *A History of Macedonia*. Trad. C. Errington. Berkeley.
ERSKINE (2003): A. Erskine (ed.), *A Companion to the Hellenistic World*. Oxford.
FANTUZZI E HUNTER (2004): M. Fantuzzi e R. Hunter, *Tradition and Innovation in Hellenistic Poetry*. Cambridge.
FERGUSON (1911): W. S. Ferguson, *Hellenistic Athens: An Historical Essay*. Nova York [reimpr. 1969].
FERGUSON (1973): J. Ferguson, *The Heritage of Hellenism*. Londres.
FOERSTER (1893): R. Foerster, *Scriptores physiognomonici Graeci et Latini*. Leipzig.
FRASER (1972): P. M. Fraser, *Ptolemaic Alexandria*. 3 vols. Oxford.
FRASER (1977): P. M. Fraser, *Rhodian Funerary Monuments*. Oxford.
FRASER (1996): P. M. Fraser, *Cities of Alexander the Great*. Oxford.
FRÖSÉN (1997): J. Frösén (ed.), *Early Hellenistic Athens: Symptoms of a Change*. Helsinque.
GABBERT (1997): J. J. Gabbert, *Antigonus II Gonatas: A Political Biography*. Londres e Nova York.
GABRIELSEN (1997): V. Gabrielsen, *The Naval Aristocracy of Hellenistic Rhodes*. Aarhus.
GAGER (1992): J. G. Gager, *Curse Tablets and Binding Spells from the Ancient World*. Oxford.
GEER (1947): R. M. Geer, *Diodorus of Sicily*. Vol. IX, livros xviii e xix, 1-65. Cambridge, Mass.
GEER (1954): R. M. Geer, *Diodorus of Sicily*. Vol. X, livros xix, 66-110, e xx. Cambridge, Mass.
GOUKOWSKY (1978): P. Goukowsky, *Diodore de Sicile: Bibliothèque Historique*. Livro XVIII. Paris.

GOUKOWSKY (1999): P. Goukowsky, *Diodore de Sicile: Bibliothèque Historique*. Livro XVII. Paris.

GRAINGER (1990): J. D. Grainger, *Seleukos Nikator: Constructing a Hellenistic Kingdom*. Londres.

GRAINGER (1991): J. D. Grainger, *Hellenistic Phoenicia*. Oxford.

GRAYSON (1975): A. K. Grayson, *Assyrian and Babylonian Chronicles*. Nova York.

GREEN (1991): P. Green, *Alexander of Macedon, 356-323 B.C.: A Historical Biography*. Ed. Rev. Berkeley.

GREEN (1993): P. Green, *Alexander to Actium: The Historical Evolution of the Hellenistic Age*. Ed. Rev. Berkeley.

GREEN (1997): P. Green, *The Argonautika, by Apollonios Rhodios*. Trad., com introdução, comentário e glossário. Berkeley.

GREEN (2003a): P. Green, 'Delivering the Go(o)ds: Demetrius Poliorcetes and Hellenistic Divine Kingship', *in Gestures: Essays in Ancient History, Literature, and Philosophy Presented to Alan L. Boegehold*, eds. G. W. Bakewell, J. P. Sickinger, Oxford, 258-277.

GREEN (2003b): P. Green, 'Occupation and Co-existence: The Impact of Macedon on Athens, 323-307', *in The Macedoniatis in Athens, 322-229 B.C.*, eds. O. Palagia, S. V. Tracy, Oxford, 1-7.

GREEN (2004): P. Green, *From Ikaria to the Stars*. Austin, Tx.

GRIFFITH (1979): G. T. Griffith, 'The Reign of Philip II,' *in* Hammond e Griffith (1979), 203-646, 675-730.

GRUEN (1984): E. S. Gruen, *The Hellenistic World and the Coming of Rome*. 2 vols. Berkeley.

GULICK (1927-1941): C. B. Gulick, *Athenaeus: The Deipnosophists*. 7 vols. Cambridge, Mass.

GUTZWILLER (1998): K. Gutzwiller, *Poetic Garlands: Hellenistic Epigrams in Context*. Berkeley.

HABICHT (1985): C. Habicht, *Pausanias' Guide to Ancient Greece*. Berkeley.

HABICHT (1997): C. Habicht, *Athens from Alexander to Antony*. Trad. D. L. Schneider. Cambridge, Mass.

HAMILTON (1969): J. R. Hamilton, *Plutarch's Alexander: A Commentary*. Oxford, 1969 [ed. rev., Londres, 1999].

HAMMOND (1981): N. G. L. Hammond, *Alexander the Great*. Londres.

HAMMOND (1989): N. G. L. Hammond, *The Macedonian State: The Origins, Institutions and History*. Oxford.

HAMMOND (1994): N. G. L. Hammond, *Philip of Macedon*. Londres.

HAMMOND E GRIFFITH (1979): N. G. L. Hammond e G. T. Griffith, *A History of Macedonia*, Vol. II, *550-336 B.C.* Oxford.

HAMMOND E WALBANK (1988): N. G. L. Hammond e F. W. Walbank, *A History of Macedonia*. Vol. III, *336-167 B.C.* Oxford.

HANSEN (1971): E. V. Hansen, *The Attalids of Pergamon*. 2ª ed. Ithaca, N.Y.
HARDING (1985): P. Harding, *Translated Documents of Greece and Rome 2: From the End of the Peloponnesian War to the Battle of Ipsus*. Cambridge.
HARRIS (1979): W. V. Harris, *War and Imperialism in Republican Rome, 327-70 BC*. Oxford.
HATZOPOULOS E LOUKOPOULOS (1980): M. B. Hatzopoulos e L. D. Loukopoulos, *Philip of Macedon*. New Rochelle, N.Y.
HECKEL (1992): W. Heckel, *The Marshals of Alexander's Empire*. Nova York.
HECKEL (2006): W. Heckel, *Who's Who in the Age of Alexander the Great*. Oxford.
HECKEL E SULLIVAN (1984): W. Heckel e R. Sullivan (eds.), *Ancient Coins of the Graeco--Roman World: The Nickle Numismatic Papers*. Waterloo, Ont.
HECKEL E YARDLEY (2004): W. Heckel e J. C. Yardley, *Alexander the Great: Historical Sources in Translation*. Oxford.
HEISSERER (1980): A. J. Heisserer, *Alexander and the Greeks: The Epigraphic Evidence*. Norman, Okla.
HICKS (1972): R. D. Hicks, *Diogenes Laertius, Lives of Eminent Philosophers*. 2 vols. Cambridge, Mass.
HODGES (1970): H. Hodges, *Technology in the Ancient World*. Harmondsworth.
HÖLBL (2001): G. Hölbl, *A History of the Ptolemaic Empire*. Trad. T. Saavedra. Londres e Nova York.
HOLFORD-STREVENS (2003): L. Holford-Strevens, *Aulus Gellius: An Antonine Scholar and His Achievement*. 2ª ed. Oxford.
HOLT (1988): F. L. Holt, *Alexander the Great and Bactria*. Leiden.
HOLT (1999): F. L. Holt, *Thundering Zeus: The Making of Hellenistic Bactria*. Berkeley.
HOLT (2003): F. L. Holt, *Alexander the Great and the Mystery of the Elephant Medallions*. Berkeley.
HOLT (2005): F. L. Holt, *Into the Land of Bones*. Berkeley.
HOWGEGO (1995): C. Howgego, *Ancient History from Coins*. Nova York.
HUNT E EDGAR (1932): A. S. Hunt e C. C. Edgar, *Select Papyri I: Non-Literary Papyri, Private Affairs*. Cambridge, Mass.
HUNT E EDGAR (1934): A. S. Hunt e C. C. Edgar, *Select Papyri II: Non-Literary Papyri, Public Documents*. Cambridge, Mass.
HUTCHINSON (1988): G. O. Hutchinson, *Hellenistic Poetry*. Oxford.
HUTTON (2005): W. Hutton, *Describing Greece: Landscape and Literature in the Periegesis of Pausanias*. Cambridge.
IRBY-MASSIE E KEYSER (2002): G. L. Irby-Massie e P. T. Keyser, *Greek Science of the Hellenistic Era: A Sourcebook*. Londres e Nova York.
ISAAC (2004): B. Isaac, *The Invention of Racism in Classical Antiquity*. Princeton.
JONES (1917-1932): H. L. Jones, *The Geography of Strabo*. 8 vols. Cambridge, Mass.
JONES (1918-1935): W. H. S. Jones, *Pausanias: Description of Greece*. 5 vols. Cambridge, Mass.
JONES (1940): A. H. M. Jones, *The Greek City from Alexander to Justinian*. Oxford.

KEBRIC (1977): R. B. Kebric, *In the Shadow of Macedon: Duris of Samos*. Wiesbaden.
KIDD (1988): I. G. Kidd, *Posidonius*. Vol. II, *The Commentary*. 2 vols. Cambridge.
KIDD (1999): I. G. Kidd, *Posidonius*. Vol. III, *The Translation of the Fragments*. Cambridge.
KLEINER (2005): D. E. E. Kleiner, *Cleopatra and Rome*. Cambridge, Mass.
KOCK (1880-1888): T. Kock, *Comicorum Atticorum Fragmenta*. 3 vols. Leipzig.
KRAAY (1966): C. M. Kraay, *Greek Coins*. Fotografias de Max Hirmer. Londres.
KRENTZ E WHEELER (1994): P. Krentz, E. L. Wheeler, *Polyaenus, Stratagems of War*. 2 vols. Chicago.
KÜBLER (1888): B. Kübler, *Iuli Valeri Res Gestae Alexandri Macedonis*. Leipzig.
LARSEN (1968): J. A. O. Larsen, *Greek Federal States*. Oxford.
LEONE (1968): P. A. M. Leone, *Johannes Tzetzae Historiae*. Nápoles.
LEVI (1971): P. Levi, *Pausanias: Guide to Greece*. 2 vols. Harmondsworth. Ed. rev, 1979.
LEWIS (1974): N. Lewis, *Papyrus in Classical Antiquity*. Oxford.
LEWIS (1986): N. Lewis, *Greeks in Ptolemaic Egypt: Case Studies in the Social History of the Hellenistic World*. Oxford.
LEWIS ET AL. (1994): D. M. Lewis et al. (eds.), *The Cambridge Ancient History*. 2ª ed. Vol. VI, *The Fourth Century B.C.* Cambridge.
LLOYD (1973): G. E. R. Lloyd, *Greek Science After Aristotle*. Nova York.
LLOYD-JONES E PARSONS (1982): H. Lloyd-Jones, P. Parsons (eds.), *Supplementum Hellenisticum*. Berlim.
LONG (1974): A. A. Long, *Hellenistic Philosophy*. Londres.
LONG E SEDLEY (1987): A. A. Long e D. N. Sedley, *The Hellenistic Philosophers*. Vol. I, *Translations of the Principal Sources, with Philosophical Commentary;* Vol. 2, *Greek and Latin Texts with Notes and Bibliography*. Cambridge.
LUND (1992): H. S. Lund, *Lysimachus: A Study in Early Hellenistic Kingship*. Nova York.
MAGIE (1950): D. Magie, *Roman Rule in Asia Minor*. 2 vols. Princeton.
MARTIN (1987): L. H. Martin, *Hellenistic Religions*. Oxford.
MCLEAN (2002): B. H. McLean, *An Introduction to Greek Epigraphy of the Hellenistic and Roman Periods from Alexander the Great to the Reign of Constantine (323 B.C.-A.D. 337)*. Ann Arbor, Mich.
MEIJER E VAN NIJF (1992): F. Meijer e O. van Nijf, *Trade, Transport and Society in the Ancient World: A Sourcebook*. Londres e Nova York.
MIKALSON (1998): J. Mikalson, *Religion in Hellenistic Athens*. Berkeley.
MIKALSON (2005): J. Mikalson, *Ancient Greek Religion*. Oxford.
MOMIGLIANO (1975): A. D. Momigliano, *Alien Wisdom: The Limits of Hellenization*. Cambridge.
MØRKHOLM (1984): O. Mørkholm, 'The Monetary System in the Seleucid Empire after 187 BC', *in* Heckel e Sullivan (1984), 93-113.
MØRKHOLM (1991): O. Mørkholm, *Early Hellenistic Coinage: From the Accession of Alexander to the Peace of Apamea (336-186 B.C.)*. Cambridge.

Bibliografia

MORRIS (1994): I. Morris (ed.), *Classical Greece: Ancient Histories and Modern Archaeologies.* Cambridge.
MOSSÉ (1973): C. Mossé, *Athens in Decline, 404-86 BC.* Trad. J. Stewart. Londres.
MOSSÉ (2004): C. Mossé, *Alexander: Destiny and Myth.* Trad. J. Lloyd. Baltimore.
NUTTON (2004): V. Nutton, *Ancient Medicine.* Londres e Nova York.
O'BRIEN (1992): J. M. O'Brien, *Alexander the Great: The Invisible Enemy.* Londres e Nova York.
OCD 3 (1996): S. Hornblower e A. Spawforth, *The Oxford Classical Dictionary.* 3ª ed. Oxford.
OGDEN (2000): D. Ogden, *Polygamy, Prostitutes and Death: The Hellenistic Dynasties.* Londres e Swansea.
OGDEN (2002): D. Ogden (ed.), *The Hellenistic World: New Perspectives.* Londres.
OIKONOMIDES (1981): A. N. Oikonomides, *The Coinage of Alexander the Great.* Chicago.
OLSON (2007): S. Douglas Olson, *Athenaeus I-II* [Livros 1-5]. *The Learned Banqueters.* 2 vols. [Série em andamento.] Cambridge, Mass.
ORMEROD (1924): H. A. Ormerod, *Piracy in the Ancient World.* Liverpool.
PAGE (1941): D. L. Page, *Select Papyri III: Literary Papyri, Poetry.* Cambridge, Mass.
PARKER (1996): R. Parker, *Athenian Religion: A History.* Oxford.
PATON (1922-1927): W. R. Paton, *Polybius: The Histories.* 6 vols. Cambridge, Mass.
PEARSON (1960): L. Pearson, *The Lost Histories of Alexander the Great.* Nova York.
PERRIN (1914-1926): B. Perrin, *Plutarch's Lives.* 11 vols. Cambridge, Mass.
PESTMAN ET AL. (1981): P. W. Pestman et al., *A Guide to the Zenon Archive.* 2 vols. Leiden.
PIPER (1986): L. J. Piper, *Spartan Twilight.* New Rochelle, N.Y.
POLLITT (1986): J. J. Pollitt, *Art in the Hellenistic Age.* Cambridge.
POMEROY (1984): S. B. Pomeroy, *Women in Hellenistic Egypt from Alexander to Cleopatra.* Nova York.
PRICE (1974): M. J. Price, *Coins of the Macedonians.* Edimburgo e Londres.
PRICE (1991): M. J. Price, *The Coinage in the Name of Alexander the Great and Philip Arrhidaeus.* 2 vols. Zurique e Londres.
RHODES E OSBORNE (2003): P. J. Rhodes e R. Osborne, *Greek Historical Inscriptions 404-323 BC.* Oxford.
RICE (1983): E. E. Rice, *The Grand Procession of Ptolemy Philadelphus.* Oxford.
RIHLL (1999): T. E. Rihll, *Greek Science.* Oxford.
ROBINSON (1953): C. A. Robinson Jr., *The History of Alexander the Great.* Vol. I. Providence, R.I.
ROISMAN (2003): J. Roisman (ed.), *Brill's Companion to Alexander the Great.* Leiden.
ROLFE (1927-28): J. C. Rolfe, *Aulus Gellius.* 3 vols. Cambridge, Mass.
ROLFE (1929): J. C. Rolfe, *Cornelius Nepos.* Cambridge, Mass.
ROLFE (1946): J. C. Rolfe, *Quintus Curtius.* 2 vols. Cambridge, Mass.

ROMM (1992): J. S. Romm, *The Edges of the Earth in Ancient Thought: Geography, Explorations, and Fiction.* Princeton.
ROOS E WIRTH (1967): A. G. Roos, G. Wirth, *Flavii Arriani Quae Extant Omnia.* 2 vols. Leipzig.
ROSTOVTZEFF (1941): *The Social and Economic History of the Hellenistic World.* 3 vols. Oxford.
ROWLAND (1999): I. D. Rowland, *Vitruvius' Ten Books on Architecture.* Cambridge.
ROWLANDSON (1998): J. Rowlandson, *Women and Society in Greek and Roman Egypt: A Sourcebook.* Cambridge.
RUSSELL (1993): D. A. Russell, *Plutarch: Selected Essays and Dialogues.* Oxford 1993.
RUSTEN E CUNNINGHAM (2002): J. Rusten, I. C. Cunningham, *Theophrastus Characters, Herodas Mimes, Sophron and Other Mime Fragments.* 3ª ed. Cambridge, Mass.
SACHS E HUNGER (1988): A. J. Sachs e H. Hunger, *Astronomical Diaries and Related Texts from Babylon.* Viena.
SACHS E WISEMAN (1954): A. J. Sachs e D. J. Wiseman, 'A Babylonian King List of the Hellenistic Period', *Iraq* 16 (1954): 202-211.
SACKS (1990): K. Sacks, *Diodorus Siculus and the First Century.* Princeton.
SCHOLTEN (2000): J. B. Scholten, *The Politics of Plunder: Aitolians and Their Koinon in the Early Hellenistic Era, 279-217 BC.* Berkeley.
SCOTT-KILVERT (1973): I. Scott-Kilvert, *The Age of Alexander: Nine Greek Lives by Plutarch.* Harmondsworth.
SCOTT-KILVERT (1979): I. Scott-Kilvert, *Polybius: The Rise of the Roman Empire.* Harmondsworth.
SHACKLETON BAILEY (2000): D. R. Shackleton Bailey, *Valerius Maximus: Memorable Doings and Sayings.* 2. vols. Cambridge, Mass.
SHERMAN (1952): C. L. Sherman, *Diodorus of Sicily.* Vol. VII, livros xv.20-xvi.65. Cambridge, Mass.
SHERWIN-WHITE E KUHRT (1993): S. Sherwin-White e A. Kuhrt, *From Samarkand to Sardis: A New Approach to the Seleucid Empire.* Berkeley.
SHIMRON (1972): B. Shimron, *Late Sparta: The Spartan Revolution 243-146 BC.* Buffalo, N.Y.
SHIPLEY (2000): *The Greek World After Alexander 323-30 BC.* Londres.
SHUCKBURGH (1889): E. S. Shuckburgh, *The Histories of Polybius.* 2 vols. Londres, reimpr. Bloomington.
SHUCKBURGH (1980): E. S. Shuckburgh, *Polybius on Roman Imperialism: The Histories of Polybius,* ed. resumida. South Bend, Ind.
SKINNER (2005): M. B. Skinner, *Sexuality in Greek and Roman Culture,* Oxford.
SMITH (1988): R. R. R. Smith, *Hellenistic Royal Portraits.* Oxford.
SMITH (1924): S. Smith, *Babylonian Historical Texts.* Londres.
SNODGRASS (1987): A. M. Snodgrass, *An Archaeology of Greece: The Present State and Future Scope of a Discipline.* Berkeley.

STEWART (1993): A. Stewart, *Faces of Power: Alexander's Image and Hellenistic Politics.* Berkeley.
STEWART (1996): A. Stewart, *Art, Desire and the Body in Ancient Greece.* Cambridge.
STONEMAN (1991): R. Stoneman, *The Greek Alexander Romance,* Londres.
STONEMAN (2004): R. Stoneman, *Alexander the Great.* 2ª ed. Londres e Nova York.
TARN (1913): W. W. Tarn, *Antigonus Gonatas.* Londres.
TARN (1948): W. W. Tarn, *Alexander the Great.* 2 vols. Cambridge.
TARN E GRIFFITH (1952): W. W. Tarn e G. T. Griffith, *Hellenistic Civilization,* 3ª ed. Londres.
THOMPSON (1988): D. J. Thompson, *Memphis Under the Ptolemies.* Princeton.
TOD (1948): M. N. Tod, *A Selection of Greek Historical Inscriptions,* Vol. II, *From 403 to 323 B.C.* Oxford.
TRITLE (1988): L. A. Tritle, *Phocion the Good,* Londres e Nova York.
TRITLE (1997): L. A. Tritle (ed.), *The Greek World in the Fourth Century: From the Fall of the Athenian Empire to the Successors of Alexander.* Nova York.
TRYPANIS (1975): C. A. Trypanis, *Callimachus.* Cambridge, Mass.
TURNER (1968): E. G. Turner, *Greek Papyri: An Introduction.* Oxford.
USSHER (1960): R. G. Ussher, *The Characters of Theophrastus.* Londres.
VASUNIA (2001): P. Vasunia, *The Gift of the Nile: Hellenizing Egypt from Aeschylus to Alexander.* Berkeley.
VOLKMANN (1958): H. Volkmann, *Cleopatra: A Study in Politics and Propaganda.* Trad. T. J. Cadoux. Londres.
VON STADEN (1989): H. von Staden, *Herophilus: The Art of Medicine in Early Alexandria.* Cambridge.
WACHSMUTH E HENSE (1884): C. Wachsmuth, O. Hense, *Ioannis Stobaei Anthologium.* Berlim (reimpr. 1958).
WALBANK (1933): F. W. Walbank, *Aratus of Sicyon.* Cambridge.
WALBANK (1940): F. W. Walbank, *Philip V of Macedon.* Cambridge.
WALBANK (1957-1979): F. W. Walbank, *A Historical Commentary on Polybius.* 3 vols. Oxford.
WALBANK (1972): F. W. Walbank, *Polybius.* Berkeley.
WALBANK (1993): F. W. Walbank, *The Hellenistic World,* Ed. rev. Cambridge, Mass.
WALBANK ET AL. (1984): F. W. Walbank, A, E. Astin, M. W. Frederiksen, R. M. Ogilvie (eds.), *The Cambridge Ancient History.* 2ª ed. Vol. VII, parte i, *The Hellenistic World,* Cambridge.
WALKER E HIGGS (2001): S. Walker e P. Higgs (eds.), *Cleopatra of Egypt: From History to Myth.* Princeton.
WALTON (1957): F. R. Walton, *Diodorus of Sicily,* Vol. XI, *Fragments of Books xxi-xxxii.* Cambridge, Mass.
WALTON E GEER (1967): F. R. Walton e R. M. Geer, *Diodorus of Sicily,* Vol. XII, *Fragments of Books xxxiii-xl, General Index.* Cambridge, Mass.

WATERFIELD (1992): R. Waterfield, *Plutarch: Essays*. Introdução e Notas, I. Kidd. Harmondsworth.
WELLES (1963): C. B. Welles, *Diodorus of Sicily*. Vol. VIII, livros xvi, 66-95, e xvii. Cambridge, Mass.
WESTGATE (2002): R. Westgate, 'Hellenistic Mosaics', *in* Ogden (2002), 221-251.
WHITE (1912-1913): H. White, *Appian's Roman History*, Vols. II-IV. Cambridge, Mass.
WHITEHORNE (1994): J. Whitehorne, *Cleopatras*. Londres e Nova York.
WILCKEN (1967): U. Wilcken, *Alexander the Great*. Trad. G. C. Richards. Nova York.
WILL (1979-1982): E. Will, *Histoire Politique du Monde Hellénistique*. 2 vols. 2ª ed. Nancy.
WILSON (2000): N. G. Wilson, *Aelian: Historical Miscellany*. Cambridge, Mass.
WOOD (1997): M. Wood, *In the Footsteps of Alexander the Great*. Berkeley.
WOODHEAD (1981): A. G. Woodhead, *The Study of Greek Inscriptions*. 2ª ed. Cambridge.
WORTHINGTON (2003): I. Worthington (ed.), *Alexander the Great: A Reader*. Nova York.
WORTHINGTON (2004): I. Worthington, *Alexander the Great: Man and God*. Londres e Nova York.
WYCHERLEY (1962): R. E. Wycherley, *How the Greeks Built Cities*. 2ª ed. Londres e Nova York.
YARDLEY E DEVELIN (1994): J. C. Yardley (trad.), R. Develin (notas), *Justin: Epitome of the Philippic History of Pompeius Trogus*. Atlanta.
YARDLEY E HECKEL (1984): J. C. Yardley (trad.),W. Heckel (notas), *Quintus Curtius Rufus: The History of Alexander*. Harmondsworth.
YARDLEY E HECKEL (1997): J. C. Yardley (trad. e apêndice), W. Heckel (comentários), *Justin: Epitome of the Philippic History of Pompeius Trogus*. Vol. I, livros 11-12: *Alexander the Great*. Oxford.

Abreviaturas

Adam.	Adamâncio (séc. 4 d.C., tr. Stewart, 1993)
Physiog.	*Physiognomonicus*
AJA	*American Journal of Archaeology*
Ap.	Apiano (séc. 1/2 d.C., tr. White)
Arist.	Aristóteles (384-322 a.C., ed./tr. Barnes)
Meteor.	*Meteorologica*
Ps.-Oecon.	*Pseudo-Oeconomica*
Arr.	Arriano, Lúcio Flávio (c. 86-160 d.C., ed. Roos e Wirth, tr. Brunt, de Sélincourt)
Suc.	*Sucessores*
Aten.	Ateneu (c. 200 d.C., tr. Gulick)
BM	British Museum
Calím.	Calímaco (c. 305-240 a.C., ed./tr. Trypanis)
Aet.	*Aetia*
Catul.	Catulo (c. 84-54 a.C.)
ChrEg.	*Chronique d'Egypte*
Clem.	Clemente de Alexandria (c. 150-c. 215 d.C., tr. Stewart, 1993)
Strom.	*Stromateis*
CQ	*Classical Quarterly*
Dião Cáss.	Dião Cássio (c. 164-c. 235 d.C., ed./tr. Cary)
Dióg. Laérc.	Diógenes Laércio (? séc. III d.C., ed./tr. Hicks)
DS	Diodoro Sículo (c. 100-c. 30 a.C., ed./tr. Welles)
Hom.	Homero (? séc. VIII a.C.)
Il.	*Ilíada*
Od.	*Odisseia*
Júl. Val.	Júlio Valério (séc. IV d.C., tr. Stewart, 1993)
Res. Gest. Alex. Mac.	*Res Gestae Alexandri Macedonis*
Just.	Justino, Marco Juniano (? séc. II d.C., ed./tr. Yardley e Develin)
KRS	G. S. Kirk, J. E. Raven e M. Schofield, *The Presocratic Philosophers*, Cambridge, 1983

Abreviaturas

Paus.	Pausânias (*c.* 150 d.C., tr. Levi)
Políb.	Políbio (*c.* 200-*c.*118 a.C., tr. Paton)
Plín.	Caio Plínio Segundo (Plínio, o Velho, 23/4-79 d.C.)
HN	*História Natural*
Plut.	Plutarco [Mestrios Ploutarchos] de Queroneia (*c.* 45-*c.* 120 d.C., tr. Scott-Kilvert, 1973; Babbitt et al., Perrin)
Alex.	*Alexandre*
Dem.	*Demóstenes*
Demetr.	*Demétrio [Poliorcetes]*
Eum.	*Eumenes*
Mor.	*Moralia*
Pirr.	*Pirro*
Poliaen.	Poliaeno [séc. II d.C., tr. Krentz e Wheeler]
Ps.-Cal.	Pseudo-Calístenes (*[Alexander Romance]*, tr. Stoneman, 1991)
QC	Quinto Cúrcio Rufo (séc. I d.C., tr. Yardley, ed. Heckel, 1984)
Stob.	Stobaeus (i.e., João de Stobi, ? começo do séc. V d.C., ed. Wachsmuth e Hense)
Flor.	*Florilegium*
Tzetzes	Joannes Tzetzes (séc. XI d.C., tr. Stewart, ed. Leone, 1993)
Hist. Var. Chil.	*Historiarum variorum chiliades*
Vitrúv.	M. Vitrúvio Pólio (séc. I a.C., tr. Rowland)

Notas

INTRODUÇÃO: CONTEXTO E FONTES
1. Ver, por exemplo, Austin (1981), vii-viii, Erskine (2003), 1-3; Chamoux (2003), 1-6; Ogden (2002), ix-xiv, Shipley (2000), 1-5; e especialmente Cartledge *in* Cartledge et al. (1997), 1-15. Uma excelente análise mais antiga é a de Claire Préaux, 'Réflexions sur l'Entité Hellénistique', *ChrEg.* 40 (1965): 129-139.
2. Cartledge *in* Cartledge et al. (1997), 3, referindo-se a dúvidas levantadas por Bichler (1983) e Canfora (1987). Erskine (2003), 2, argumenta que 'o desaparecimento do último dos reinos sucessores é mais um ponto terminal conveniente que um momento de profunda importância', porém ele marcou, num sentido muito real, o fim de uma era.
3. Grote, *History of Greece* (ed. 1888 ed.), vol. I, ix.
4. Alguns (por exemplo, Ogden, xi-xiii) discordariam, mas ainda não vi nenhuma evidência nem remotamente convincente da existência de um tal conceito em qualquer texto antigo. Isto inclui os fragmentos de Timágenes e o epítome de Trogo coligido por Justino, ambos citados por Ogden.
5. Para um excelente tratamento deste assunto, ver F. M. Turner, *The Greek Heritage in Victorian Britain* (New Haven e Londres, 1981), e R. Jenkyns, *The Victorians and Ancient Greece* (Oxford, 1980). A suposta primazia é em si, claro, uma preferência altamente discutível.
6. Fr. 317, Lloyd-Jones e Parsons (1982).
7. Shipley (2000), 3, é um exemplo característico desta abordagem.
8. Plut. *Mor.* 824C: ἐλενθερίας δ'ὅσον οἱ κρατοῦνες νέμουσι τοῖς διήμοις μέτεστι αἰ τὸ πλέου ἴσως οὐκ ἄμειυον.
9. Alcock et al., *in* Erskine (2003), 371.
10. Não estou incluindo aqui fontes gerais sobre o reinado de Filipe II da Macedônia, o pai de Alexandre, o Grande. Aos interessados no assunto, indico o livro 16 de Diodoro Sículo (Sherman, 1952; Welles, 1963) e os oradores gregos, principalmente Demóstenes (Vince, 1930; Vince e Vince, 1926) e Isócrates (Papillon, 2004), que eram contemporâneos de Filipe.

Notas

11. Hamilton (1969), lix-lx. De um modo geral, a introdução de Hamilton fornece um excelente tratamento da abordagem de Plutarco em relação a Alexandre, e como a maioria dos estudiosos, baseei-me fortemente nela.
12. Para uma análise aprofundada da historiografia de Arriano, ver Bosworth (1988b). Bosworth também está trabalhando no primeiro comentário histórico sobre Arriano, do qual dois volumes (Bosworth, 1980, 1995) já foram publicados.
13. Yardley e Develin (1994), 1.
14. Walbank *in* Walbank et al. (1984), 7.
15. Erskine (2003), 8, é muito perspicaz sobre este lado dos gostos literários de Plutarco.
16. Muitas vezes se assume, equivocadamente, que o papiro na Antiguidade tinha o aspecto desse material marrom e ressecado, resgatado após ficar enterrado por mais de dois milênios no deserto (o filme *Alexandre*, de Oliver Stone, comete este erro). O papiro na verdade era cor de creme, liso, brilhante e flexível, como o mais caro dos papéis de escrita modernos. Lewis (1974), 61.
17. Ver, por exemplo, Kraay (1966), figs. 569-572 (Alexandre); 580-582 (Lisímaco), 573 (Demétrio, o Sitiador); e 796-799 (Ptolomeu I). Vale notar que Ptolomeu parece ter criado uma moda, entre os monarcas helenísticos, de realismo pouco lisonjeiro nos retratos: seu nariz aquilino e queixo proeminente, instantaneamente reconhecíveis, não mostram — talvez num contraste deliberado com os retratos de Alexandre — quaisquer tendências idealizantes.
18. A. Snodgrass, *in* Crawford (1983), 139.
19. Ibid., 144-147.

1. ALEXANDRE E SEU LEGADO (336-323)

1. Carney (2003), 235.
2. Casamento de Filipe com Cleópatra e questionamento da legitimidade de Alexandre: Plut. *Alex*, 9.44-5; Arr. 3.6.5; Aten. 13.557D-E, 560C; Just. 9.5.9, 9.7.2-6, 11.11.4-5. A fala sagaz de Alexandre aparece, como não é surpresa, tanto no filme de Rossen quanto no de Stone sobre Alexandre. O uso do pronome "nós" nobiliárquico por Alexandre: Plut. *Alex*. 9.3: Ἡμεῖς δέ σοι ... νόθοι ... δοκοῦμεν;... Uso a divisão de parágrafos da edição Loeb de Perrin, e não a da edição Teubner de Ziegler (geralmente preferida por estudiosos), já que o Loeb é o texto ao qual leitores em geral terão acesso.
3. Nascimento (e morte) de Carano, filho de Cleópatra: Just. 11.2.3 e Paus. 8.7.7. Diodoro (17.2.3) registra o nascimento uns poucos dias antes do assassinato de Filipe, mas não revela o sexo da criança (παιδίου). Sabemos que Cleópatra também tinha gerado com Filipe uma filha, Europa: Sátiro *in* Aten. 13.557E; cf. Just. 9.7.12. Carano costuma ser descartado como uma figura fictícia, posto que Cleópatra não teria tempo para parir duas vezes (Yardley e Heckel, 1997, 82). Isto é feito situando-se arbitrariamente a data de seu casamento com Filipe no fim do outono de 337. Poderia (como assumo) ter muito bem sido até um ano antes. Ela então teria parido Eu-

ropa no verão de 337 e não precisava ter engravidado novamente até o fim do ano: Diodoro situa o segundo parto próximo à morte de Filipe — ou seja, em outubro de 336. O que Alexandre temia era um rival para o trono (Just. 9.7.3, 11.2.3), uma ameaça que Europa não teria representado.

4. Tesouro aquemênida: a estimativa de 180 mil talentos é de Estrabão (15.3.9, C.731). Esta quantia se divide em 3 a 4 mil talentos tomados após os Gaugamelos (DS 17.64.3; QC 5.1.10), em Susa talvez 49 mil talentos (DS 17.66.1 com Plut. *Alex.* 36.1; Estrabão, ibid.), em Persépolis 120 mil talentos, mais 6 mil da Pasárgada (DS 17.71.1; QC 5.6.9). O poder de compra moderno desta quantia chegaria aos bilhões (de libras, euros ou dólares).

5. Aparência física de Alexandre: textos reunidos em Stewart (1993), apêndice I, 341-358, cf. 72-78. Ver especialmente Plut. *Alex.* 4 (geral); Crisipo *apud* Aten. 13.565A, Plut. *Mor.* 180B (sem barba) Arr. 2.12.6, DS 17.37.5, 66.3, QC 5.2.13-15 (baixa estatura); Plut. *Mor. 53D, Pirr.* 8.1 (pescoço torto, voz rouca); Plut. *Mor.* 335B, Ps.--Cal. 1.13, Júl. Val., *Res Gestae Alex. Mac.* 1.7, Adam. *Physiog.* 1.14, Tzetzes *Hist. Var. Chil.* 11.368.97 (olhos bicolores).

6. Supostas palavras de Alexandre em seu leito de morte: Arr. 7.26.3, DS 17.117.4. Em 18.1.4, Diodoro diz 'para o melhor', assim como QC 10.5,5. Just. 12.15.8 diz 'para o mais valoroso'. Estas variantes não sugerem uma diferença real. Comentário de Augusto: Plut. *Mor.* 207D 8. Avaliação de Arriano: 7.1.4.

2. GAVIÕES E HIENAS: A LUTA PELO IMPÉRIO (323-276)

1. Data da morte de Alexandre: Depuydt (1997) é fundamental, corrigindo a suposição anterior da noite de 10 de junho, com Sachs e Hunger (1988), 206-207 (BM 45962). Cf. Arr. 7.28.1; Plut. *Alex.* 75-4, 76.4, *ad fin.*

2. Cleópatra como prêmio matrimonial: DS 20.37.3-6. Casamento de Pérdicas com Niqueia e seu interesse por Cleópatra: DS 18.23.1-4; Just. 13.6.4-7. Envolvimento de Eumenes: Arr. Suc. 1.21, 2.6; 24.7-12, 26.1-28, Roos, d. Plut. *Eum.* 8.4. Cleópatra enviada a Sárdis por Olímpia: Arr. Suc. 1.21 Roos. Casamentos de Fila e Eurídice: DS 18.8.7, 19.59.3 (Fila, 322); Paus. 1.6.8 (Eurídice, 321). Cinane e Adeia: Arr. Suc. 1.22-23 Roos, Poliaen. 8.60, d. DS 19.52.5.

3. Cerco de Demétrio Poliorcetes a Rodes: DS 20.81-88, 91-99 *passim*; Plut. *Demetr.* 21-22; Vitrúv. 10.16.4. Culto de Ptolomeu como salvador: DS 20.100.3-4; Paus. 1.8.6. O Colosso: Estrabão 14.2.5 (C. 652); Plín. *NH* 34-41; Plut. *Mar.* 183B; Vitrúv. 10.16.8.

3. REIS, CIDADES E CULTURA: O PASSADO MÍTICO COMO FUTURO

1. Ver K. P. Kaváfis, *Collected Poems,* ed. G. P. Savidis, trad. E. Keeley e P. Sherrard (Princeton, 1975), 32.

2. Sobre *isotheotes* em Homero e Safo, ver, por exemplo, Hom. *Od.* 8.864-868; Safo fr. 31 L-P, 1-4. A citação de Empédocles: KRS fr. 399 = Dióg. Laérc. 8.62.1-10 + Clem.

Strom. 6.30.9 - II. A citação de Êupolis: fr. 117 Kock = Stob. *Flor.* 43.9; d. Green (2003a).
3. Arist. *Ps-Oecon.* 2.2 *passim*, *in* Barnes (1984), 2.2135-146.
4. Garlan *in* Walbank et al. (1984), 362.
5. Por outro lado, a tradição retórica, filosófica e científica que sustentava, entre outras coisas, a oratória, a crítica, a historiografia, a matemática, a astronomia e a medicina — cujas conquistas eram, em muitos aspectos, muito mais características do século IV e do período helenístico como um todo — deviam comparativamente pouco a qualquer tradição continental coerente: o estímulo aqui vinha principalmente das outras primeiras colônias gregas orientais e ocidentais, na Ásia Menor, na Sicília, e no sul da Itália.
6. Por Heródoto, que conta a história (4.42). Ironicamente, o que despertou sua incredulidade — que quando os fenícios estavam velejando para o oeste em volta do litoral sul, o sol estava à sua direita — é justamente o fato que confirma a veracidade do relato.
7. Arist. *Meteor.* 1.13, 350a = Barnes (1984), 1.571.

4. HORIZONTES ORIENTAIS E A NUVEM NO OESTE (276-196)
1. S. Agar *in* Erskine (2003),41.
2. Sobre este episódio curioso, ver Calím. *Aet.* fr. 4 (Trypanis 80 ss.); Catul. 66 = Green (2005), 159-165, cf. 245-249; e Green (1993),148-150.
3. Políb. 36.17.5-10 = Austin (1981), 81.
4. O simpático poema de um historiador anônimo (citado por P. Derow *in* Erskine [2003], 70, e que suspeito ser de autoria dele) resume bem as visões conflitantes: "Os romanos de Badian gostam de clientes / não são muito dados a alianças / para Harris, são perversos / e psicoticamente sedentos / por glória, guerra e triunfos." Ver Badian (1958) e Harris (1979).
5. P. Derow *in* Erskine (2003), 60.

5. PROBLEMAS DINÁSTICOS, CONQUISTAS ARTÍSTICAS E CIENTÍFICAS (196-116)
1. Sobre a disquisição tática de Políbio sobre a diferença entre falange e legião, ver 18.18-27, 28-32, cf. M. Markle, "The Macedonian Sarissa, Spear, and related Armor", *AJA* 81 (1977): 323-339.
2. Políb. 39.2.2 = Estrabão 8.6.23, C. 381. Uma destas imagens, com uma perspicácia simbólica, mostrava Hércules em agonia, vestindo a camisa de Nesso.
3. Sobre este conceito e suas fontes antigas, os leitores devem consultar o ensaio lapidar de G. E. R. Lloyd, "Saving the Appearances", *CQ*, n.s., 28 (1978): 202-222.
4. Ver Políb. 31.2.1-8, *11-15;* e cf. Bevan (1902), 2.188-193.
5. Mênecles de Barca, citado por Aten. 4.184b-c. As palavras gregas que traduzo como "renascimento cultural" são "ἀνανέωσις ... παιδείας ἁπάσης".
6. Bevan (1927), 325.

6. A ESPADA SOBRE A PENA: A SOLUÇÃO FINAL DE ROMA (116-30)
   1. Sherwin-White e Kuhrt (1993): Ver 217 ss., e especialmente a seção sobre "Decadência", 228-229.
   2. Fr. 4 *in* R. Heinze, *Xenokrates* (Leipzig, 1892, reimpr. 1965).
   3. Estrabão 14.5.2, C. 668.
   4. Sua postura foi exatamente a de Antígono Gônatas, quando aliviado, de maneira idêntica, da necessidade de lidar com Pirro: ver p. 99.

Índice

Ábidos, 118
Acarnânia, 114
Áccio, batalha de, 14, 163
Ada de Cária, 47
Adeia-Eurídice, 60, 62, 65
Adriático, mar, 113, 115-16
Aetes, 96-97
Afeganistão, 32, 51, 66
África, 53, 80, 98, 155, 161
Afrodite de Cnidos, 112
Agátocles (filho de Lisímaco), 75
Ágis IV de Esparta, 104-5
Agrianos, 41
Agripa, M. Vipsânio, 163
Aï Khanum, 32
Alba Fucens, 126
Alcetas, 60, 61
Alexandre Balas, 137
Alexandre do Épiro, 35, 59, 113
Alexandre I da Macedônia, 79
Alexandre III da Macedônia, 13-14, 16, 17-19, 20-21, 35-52, 55-61, 63, 70, 73, 77, 77, 79, 91, 92, 135, 144, 145-46, 149
    aparência, 46
    ascensão ao poder, 35-39
    batalhas, 36, 40-42
    Bucéfalo, 46
    caráter, 38, 40-41, 47, 50, 53
    cartas, 24
    criação e educação, 36-38, 44, 46-47
    cunhagem de, 20, 23
    divindade, reivindicações de, 48, 51, 53, 83, 84
    eleito *hegemon* da Liga, 39, 41-42
    exército e, 40, 49-50, 53-54
    expedições persas de, 13, 40, 44-45, 48-49, 51, 54, 85-88, 94, 97-98
    finanças, riqueza, 40, 43-44, 85, 128, 130
    fontes, 19-25
    fundações, 51, 63, 79-80
    geografia e, 97
    gregos e, 40-42, 48-49, 109-10
    império, 33, 53, 5-56, 63, 69, 72, 75
    influência póstuma, 63, 93, 144, 163-64
    "irmandade entre os homens", 42
    megalomania, 53
    morte, 27, 53, 55-56, 163
    oráculos e religião, 40, 48
    políticas e objetivos de, 29, 44-45, 50-51, 53-54, 79, 90-91
    pothos, 44
    propaganda, 45, 48-49, 51, 54, 79
Alexandre IV da Macedônia, 58, 64, 65, 67, 68-70
Alexandre Zabinas, 137, 140-41
Alexandria, 18-19, 32, 52, 63, 81-82, 117, 154, 160, 161
    Antíoco IV e, 125-26, 127
    Atenas e, 94
    Biblioteca de, 15, 19, 71, 82, 90-92, 93, 94, 95, 129, 160
    doações de, 163
    Elêusis, 127
    expurgos de Ptolomeu VIII, 139
    Faros, 81
    Guerra Alexandrina, 160
    judeus em, 82, 91, 139
    literatura, 9, 14, 16, 82, 91-97
    população da, 107, 125-26, 140, 154, 161

Índice

Museu, 71, 82, 90, 93, 95, 129
Amintas (filho de Pérdicas), 38, 40-41, 60
Amorgos, 59
Andrômaca, 49
Andros, 103
Anfípolis, 65, 68, 70
Aníbal, 115, 116-18, 119, 122
Antigoneia, 80
Antigônida, reino, 9, 65-72, 76, 100, 115
Antígono II (Gônatas), 74, 76, 83, 90, 99-101, 104, 114
    deificação, desprezo por, 83, 101
    derrota dos Celtas, 76, 82
    política externa, 99-100, 103-4
    supremo na Grécia, 100
Antígono III (Dóson), 101, 106-7, 114-15
    entra em Esparta como vitorioso, 107-8
Antígono Monoftalmo, 57, 60, 62, 63-68, 69-71, 75, 101, 107
    comando na Ásia, 68-69
    morte no Ipso, 72
Antíoco Híerax ("Gavião"), 103
Antíoco I, 75-76, 99, 101
Antíoco II, 101-2
Antíoco III ("o Grande"), 101, 107-8, 117-18
    abriga Aníbal, 122
    ascensão no Ocidente, 117
    expansionismo, 121-23
    Roma e, 120, 121-23
Antíoco IV, 125-27, 136, 137, 162
    cunhagem, 127
Antíoco IX (Cizíceno), 143-45
Antíoco V, 136
Antíoco VII, 137, 143, 145
Antíoco VIII (Grifo), 141, 143-44
Antíoco X (Eusebes, "o Pio"), 145, 156
Antíoco XII (Dionísio), 145
Antíoco XIII (Asiático), 156
Antioquia, 80, 93, 102-3, 104, 123, 145, 156
Antípatro, 35, 38, 43, 53, 56-59, 60, 62-63, 74, 78, 129
Antônio, Marco, 13, 82, 140, 159, 161-63
Ápame (filha de Antíoco I), 103
Apameia, 74, 80
    Tratado de (188), 123
Apiano de Alexandria, 28
Apolônio de Perga, 134

Apolônio Ródio, 95-97, 112
Aqueia, aqueus, 25, 26, 44, 106, 121
    e Esparta, 123, 135
    Liga, 100, 104, 106, 107, 114-17, 119, 135
Aquemênida, império aquemênida, 13, 14, 19, 44-46, 48, 53, 79, 80, 88, 98, 147, 150
    finanças, 45, 50-51, 66, 86
    frota, 46, 67
    Grande Rei, 41, 45
    Paz do Rei, 68
Áquilas, 160
Aquiles, 37-38, 43, 47, 48-49, 97
Aquílio, Mânio, 146-47
Arábia, árabes, 53, 145, 156
Aracósia, 66, 70
Arato de Sícion, 26, 28, 104, 106, 116
Arato de Soli, 100
Argéada, dinastia, 31, 37, 47, 54, 56, 60, 63, 64-65, 68
    fim da, 70
Argos, Argólida, 100, 106
Ariadne, 130
Aristarco de Samos, 132
Aristóbulo, 21, 22, 24
Aristófanes, 44, 46, 93
Aristônico (Eumenes III), 134, 146
Aristóteles, 20, 27, 30, 47, 84, 85, 87, 88, 92, 94, 97-98
    cosmos de, 132
    Liceu, 83
    escravidão e, 109
    Poética, 93
Arquelau (filho de Arquelau), 158, 159
Arquelau da Macedônia, 130
arqueologia, 14, 32-33, 91
Arquimedes, 87, 132
Arriano (L. Flavius Arrianus), 20-22, 24, 50
Arrideu (Filipe III), 51, 54, 56-57, 60, 62, 65
Arsínoe (cidade), 80
Arsínoe (irmã de Cleópatra VII), 160
Arsínoe II, 74-75, 96, 99, 102
artes visuais, 9, 16, 96
    atálidas e, 82-83
    cratera de Derveni, 130
    impacto de Roma nas, 131, 148
    mosaicos, 130
    mudanças sociais nas, 113

neoclassicismo em, 128-29, 131
realismo, 129
tendências barrocas, 130
Ásia, 44, 49, 50-52, 53, 54, 55, 62, 65, 75, 76, 86, 87, 90, 98
Ásia Menor, Anatólia, 32, 35, 36, 38-39, 44, 47, 49, 57, 60, 61, 68, 72, 74, 75, 82, 90, 102, 103, 107, 120, 122, 123, 145, 153
província de, 134, 145-47, 154, 163
atálida reino, 9, 17, 31, 82-83, 121, 134
Átalo (general de Filipe II), 36-37, 38-39, 41
Átalo I de Pérgamo, 82, 103, 107, 116, 117, 118
Átalo III de Pérgamo, 134
entrega reino para Roma, 134
Atenas, atenienses, 14-16, 18-19, 23-24, 26-27, 32, 36, 38, 40, 45, 73, 76, 83, 84, 90, 94, 100, 118, 139, 148-49
academia, 83, 118, 148, 150
Ágora, 148
Arsenal, 129, 148
cidade-estado, 14-15, 78, 81
democracia, 14, 78-79, 80-81, 87, 147-49
drama, 20-21, 32, 77, 81, 92, 95
educação, 14, 81
estoque de cereais, 118
frota, 58-59, 78
grego ático, 23-24, 81, 149, 163
Guerra Cremonideia, 100
julgamentos por impiedade (*asebeia*), 84
junta-se a Mitrídates, 147-48
mudança cultural, 77-78, 90-91
Ateneu de Naucratis, 19, 28
Ática, 71, 118, 148
kouroi, 112
Augusto *ver* Otaviano
Aulo Gélio, 28

Babilônia, 46, 48, 51-52, 53, 55-58, 63, 66, 69-70
Báctria, 51, 101
Bagoas (grão-vizir), 45, 141
Bárbaros, 18, 45, 79, 85, 89, 94, 116
macedônios como, 119
romanos como, 113, 116, 119, 138, 146
Barsine, 56, 70
Beas, rio, 98
Benevento, 100

Berenice (cidade), 80
Berenice I, 74
Berenice II (filha de Magas), 102-4
Coma Berenices, constelação, 104
Berenice IV, 158, 159
Berenice Sira (filha de Ptolomeu II), 102, 104
Bitínia, 24, 101, 124, 146, 154, 156
Nicomedes IV, 154
Prúsias II, 124
Bizâncio, 65
Boécia, 107, 117
Bósforo, estreito, 97
Bossuet, J. B., 14
bronzes de Riace, 112
Brundísio, 113-14
Bruto, Marco, 151, 161

Cálcis, 76, 100, 120, 122
Calícrates, 121
Calímaco, 95, 96, 104
Calístenes, 20, 21-22, 24
Capadócia, 24, 58, 59, 60, 62, 66, 101, 146, 156
Cápua, 156
Carano (filho de Cleópatra Eurídice), 38, 41
Carés de Mitilene, 21
Cária, 44, 61, 99, 121, 127
Cartago, 27, 53, 116, 117, 125, 134, 135
Cassandreia, 80
Cassandro (filho de Antípatro), 62, 63, 65, 66, 67, 68, 69, 70, 71-72, 73, 84, 93
assassina Alexandre IV, 70
Cássio Longino, 161
Catão, M. Pórcio, 134, 158
Catulo, C. Valério, 104
Celenas, 57, 74
Cele-Síria (Vale do Beqaa), 102, 117, 120, 121-22, 125, 139
cedida a Antíoco, 117, 121-22
celtas, 75, 76, 82, 99, 134
como nobreza primitiva, 79, 82
Cépsis, 69
Cerâmico (Kerameikos), 148
escolas filosóficas, 83, 101, 148
Estádio Panatenaico, 129
Liceu, 148
macedônios e, 68, 71, 73-74, 78, 81, 99-100, 142, 147

Índice

oligarcas, 78, 87-88, 109, 133, 147-48
Partenon, 71, 131
período de Péricles, 14-15, 16, 78, 150
Pireu, 76, 100, 148
Roma e, 114, 117, 127, 142, 147-48, 153
Salamina vendida para pagar dívidas, 148
talassocracia, 78
César, Julio, 13, 23, 151, 153, 155, 157-58, 159-60
    assassino de, 161
    e Cleópatra VII, 159-61
Cesário, 161, 163
Chandragupta, 70
China, 98
Chipre, 67, 68, 71, 72, 73, 98, 126, 138, 139, 143-44, 157-58
    ocupado por Antíoco IV, 127
    Ptolomeu VIII e, 140
Cibiosates, 158
Cícero, M. Túlio, 135, 157, 161
ciência, 77, 95, 110, 131-34
    automação, 111
    cosmologia, 132
    energia, 110, 133
    "manter as aparências", 132
    medicina, 133-34
    militar, 9, 90, 131-32, 133
    tecnologia, 133
Cilícia, 44, 57, 66, 73-74, 99, 102, 121, 145, 156, 158
cimbros, 143
Cinane (filha de Filipe II), 41, 60
cínicos, cinismo, 21, 150, 153
Cinocéfalos, batalha de, 119, 121, 126, 127
Cipião Africano, 118, 122
Cipião Emiliano, 25, 140
Círculo dos Cipiões, 136
Cirene, Cirenaica, 60, 102, 103, 138, 144, 163
Ciro (o Grande), 45, 98, 147
Ciro (o jovem), 45
Cleitarco de Alexandria, 21-23, 24
Cleito (o Negro), 24
Cleomenes III de Esparta, 26, 28, 104-8, 110
Cleópatra (filha de Filipe II), 35, 58, 59, 70
Cleópatra Berenice, 144, 154
Cleópatra Eurídice, 36, 41
Cleópatra I, 122, 124

Cleópatra II ("a Irmã"), 137, 139, 140, 141
Cleópatra III ("a Esposa"), 140, 141, 143
Cleópatra IV, 143-44
Cleópatra Selene, 143
Cleópatra Teia, 137, 138, 140-41, 143
Cleópatra Trifena, 141, 143
Cleópatra V Trifena, 154, 158
Cleópatra VII, 13, 82, 154, 159-64
    como Nova Ísis, 161
colonialismo, 18, 31, 54-55, 83, 85, 109, 130, 148, 153, 163
    pan-helenismo e, 79, 85
    romano, 126, 142, 145-46
    território "conquistado à lança", 18, 44, 79, 89, 145
Cólquida, 96, 146
Comagena, 156
Cônon (astrônomo), 104
Córcira, 73, 114
Corinto, 27, 39, 100, 107, 114
    Acrocorinto, 71, 76, 100, 104, 106, 107, 120
    golfo de, 114
    saque romano de, 128, 135
Cornélio Nepo, 28
Corupédio, batalha de, 75
Cós, 100
Crânon, 59
Crasso, M. Licínio, 156, 157
Crátero, 53, 56, 57, 58-59, 60, 62
Creso, 79
Creta, 163
Crimeia, 146
Crônica Babilônica, 70
cronologia, 26
Cunaxa, batalha de, 45
Cúrcio Rufo, Quinto, 22-23, 25, 56
Cyinda, 66

Damasco, 145
Danúbio, rio, 40, 98
dardânios, 75, 101
Dario III (Aquemênida), 45, 49, 141, 147
Delfos, 23, 29, 40, 53, 74, 82, 124, 125
Delos, 29, 53, 111, 127
    traficantes de escravos, 130
Demétria, 76, 100, 120, 122
Demétrio ("o Belo"), 103

Demétrio (filho de Filipe V), 124
Demétrio (o Sitiador), 26, 28, 62, 68, 69, 72-73, 74, 109
   cerco de Rodes, 70-72
   honras divinas, 71
Demétrio de Falero, 65, 71, 78, 93
Demétrio de Faros, 115
Demétrio I de Síria, 136-37
   perde a confiança de Roma, 136-37
Demétrio II (filho de Gônatas), 101, 104, 114
Demétrio II de Síria, 137, 140
Demócrito, 133
Demóstenes, 16, 38, 40, 42
deuses do Olimpo, 35, 69, 83, 84
"Dia de Elêusis", 134, 138, 162
   judeus e, 136
Diadochoi ver Sucessores
Dião Cássio, 162
Dicearco, 118
Dido, 97
Diodoro Sículo, 13, 20, 22-25, 26, 27, 53, 62, 63, 66-68
Diógenes (o Cínico), 39
Dionísio, 83, 91, 130
Dolabela, Cornélio, 161
Droysen, J. G., 10, 13-14
Dúris de Samos, 26

Ecbátana, 51, 65-66, 98
economia, 9, 17
   impacto de Alexandre na, 85-88
   valores morais na, 85-89, 109
Éfeso, 32, 72, 75, 102, 122, 159
Egas (Vergina), 35
Egeu, mar, 44, 46, 58, 65, 99, 102, 103, 104, 105, 115, 118, 119, 147
   Liga de Ilhéus, 68, 73
Egito, egípcios, 13, 18, 21, 30, 31, 32, 46, 53, 57, 61, 62-63, 69, 71, 74, 75, 76, 94, 99, 117-18, 125, 127, 137, 158-59, 163
   como base para revolta, 157
   Delta, 30, 124
   felás, 16, 90, 137, 164
   machimoi, 17, 108, 137
   Nilo, rio, 61, 98, 154
   Alto Egito, Tebaida, 30, 117, 123, 137, 144, 160

Pirâmides, 53, 131
rebeliões, 46, 103, 117, 123, 137, 144, 161
recursos, 140, 141, 161
sacerdotes, templos, 131, 137
Elam, 123
elefantes de guerra, 70, 72-73, 98, 122-23, 126
Eliano (Claudius Aelianus), 28
Elísio, 152
Emílio Lépido, Marco, 119
Emílio Paulo, 28, 126, 128
Empédocles, 84
Eólida, 44
Epicuro, epicurismo, 133, 152
Epidâmnos, 114, 116
epigrafia, 14, 29-30, 91
Épiro, 37, 65, 73, 99, 107, 113, 114, 117
   devastação romana do, 126
Epíteto, 24
Erasístrato, 134
Escerdilaidas, 115
escravidão, escravos, 27, 109, 116, 118, 136, 145, 151, 152-53
   energia e, 110-11, 164
   pirataria e, 111, 156
   revoltas, 133, 134, 143, 145, 156
Esfero, 106
Espanha, 53, 143, 154
Esparta, espartanos, 14, 26, 67, 100, 116, 123, 131
   Nábis, 117
   regime licurgo, 104-7
   ressurgência de, 104-7
Espártaco, 111, 152, 155
Ésquilo, 77
estoicos, estoicismo, 42, 54, 76, 83, 88, 100, 106, 150, 151, 152
   cosmos de, 132-33, 152
   Estrabão de Amaseia, 20, 98, 111
Etólia, 60, 76, 89, 107, 114, 115, 116, 119, 121
   Liga, 100, 104, 114
   Roma e, 116, 118, 119, 122
   Térmon saqueada, 116
Euclides, 87, 132
Eumenes de Cárdia, 26, 28, 57, 59-62, 63, 64-65, 66, 69, 74
Eumenes I de Pérgamo, 82, 101
Eumenes II de Pérgamo, 123, 125, 134

Índice

acusações contra Perseu, 124-25
repudiado por Roma, 127
Êupolis, 84
Eurídice (filha de Antípatro), 60, 74
Eurípides, 64, 77, 84, 93
Europa, 53, 54, 76, 98, 122
Europa (filha de Cleópatra Eurídice), 41
Evêmero, 84, 131

Faixa de Gaza, 68
Fárnaces, 161
Farsalos, 160
Fenice (Épiro), 117
Fenícia, 46, 67, 98
Fila (filha de Antípatro), 60, 62, 73
Filarco, 26
Filetero, 82
Filina de Lárissa, 55
Filipe Epifanes (filho de Antíoco VIII), 145
Filipe II de Macedônia, 18, 22, 35-38, 43, 44, 45, 53, 54, 60-61, 72, 78, 83
    assassinato, 35
    casamentos, 36, 54-55, 65
    hegemon da Liga, 39
Filipe V (Antigônida), 101, 107, 115-17, 123-24
    frota, 115-16, 118
    e Roma, 118-20, 122-24
    tratado com Aníbal, 115
Filipos, batalha de, 161
Filócoro de Atenas, 26
Filopêmen, 116
filosofia, 9, 14, 112, 139, 150-53
    ética, popularidade de, 150-51
    ideais negativos, 93, 149, 150, 152
Flamínio, T. Quíncio, 28, 119-20, 121, 124
    chamado de volta da Grécia, 122
    saques de arte grega por, 128
Fócio, Patriarca de Constantinopla, 20
Fócion (o Bom), 28
Frígia helespôntica, 57, 66
Frígia Maior, 57, 60, 61, 62, 72
Fúlvio Nobilior, M., 128

Gabiene, batalha de, 64, 66
Gabínio, Aulo, 158-59
Galácia, gauleses, 76, 82, 103, 134, 146, 155, 156, 159
Gandara, 70
Ganges, planície do, 48
Gaugamelos, batalha de, 48, 56
Gaza, Faixa de, 68
Gedrósia, 48, 70
ginásios, 32
Grécia, gregos, 28-29, 31-32, 67, 75
    agricultura, camponeses, 16-17, 108
    cidades, cidade-estado, 14, 15-18, 29, 67-68, 77, 80-81, 108-9, 112, 121-22, 142, 145, 153
    cosmopolita, 149
    cultura, 14
    despovoamento, 104-5, 108-9
    emigração, perder as raízes, 33, 91, 97
    insolvência, 148, 153
    isotheotes, 83
    língua, 14, 23, 31, 81
    literatura, 14, 78
    Macedônia, relacionamento com, 42, 57-58, 73, 104, 107
    Peloponeso, 38, 65, 68, 70, 73, 84, 100, 104, 106, 107, 108, 123
    preconceito de classes, 87, 105-6, 109, 132, 150-51
    relacionamento com Roma, 116-17, 119-20, 123, 128, 135, 143, 145-48, 153
Grote, G., 13, 14
Guerra Lamiaca (Helênica), 58, 78
Guerras Persas, 15, 131
"Grilhões da Grécia", 100, 106, 119, 120

Halicarnasso, 49
Hárpalo, 58
Heféstion, 47, 48, 53, 54, 56
Heitor, 49
Helesponto, 40, 48, 58, 60, 72, 118
Hélios, Colosso de Rodes de, 71, 88, 131
Hera, 96
Héracles (filho de Barsine), 70
Héracles (mito), 47, 51, 70, 83-84, 91, 97
    Pilares de, 53
hermafroditas, 112
Hermes de Praxíteles, 112
Herodas, 82, 95, 96
Heródoto, 32, 98
Herófilo, 134

Hesíodo, 150
Hipólito (mito), 64
historiografia, 9-11, 14, 21-23, 77-78
Homero, xvi, 15, 44, 46, 48, 50, 54, 78, 83, 84, 85, 87, 96, 163
    como "Bíblia dos gregos", 91, 111-12
Horácio (Q., Horatius Flaccus), 128, 163

Ilíria, 37, 40, 41, 114-15
    Guerras Ilíricas, 114, 115
    Teuta, 114
Ilium *ver* Trôade, Troia
Índia, indianos, 21, 98, 149
    Hindu Kush, 98
Indo, rio, 98
Ipso, batalha de, 21, 26, 27, 72, 73
Isócrates, 45, 51, 54, 88, 110
Isso, batalha de, 48
Itália, italianos, 59, 115, 121, 128, 147, 161
    interesse grego na, 113

Jâmblico, 131
Jasão, 96-97, 112
Jerônimo de Cárdia, 26, 27, 100
Jogos Ístmicos, 120, 121
Jônia, 49, 73, 97, 118
Judeia, 156
Justino (M. Junianus Justinus), 20, 23, 25, 27, 51

Kaváfis, K. P., 79, 106

Lago Trasímene, batalha do, 115
Lamia (cidade), 58
Lâmia (prostituta), 71
Lánassa, 73
Lângaro (rei dos agrianos), 41
Laódice (I), 102
Laódice (V), 124
Laodícea, 80
Leda, 96
Leônato, 56, 57, 58, 59, 62
Leônidas II de Esparta, 105
Leóstenes, 58
Lepanto, tratado de, 116
Lépido, M. Emílio, 119, 162
Lêuctra, batalha de, 105

liberdade (*eleutheria*), 14-16, 68, 93, 120
Liga Helênica (de Corinto), 39, 41, 48, 72, 107, 109
Lísias (regente de Antíoco V), 136
Lisímaco, 31, 57, 60, 63, 66, 69, 71, 72, 73-74-75, 82, 107, 122
    e Arsínoe II, 74, 99
Lisimaqueia, 75, 76, 80, 82, 121-22
Lissos, 116
Lívio (T. Livius Patavinus), 124
Lucrécio (T. Lucretius Carus), 152
Lúculo, L., 155, 156

Macabeu, Judas, 136
Macedônia, macedônios, 14, 17, 35-38, 45-46, 49-52, 53, 63, 64, 72, 73, 75-76, 100, 106, 113
    Antigônida, 76, 83, 115, 126, 134
    Brigada dos Guardas (Escudos de Prata), 63, 64, 66
    Cavalaria dos Companheiros, 56, 57
    cidades gregas, relacionamento com, 42, 57-58, 73, 104, 107
    exército (gen.), 63, 64-65, 67, 78, 98
    falange, 56, 78, 106, 119, 126, 163
    fim de independência, 115, 120, 126-27, 134-35
    fronteiras, 35, 40-41, 124
    frota, 58, 66-67, 115-16
    Guerras Macedônicas, 115-17, 119, 125-26
    militares, alvo dos, 54-55, 56-57, 64-65, 84-85
    Roma e, 114-18, 119-20, 124, 135, 153
    xenofobia, 85
Magas de Cirene, 103
Magnésia do Sípilo, batalha de, 123
Mantineia, 116
Marco Aurélio, 24
Mário, C., 143, 146
Mauritânia, 53
Mausoléu, 129
Medeia, 96, 97, 112
Média, 63, 65, 69, 136
Mediterrâneo, 28, 32, 53-54, 74, 81, 85, 87, 88, 95, 97, 102, 111, 162
    como campo de batalha, 89
    pirataria e, 155

Índice

Megalópolis, 106
Mégara, 88
Meléagro, 56-57
Mêmnon de Rodes, 40, 46, 56
Menandro, 30, 93, 112
Mênfis, 61, 139, 140, 157
mercenários, 18, 49, 58, 89, 93, 100, 106, 108, 113, 138
Mesopotâmia, 72
Messênia, 106
Mileto, 32, 102
Mitilene, 147
Mitrídates de Pérgamo, 160
Mitrídates VI do Ponto, 28, 145-48, 153, 154, 155-56, 160-61
    derrotado por Sula, 148, 153
    imita Alexandre, 146
    pogrom de, 147, 153
    tratado com Sertório, 154
mulheres, 112
    como proprietárias de terras em Esparta, 105
Múmio, L., 135

Náucratis, 32
Nearco de Creta, 20
Negro, mar, 45, 96, 118, 145
Neoptólemo, 61, 62
Neoptólemo (mito), 49
Nicanor, 69
Nínive, 80
Niqueia (filha de Antípatro), 60
nó górdio, 48
Nora, 64
numismática, cunhagem, 14, 20, 23, 29, 31-32, 86, 91, 117, 127, 159, 163

Oceano, 97-98
Olho do Grande Rei, 46
Olímpia, 35, 36, 41, 46, 59, 64, 65, 67, 73
Olímpia (cidade), Jogos Olímpicos, 26, 36
Onesícrito de Astipaleia, 21, 24
Orico, 115
Orontes, rio, 145
Otávia (irmã de Otaviano), 162, 163
Otaviano (C. Octavius, Augusto), 13, 94, 140, 153-54, 161, 163
Otranto, estreito de, 114, 115

Paflagônia, 146
Palestina, 69
Panfília, 57, 102
pan-helenismo, 18, 29, 40, 41, 45, 48, 51, 54, 79, 85, 116, 119
pânico, 76
Pânion, batalha de, 117
papiro, papirologia, 14, 19-20, 29-31
Parmênio, 36, 38-39, 43
    controle de exército, 39, 43, 50
Pártia, 101, 136, 137, 162, 163
Pátroclo, 48
Pausânia (assassino de Filipe II), 35
Pausânia (regente espartano), 131
Pausânia da Magnésia, 28
pederastia, 112
Pêiton, 61, 63, 64, 65
Pela, 18, 40, 43, 51, 55, 93, 100, 106, 130
Pelúsio, 160
Pentateuco, 82, 91
Pérdicas (filho de Orontes), 54, 56-57, 59-60, 61-62, 63, 65, 66, 107
    nomeação das satrapias por, 57-58
Pérdicas (irmão de Filipe II), 40
Pérgamo, 18, 32, 70, 79, 82-83, 93, 101, 107, 118, 121, 122, 123, 134, 137
Péricles, 18, 93
período helenístico:
    agricultura, 108-9
    arquitetura, 129
    astrologia, 132-33, 149, 151
    burocracia, 18, 86, 95
    busca pelo passado, *aitia*, 77, 91-92, 94, 96, 96-97
    definições, 13-15, 16, 77-78
    deificação, honras divinas, 69, 71, 83-84, 129, 132, 149, 163
    economia, finanças, 85-90, 108-9, 133
    estudos sobre, 9-10, 13-18
    ética, 88
    expansão cultural, 81
    fontes, 25-33
    geografia, 97-98
    gigantismo, 81-82, 129, 131
    gregos e não gregos, 30
    guerra e, 88-89, 108
    individualismo, escapismo, 18, 78, 93, 129, 130, 131

insurreição, medo de, 109-10, 134
"língua franca" (*koiné*), 14, 81
monarquia, 9, 15-16, 31, 51-52, 54-58, 61, 63, 68, 70-71, 79, 90, 103-4, 133
obsessão pelo submundo, 96, 113, 131
padrões sexuais, 96-97, 103-4, 111-13, 130
pastoralismo literário, 130, 131
personalidade, culto à, 129, 131
propaganda, 66-67, 79
tradição heroica, perda de, 112
Persépole, 51, 66
Perseu (Antigônida), 124-25, 126-27, 145
Pérsia, persas, 15, 35, 40, 44-45, 68
orientalismo, 79
tesouros, riqueza, 65, 79, 85
Petrônio Árbitro, T., 130
Peucestas, 65
Pidna, 25, 65
batalha de, 126-27, 128, 142, 147
Piéria, 126
Píndaro, 92
pirataria, 9, 88, 93, 143-44, 145, 155-56
ilíria, 114, 115
escravidão e, 111, 156
etólia, 118, 119
Pirro do Épiro, 26, 73, 74, 99-100, 113
vitória pírrica, 108
pitagorismo, 112
Platão, platonismo, 23, 87, 132
Plínio, o Velho (C. Plinius Secundus), 129, 131
Plutarco, 13, 15-16, 19, 23-24, 26, 28, 37-38
Políbio, 13, 20, 25-27, 88, 89, 106, 108-9, 126, 128
ajuda Demétrio I a fugir, 136
deportado para Roma, 121, 127
Poliperconte, 63-64, 65
e Hércules, 70
Pompeu (Cn. Pompeius Magnus), 28, 154, 155-56, 157-58, 159, 160
assentamento geral do Oriente, 156
põe fim aos piratas, 155-56
Pompeu Trogo, 20, 27
Ponto, 101, 145-46, 153, 154, 156
Popílio Lenate, 127, 137
Posidônio de Apameia, 27, 151
Potino, 144, 159-60
Praxíteles, 112

Príamo, 49
Propércio, Sexto, 163
Protágoras, 84
Protesilau, 48
Pseudo-Oeconomica, 88, 94
ptolemaico (lágida) reino, Ptolomeus, 9, 13, 31-32, 52, 62-63, 81-82, 85, 94-95, 117, 127, 131, 156, 157, 162-63
administração, 30
casamentos incestuosos, 96, 99, 138
decadência de, 137
desvalorização da moeda, 117, 138
gigantismo, 81-82, 90, 131
poesia de corte, 96
política externa, 99, 121
relações com Roma, 138-39
riqueza, 137-38, 141, 163
Ptolemaida, 74
Ptolemaida (cidade), 80
Ptolomeu Ápion, 144
deixa Cirenaica para Roma, 144
Ptolomeu Cerauno (o "Corisco"), 74, 75, 99, 139
Ptolomeu I, 13, 32, 57, 60, 61, 62, 63, 66, 68-69, 70, 71, 73-74, 75, 83
furta corpo de Alexandre, 60-61, 94
memórias, 21, 24, 101
Museu e Biblioteca, 90
"Salvador", 71
Ptolomeu II, 74, 90, 93-94, 96, 100, 102, 128, 154
alvos expansionistas, 99, 101-2
autoriza a dissecação, 133-34
casamento com Arsínoe II, 96, 99
embaixada para Roma, 113
Ptolomeu III, 102-3, 104, 107
anti-Macedônia, 94, s104, 106
Ptolomeu IV, 117
vitorioso em Ráfia, 107, 108
Ptolomeu IX (Látiro), 143-44, 154
Ptolomeu V, 117, 122, 123
se casa com filha de Antíoco III, 122
Ptolomeu VI (Filométor), 124, 125, 134, 137
Ptolomeu VII, 137, 139
Ptolomeu VIII (Físcon), 125, 134, 137, 139, 141, 142, 143
decreto de anistia de, 141

Índice

Ptolomeu X Alexandre I, 143, 144
    deixa reino para Roma, 154, 156-57, 158
    vende caixão de ouro de Alexandre, 144
Ptolomeu XI, 154
Ptolomeu XII ("o Flautista"), 154, 157-60
Ptolomeu XIII, 159, 160
Ptolomeu XIV, 160, 161

Quérilo de Samos, 15, 77
Queroneia, batalha de, 36, 39, 45, 150
Quersoneso (Trácia), 76
Quios, 118

Rabírio Póstumo, 159
Ráfia, batalha de, 108, 117
religião, 32, 39-40, 48
    cultos escatológicos, 135
    deificação, 48, 51, 53, 74, 83
    filosofias e, 132
    oráculos, 40, 147, 159
    retórica, 23, 45, 77-78
    revolução agrária, 105-6, 108-10
    Rhetorica ad Alexandrum, 151
    tratados e, 109-10
retratos reais, 31-32, 36
Rhoiteion, 44
Rimini, 113
Rio Grânico, batalha de, 39, 48
Rio Hídaspes/Jhelum, batalha do, 48, 98
Rio Metauro, batalha de, 116
Rio Rubicão, 159
Rodes, 16, 18, 32, 66, 68, 118, 122, 123, 124
    aleijada por Roma, 126-27
    cerco a, 71
    marinha, 88, 111, 118
    terremoto, 88
Roma, romanos, 13, 14, 16, 28, 100, 117-18, 124-26
    agiotas, 151, 153
    árbitro, papel de, 119
    ascensão ao poder mundial, 87, 108, 113, 134, 153
    Cartago e, 27, 116, 117
    clientes, clientela, 123, 127, 136
    Egito, acordos com, 140
    estoicismo, uso de, 151
    expansão para o leste, 114, 153
    extorsões, 123, 127
    Guerra Social, 143, 146, 148
    guerras civis, 28, 142-43, 154, 160, 161-64
    império, aspectos helenísticos do, 19, 154
    legiões, superioridade de, 119, 121, 126, 135
    Lex Gabinia, 155
    Macedônia, conflito com, 114-18, 119-20, 124, 135, 153
    Mitrídates e, 145-46
    pirataria, problemas com a, 155-56
    populares, 157-58
    primeiro triunvirato, 158
    propaganda de, 119, 121
    República, fim da, 153, 157
    rio Tibre, 120, 154, 161
    Senado, mudanças no, 134-36
    suprimento de grãos, 155-56
Romance de Alexandre, 22
Roxane, 51, 55, 56, 57, 58, 61, 65, 67, 70

Safo, 83, 92
Salamina, 148
Samos, 118
Samotrácia, 75
Sardenha, 155
Sárdis, 59, 60, 74, 75
satrapias, sátrapas, 42, 44, 45, 46, 47, 57-58, 64-66, 117
Segunda Sofística, 23
Selásia, batalha de, 107
Selêucia do Tigre, 80
Selêucia-Piéria, 80, 103
Selêucida, reino, selêucidas, 9, 31, 85, 90, 101, 102, 103, 117, 136, 141, 162
    administração, 30
    decadência de, 137-38, 145, 156
    economia, 127
    estabeleceu, 68-69
    secessão do, 101
Selêuco I (Nicator), 13, 57, 61, 62, 63, 64, 66, 68-70, 71, 72, 73, 74-75, 76, 79, 101, 117, 122, 156
    e Chandagupta, 70
Selêuco II, 102-3, 107
Selêuco III, 107
Selêuco IV, 124, 125, 136
Selêuco V, 141

Selêuco VI, 145
Septuaginta, 14
Sertório, Q., 28, 154
Sicília, 53, 134, 143, 145
    revolta de escravos, 134, 143, 145
Sídon, 117
Sinope, 44
Siracusa, 87, 128, 129
Síria, 28, 62, 66, 67, 72, 99, 137, 140, 143, 145, 156
    Guerras Sírias, 102, 108
Sisigambis, 47
Sófocles, 77, 92
Sogdiana, 101
Sólon, 110
Sucessores (*Diadochoi*), 13, 17, 18-19, 26, 27, 31, 76, 77, 78, 93, 94, 99, 101, 109, 139, 149
    administração, 86, 90
    consanguinidade de, 101
    deificação e, 83
    fundações, 79-80
    monarquia e, 51-52, 151
Suda, 29
Sula, L. Cornélio, 28, 134, 143, 144, 148, 153, 154
    ditador, 154
Susa, Susiana, 21 51, 53, 54, 65, 69

Tânagra, 131
Tapso, 161
Tarso, 162
Tasso, 118
Tauro, monte, 64, 74, 98, 103
Tebas (Egito), 124
Tebas (Grécia), 38, 40-42, 43, 47, 65, 67, 135
Teócrito, 95, 96, 131
Teódoto, 160

Teofrasto, 27
    Caracteres, 78, 92
Termaico, golfo, 126
Termópilas, 58, 122
Tessália, 58-59, 65, 76, 116, 119
Tessalônica, 65, 67, 72
teutões, 143, 146
Tibério Graco, 136
Tigranes da Armênia, 145, 156
Timeu de Tauromênio, 26
Timoleon, 28
Tiro, 67, 68, 80, 141
Trácia, 38, 40-41, 57, 69, 72, 75, 76, 103, 121, 122, 123, 124
    Shipka, 40
Triparadeisos, 62, 63
Trôade, Troia, 48-49, 69
Tucídides, 24, 25

Uruk, 80
utopias, 110, 131, 149

Valério Máximo, 28
Vênus Genetrix, 161
Via Ápia, 156
Virgílio (P. Vergilius Maro), 97, 99

Xenócrates, 150
Xenofonte, 24, 45
Xerxes, 39, 43, 79, 131, 155

Zabinas *ver* Alexandre Zabinas
Zama, batalha de, 118, 119
Zela, 161
Zeus, 96, 151
Zeus-Amon, 48, 53
Zêuxis, 130

Conheça mais sobre nossos livros e autores no site
www.objetiva.com.br
Disque-Objetiva: (21) 2233-1388

Este livro foi impresso na
LIS GRÁFICA E EDITORA LTDA.
Rua Felício Antônio Alves, 370 – Bonsucesso
CEP 07175-450 – Guarulhos – SP
Fone: (11) 3382-0777 – Fax: (11) 3382-0778
lisgrafica@lisgrafica.com.br – www.lisgrafica.com.br